Marc Escola, Ilaria Vidotto

Proust trop court

Poétique et génétique

La republication en 2007 dans une collection « de poche » de « Discours du récit » opportunément arrimé à *Nouveau Discours du récit* a sans doute fait quelques heureux parmi les étudiants et enseignants, ravis de disposer à moindres frais de cet indispensable précis de narratologie. Nul n'a songé alors à s'étonner que Gérard Genette se soit dispensé d'actualiser les renvois à l'édition d'*A la recherche du temps perdu* qui formait dans l'essai de 1972 comme dans son *addendum* de 1983 le terrain à peu près unique de l'enquête narratologique : les trois volumes de l'édition Clarac-Ferré parus en 1956 dans la « Bibliothèque de la Pléiade ». Les éditeurs de la nouvelle édition du roman dans la même collection, en quatre forts volumes désormais (1987-1989), en ont sans doute jugé autrement, en regrettant que le poéticien ait ainsi passé par pertes et profits la découverte de plusieurs manuscrits, trois décennies d'études génétiques et plusieurs centaines de pages inédites jusqu'à eux[1].

S'il n'a pas eu un mot d'explication dans le volume de 2007, Gérard Genette a rendu compte deux ans plus tard de ce qui fut bien une décision ; à l'entrée « Varietur » de *Codicille*, il évoque le « délicat "passage en Points" opéré conjointement sur la section "Discours du récit" de *Figures III* et sur *Nouveau discours du récit* », en ironisant en ces termes sur « l'inachèvement chronique (et croissant) du texte proustien » :

> Longtemps, j'avais projeté d'actualiser les références à la *Recherche*, en substituant aux paginations de l'ancienne Pléiade (Clarac) celles de la nouvelle (Tadié). Mais, ayant un peu trop différé l'opération, et l'œuvre de Proust étant entre-temps, comme on dit, tombée de son haut dans le domaine public, je me trouvai devoir considérer non pas *une* nouvelle édition, mais au moins trois ou quatre, dont certaines ne diffèrent pas seulement par leurs formats, mais bien par leurs décisions textuelles – non pas toujours de simple détail, mais parfois de structure plus

1. Gérard Genette, *Discours du récit*, suivi de *Nouveau discours du récit*, Paris, éd. du Seuil, « Points », 2007 ; la section « Discours du récit » de *Figures III* (1972) et l'essai de 1983 y sont reproduits à l'identique, y compris pour la bibliographie, scrupuleusement arrêtée à la date du « 27 juin 1983 ». Marcel Proust, *A la recherche du temps perdu*, édition publiée sous la direction de Jean-Yves Tadié, Gallimard, « Bibliothèque de la Pléiade », 4 vol., 1987-1989 (désormais : *op. cit.*) ; rappelons pour les plus jeunes de nos lecteurs que la longue élaboration de cette édition a accompagné l'institutionnalisation en France de la « génétique textuelle » pensée comme une discipline nouvelle distincte de la philologie.

> profonde. La « nouvelle Pléiade » ne pouvait donc plus être tenue pour le nouveau « texte de référence » obligatoire et *ne varietur*, et encore moins, bien sûr, comme le texte le plus accessible pour les éventuels jeunes lecteurs. Je m'en tins donc à mes références d'origine [...]. Le terrain de référence de ces deux essais ainsi réunis sous une seule couverture est donc un texte largement « périmé » [...]. Heureusement, « la » *Recherche* telle que je croyais alors la connaître n'était là qu'une sorte de pierre de touche proposée [...] pour éprouver la validité d'une méthode d'analyse, et chacun est libre de la tenir pour une sorte d'objet narratif non identifié, presque apocryphe, et forgé pour les besoins de la cause narratologique[1].

L'avenir étant toujours indulgent avec ceux qui ne cultivent pas trop l'esprit de sérieux, le destin éditorial de l'œuvre proustienne s'est chargé de valider ce pyrrhonisme de principe : un cinquième volume de « la Pléiade » est venu s'ajouter récemment (2022) aux quatre autres pour offrir au suffisant lecteur les premiers essais narratifs au terme desquels Proust a finalement fait le choix de la fiction romanesque, sans annexer au demeurant les mythiques *Soixante-quinze feuillets*, qui forment l'un des plus anciens états (*ca.* 1908) d'*A la recherche du temps perdu*, parus séparément quelques mois en amont aux (mêmes) éditions Gallimard, et sans préjudice des *Carnets* et autres autographes offerts sur Gallica, dont la transcription nous vaudra un jour un sixième tome[2].

Plus haut dans le désordre alphabétique de *Codicille*, l'entrée « Œuvre » se montrait (un peu) moins désinvolte sur les aléas du texte proustien :

> Les lecteurs de Proust savent maintenant, ou devraient savoir de plus en plus, que « le » texte de la *Recherche* auquel ils ont affaire résulte de divers choix – non toujours opérés par l'auteur – dans un magma de brouillons, de « mises au net », de dactylogrammes et d'épreuves corrigées que nous qualifions d'« avant-textes » dans un après-coup génétique, critique et éditorial pas toujours bien assuré de sa légitimité. *Albertine disparue*, devenue un jour *La Fugitive* et redevenue un autre jour *Albertine disparue*, a été récemment amputée (je simplifie outrageusement) de quelque deux cents pages que les lecteurs des années trente, quarante, cinquante...

1. G. Genette, *Codicille*, Paris, éd. du Seuil, « Fiction & Cie », 2009, p. 306-307. Sur la question du statut dévolu à l'inachèvement du roman proustien dans l'élaboration des catégories de la narratologie, voir Marc Escola, « "Chaque âge a ses plaisirs". Les aventures de la paralipse », *Poétique*, n° 189, 2019, numéro spécial « Gérard Genette » (URL : https://www.cairn.info/revue-poetique-2019-1-page-73.htm) ; « La preuve par Proust », *Nouvelle Revue d'esthétique*, n° 26, 2020 : « Genette » (URL : https://www.cairn.info/revue-nouvelle-revue-d-esthetique-2020-2-page-53.htm) ; et en amont : « Le clou de Tchekhov. Retours sur le principe de causalité régressive », Atelier de théorie littéraire de Fabula (URL : https://www.fabula.org/atelier.php?Principe_de_causalite_regressive), version longue d'une étude parue dans *La Partie et le Tout. Les moments de la lecture romanesque sous l'Ancien Régime (XVIIe-XVIIIe s.)*, Marc Escola, Jan Herman, Lucia Omacini et Jean-Paul Sermain (dir.), Louvain, Peeters, 2011.

2. *Essais*, Antoine Compagnon (éd.), avec la collaboration de Christophe Pradeau et Matthieu Vernet, Paris, Gallimard, « Bibliothèque de la Pléiade », 2022 ; *Les Soixante-quinze feuillets*, Nathalie Mauriac-Dyer (éd.), Paris, Gallimard, 2021 ; pour les manuscrits numérisés, le catalogue complet figure sur le site de l'Institut des textes et manuscrits modernes : http://www.item.ens.fr/fonds-proust-numerique/ ; les (sept) *Cahiers* déjà transcrits sont publiés aux éditions Brepols.

> [donc aussi l'auteur de *Figures III*] tenaient dur comme fer pour une partie majeure de l'œuvre proustienne, et auxquelles ce statut est maintenant retiré, au nom d'une biffure auctoriale tardive, précédemment ignorée ou négligée comme d'intention douteuse [...]. On sait depuis toujours qu'un même texte peut donner *lieu* à plusieurs « œuvres » qui en émanent, selon ses modes de lecture et d'interprétation, mais le cas de la *Recherche* montre à l'inverse qu'une œuvre littéraire (ou autre) peut, dans une certaine mesure, *changer de texte* (de lieu d'immanence), sans tout à fait perdre son identité opérale, comme un individu qui change d'identité spécifique – par exemple, d'aspect physique, de nationalité, de statut civil ou professionnel – conserve néanmoins son identité « numérique[1] ».

On peut certes (feindre de) s'étonner avec le poéticien que la « critique génétique » vienne parfois « tirer sous les pieds de l'œuvre le tapis de son texte », en procédant par soustractions tout autant que par additions, déplacements et substitutions, la question demeure pendante : la poétique n'a-t-elle donc rien à dire ou, plus exactement, à faire, de ces aléas ? Si plusieurs textes de la *Recherche* nous sont donnés, c'est bien que l'auteur a hésité entre différentes versions – d'un même épisode, d'une même péripétie ou d'un même personnage – et que la concurrence entre ces variantes n'a pas pu être totalement résorbée. Et si la poétique a bien pour objet l'analyse du processus créateur, doit-elle abandonner aux seuls « généticiens » les hésitations entre des textes également possibles, que manifeste la prolifération des manuscrits ? On fera ici le pari que la question du *choix* est par définition l'affaire de la poétique (si l'on en croit Valéry, elle n'a pas d'autre objet)[2] et l'on proposera une réflexion de méthode : quels gestes d'analyse faut-il promouvoir si l'on veut traiter en connaissance de cause d'une œuvre pourvue de plusieurs textes ? Ou pour dire les choses plus simplement : comment mettre méthodiquement à profit pour l'analyse du texte de « la » *Recherche* tel qu'il nous est donné à lire – par Proust pour les quatre premiers volumes, par l'un de ses pieux éditeurs pour les trois derniers (dans le canon Gallimard)[3] – les versions alternatives aussi bien que les pages abandonnées dûment archivées dans les dossiers génétiques ? L'histoire éditoriale d'*A la recherche du temps perdu* nous obligeant à lire plusieurs textes à la fois, dans l'exacte mesure où elle nous en dérobe quelques-uns (éditer, c'est aussi choisir), il faut se résoudre à ce constat : Proust est toujours trop court.

1. G. Genette, *Codicille*, *op. cit.*, p. 201-202. On ne voit pas bien ce que recouvre la notion d'« identité numérique » ici, où l'on attendrait plutôt une référence à l'empreinte génétique de l'individu.

2. Paul Valéry, *Cours de poétique*, William Marx (éd.), Paris, Gallimard, « Bibliothèque des idées », 2022, 2 vol.

3. Rappelons que la division du roman en sept volumes date de la première édition (1929-1936) des « œuvres complètes » de Marcel Proust dans la collection « A la gerbe » chez Gallimard. La réapparition, en 1986, de la deuxième dactylographie d'*Albertine disparue*, présentant un texte fortement abrégé et induisant une recomposition radicale du dernier tiers du roman (c'est à quoi Genette faisait allusion dans notre dernière citation), est venue fragiliser la tomaison canonique, au point qu'on débat aujourd'hui d'un *Sodome et Gomorrhe III*, voire *IV*. Voir notamment Nathalie Mauriac Dyer, *Proust inachevé. Le dossier* Albertine disparue, Paris, Honoré Champion, 2005.

Manière d'écrire, façons de lire

L'hypothèse qui a commandé les travaux produits dans un séminaire sur *Sodome et Gomorrhe* tenu au printemps dernier à l'Université de Lausanne consiste à déduire une façon de lire de la manière d'écrire de Proust, ou plus exactement : de sa façon de *composer* le roman, telle que les « brouillons » nous l'enseignent. Les phénomènes de bourgeonnement ou de prolifération interne que les avant-textes nous donnent à observer révèlent deux principes majeurs de composition, dès longtemps repérés et diversement mobilisés par la poétique[1] : en ouvrant une séquence, le romancier élit une ligne narrative sommaire, assez souple pour admettre des développements digressifs, assez solide pour supporter le poids de greffes ultérieures (par rapiéçage, rentoilage et paperolles) ; et il s'émancipe d'emblée de la chronologie de la scène en cours, en s'autorisant toutes les projections (*prolepses* : « Je devais comprendre plus tard que... ») aussi bien que les reprises (*analepses* : « On se souvient que... ») et les phénomènes de rattrapage (*paralipses* : « J'ai négligé de dire en son temps... »). Exemples canoniques de ces deux modalités de composition, à l'ouverture et à la clôture de *Sodome et Gomorrhe* : la soirée chez la princesse de Guermantes, où l'itinéraire du héros dans les jardins, salons et escaliers de l'hôtel est ponctué de rencontres mondaines, et d'autant de portraits qui légitiment l'introduction d'éléments plus ou moins étrangers à l'épisode en cours ; ou le trajet du tortillard qui mène vers La Raspelière les invités des Verdurin – en dépit de sa légendaire lenteur, le petit « train d'intérêt touristique » est un formidable accélérateur d'intérêt romanesque, dans la mesure où chacune de ses stations est susceptible d'embarquer, avec un nouveau voyageur, tout un bagage d'anecdotes ; en outre, la seule mention d'un toponyme, par le truchement des étymologies obligeamment fournies par Brichot, peut venir dépouiller de leur prestige les croyances entretenues depuis le premier séjour à Balbec dans *A l'ombre des jeunes filles en fleurs* : l'indicateur des chemins de fer offre une idéale liste des digressions possibles. Ce mode de composition favorise l'accroissement pour ainsi dire infini de la séquence aussi bien que l'abandon de pans entiers : les brouillons donnent des témoignages de ces deux « mouvements », mais à vrai dire, on en trouverait des traces à chaque page ou presque d'*A la Recherche du temps perdu*.

1. Voir notamment les propositions de Michel Charles dans l'analyse du « dîner chez les Guermantes » et celle de « Combray I » avancées au chapitre VI de *Composition*, Paris, éd. du Seuil, « Poétique », 2018, p. 355-415 ; notre réflexion est davantage redevable aux lectures des « trois retours aux deux côtés » et de l'épisode des clochers de Martinville menées par M. Charles dans un précédent essai : *Introduction à l'étude des textes*, Paris, éd. du Seuil, « Poétique », 1995, p. 148-167 et p. 327-338. Maya Lavault a également frayé cette voie, insolite au sein des études proustiennes, notamment dans « Monde des possibles et possibles narratifs dans *A la recherche du temps perdu* », dans M. Escola, S. Rabau (dir.), *La Case blanche. Théorie littéraire et textes possibles, La Lecture littéraire*, n° 8, 2006, p. 235-250 ; et « Petits essais de fiction autour d'*A la recherche du temps perdu* », dans M. Escola (dir.), *Théorie des textes possibles. Critique et création*, Amsterdam, Rodopi, 2012, p. 115-126.

Le texte publié laisse dans tous les cas subsister quantité d'incidents et de lignes de fuite, dont on peut dresser un rapide catalogue à partir du seul *Sodome et Gomorrhe* : ellipses manifestes (quant à l'importance pour l'œuvre à venir de la méditation sur l'autofécondation des plantes dans la cour de l'hôtel de Guermantes, par exemple)[1] ; incohérences locales (*paralepse* : comment le narrateur a-t-il appris la mésaventure de Charlus au Palace de Maineville ?)[2] ; silhouettes entrevues et aussitôt abandonnées (le héros ne reverra-t-il donc jamais la jeune fille à la cigarette assise dans le compartiment du petit train ?)[3] ; mentions allusives (à la suite de quels « incidents de jeunesse » Vaugoubert est-il entré « en confidences » avec Charlus ?)[4] ; renvois hasardeux (quelles sont donc ces choses particulièrement « difficiles » que la duchesse de Guermantes est réputée avoir faites pour le héros ?)[5] ; traces d'épisodes sacrifiés (cherchez la femme de chambre de la baronne Putbus)[6] ; histoires explicitement écartées (à l'instar du « récit tout autre où M. de Charlus laissa mourir une reine plutôt que de manquer le coiffeur qui devait le friser au petit fer pour un contrôleur d'omnibus »)[7] ; ou encore rumeurs douteuses (Saint-Loup épouserait-il la nièce de la princesse de Guermantes ?)[8], etc. Autant d'entorses à la cohérence narrative ou de lacunes à peine perceptibles que le romancier n'a pas pu ou voulu réparer, et donc autant d'énigmes que l'état du texte publié ne permet pas de résoudre. Un premier lecteur enjambe ces failles sans les apercevoir ni s'y arrêter ; le poéticien, qui est par nécessité professionnelle un relecteur averti, sera davantage tenté de se pencher sur elles pour y porter un peu de lumière. Les brouillons éclairent parfois les choses : un état antérieur de la rédaction est toujours susceptible de délivrer les renseignements manquants, en suggérant une version plus satisfaisante ; à défaut, on cherchera à combler la béance par quelque spéculation.

On posera donc que tout incident repéré à la surface du texte doit être interprété comme le signe d'une hésitation de l'écrivain entre plusieurs romans possibles, qu'il est loisible de circonscrire. On se demandera si le dossier génétique n'en garde pas des traces, et l'on se livrera alors à une reconstitution pour proposer un nouvel arbitrage entre les différentes versions de la séquence considérée ; si l'on ne parvient pas à faire parler suffisamment l'archive, on n'hésitera pas à forger un épisode résolument apocryphe, en prolongeant ainsi le travail du romancier. Car

1. *Sodome et Gomorrhe, op. cit.*, p. 5 : « Mes réflexions avaient suivi une pente que je décrirais plus tard et j'avais déjà tiré de la ruse apparente des fleurs une conséquence sur toute une partie inconsciente de l'œuvre littéraire quand je vis M. de Charlus [...]. »
2. *Ibid.*, p. 463-467.
3. *Ibid.*, p. 276.
4. *Ibid.*, p. 43.
5. *Ibid.*, p. 62.
6. *Ibid.*, p. 93, 120-121, 149-151, 235, 250, 323. Voir l'article d'A. Compagnon, « Les romans abandonnés dans *A la recherche du temps perdu* », dans *La trama nel romanzo del '900*, Luca Pietromarchi (éd.), Rome, Bulzoni, 2003. En ligne : https://www.college-de-france.fr/media/antoine-compagnon/UPL18798_11_A.Compagnon_Romans_abandonn_s_dans_la_Recherche.pdf.
7. *Ibid.*, p. 114.
8. *Ibid.*, p. 319 et 480. La plupart de ces « lignes de fuite » ont fait l'objet d'exposés des participants au séminaire lausannois.

de telles initiatives ne sont pas vouées à obéir aux seuls caprices de l'imagination ; elles gagnent toujours à se plier aux lois du romanesque proustien, dont les principales figures sont bien connues : symétries et raccords[1], surprises, malentendus et reconnaissances[2], inversion et renversements[3]. On prendra maintenant l'occasion d'une confidence de Swann pour s'essayer à prolonger Proust.

Enigmatique raison d'une confidence de Swann

On se souvient que, lors de la soirée dans l'hôtel de Guermantes, le héros se voit enlever Swann par le prince qui l'« entraîn[e] avec lui au fond du jardin » ; l'aparté suscite aussitôt différentes spéculations : il n'aurait pas d'autre finalité selon « certaines personnes » que de « mettre [Swann] à la porte », ou de le sommer de s'expliquer sur « un petit acte que l'écrivain Bergotte aurait fait représenter chez [les Swann] » et dans lequel le prince aurait été moqué, si l'on en croit M. de Bréauté ; pour le colonel de Froberville, Gilbert de Guermantes aurait « purement et simplement fait une algarade à Swann » en incriminant ses opinions dreyfusardes[4]. Revenu vers le héros qui l'interroge sur le motif de cet entretien, Swann dément l'ensemble de ces rumeurs et accepte de le mettre dans le secret : « je ne le raconterai qu'à une seule personne, et cette personne, cela va être vous[5] ». Le héros doit cependant attendre cette rare confidence, que les aléas de la soirée mondaine contraignent à différer plusieurs fois, ce qui lui vaut d'être un peu plus tard confirmé dans son statut d'auditeur privilégié, unique dépositaire d'une révélation formulée par un Swann que l'on sait, depuis la fin du *Côté de Guermantes*, à l'article de la mort. De fait, cet entretien (sur un entretien) sera le dernier.

1. C'est l'un des *leitmotive* de l'épitexte proustien ; en clôture de l'essai « A propos du style de Flaubert » (1920), Proust déplore par exemple que « dans *Du côté de chez Swann*, certaines personnes, même très lettrées, méconnaissant la composition rigoureuse, bien que voilée (et peut-être plus difficilement discernable parce qu'elle était à large ouverture de compas et que le morceau symétrique d'un premier morceau, la cause et l'effet, se trouvaient à un grand intervalle l'un de l'autre), crurent que mon roman était une sorte de recueil de souvenirs, s'enchaînant selon les lois fortuites de l'association d'idées » (*Essais*, *op. cit.*, p. 1231). Voir aussi la *Correspondance*, Philip Kolb (éd.), Paris, Plon, 1972-1992, t. XII, p. 92, t. XIII, p. 107, ou t. XXI, p. 41.
2. Voir notamment A. Compagnon, « "Tranquillisez-vous, on se retrouve toujours". *A la Recherche du temps perdu*, roman de la reconnaissance », dans *Le Malentendu. Généalogie du geste herméneutique*, B. Clément et M. Escola (dir.), Paris, Presses universitaires de Vincennes, 2003, p. 45-58 ; Nathalie Mauriac Dyer, « Poétique de la surprise : Aristote et Proust », dans *Marcel Proust. Surprises de la* Recherche, *Textuel*, n° 45, textes réunis par Raymonde Coudert et Guillaume Perrier, 2005, p. 15-28 ; I. Vidotto, *Proust et la comparaison vive*, Paris, Classiques Garnier, 2020, p. 731-794.
3. Voir, ou revoir, à ce propos l'article séminal de Roland Barthes, « Une idée de *Recherche* », *Essais critiques*, t. IV, *Le Bruissement de la langue*, Paris, éd. du Seuil, 1984, p. 307-312.
4. *Sodome et Gomorrhe*, *op.cit.*, t. III, p. 55-56, rappelé p. 58, puis p. 75 pour le conflit des interprétations.
5. *Ibid.*, p. 102.

> Voici mot pour mot, me dit-il, quand nous fûmes assis, ma conversation avec le prince, et si vous vous rappelez ce que je vous ai dit tantôt, vous verrez pourquoi je vous choisis pour confident. Et puis aussi, pour une autre raison que vous saurez un jour[1].

Le lecteur croit d'abord avoir affaire à un typique effet d'annonce acheminant quelque révélation ultérieure, et il court donc vers la note de l'éditeur (Antoine Compagnon), lequel met d'emblée fin au suspense : on « ne saura jamais » cette *autre raison*[2]. On se ferait sans doute une raison de ce silence si le narrateur ne tenait à nous signaler bien plus loin qu'il ne l'a jamais oublié ; car c'est bien cette même déclaration qui, dans *La Prisonnière*, lui rendra « plus douloureuse » la nouvelle de la mort de Swann :

> [...] Il ne m'avait pas appris cette « autre raison » à laquelle il avait fait allusion ce soir-là, pour laquelle il m'avait choisi comme confident de son entretien avec le prince[3].

Faut-il (peut-on) se résigner à l'idée que Swann a emporté dans sa tombe cette énigmatique raison qui a fait du narrateur le confident unique de l'entretien avec le prince ? Son silence est d'autant plus criant que le dialogue entre Swann et Gilbert se trouve, quant à lui, longuement rapporté lors de la « Soirée chez la princesse de Guermantes », et que l'objet du mystère – le ralliement du prince à la cause de Dreyfus – y est spectaculairement révélé. On peut s'arrêter au constat que, dans ce cas de figure, Proust a négligé d'honorer la prolepse. Mais nous nous demanderons plutôt si et comment il est possible de combler cette lacune, en prenant en compte aussi bien le texte publié que ses avant-textes.

Repartons donc de la déclaration de Swann, qui présente, à y regarder de plus près, plusieurs énigmes : à quel propos antérieur Swann fait-il référence lorsqu'il invite le héros à se souvenir de ce qu'il lui a dit « tantôt » ? Quelle valeur donner au futur de prédiction (« vous saurez un jour ») employé par un personnage qui se sait mourant – par qui donc et à quel moment le héros est-il supposé apprendre cette raison ? Et accessoirement : pourquoi insister sur le caractère exclusif de la confidence, alors que Bloch sera également mis au parfum lors d'un « déjeuner », comme on l'apprend quelques pages plus loin[4] ?

La précédente conversation du héros avec Swann remonte bien à « tantôt », puisqu'elle a eu lieu l'après-midi même, soit pour le lecteur aux dernières pages du *Côté de Guermantes* ; cette rencontre chez la duchesse intervient après une période de latence si longue que Swann a besoin d'entendre le nom du jeune

1. *Ibid.*, p. 103, et p. 1376 pour la note citée.
2. *Ibid.*, p. 1376.
3. *La Prisonnière*, t. III, *op. cit.*, p. 705-706.
4. *Sodome et Gomorrhe*, *op.cit.*, p. 110 : « Swann intéressa beaucoup Bloch en lui disant que le prince de Guermantes était dreyfusard. »

homme pour reconnaître celui qui fut au début d'*A l'ombre des jeunes filles en fleurs* l'ami intime de sa fille Gilberte[1]. Laissé en tête-à-tête avec Swann, le héros engage d'emblée la conversation sur l'affaire Dreyfus et l'interroge sur l'antidreyfusisme des Guermantes puis sur l'antisémitisme exacerbé du prince. Quel est donc le propos dont le héros sera prié de se souvenir un peu plus tard dans la soirée ? Swann développe l'idée que l'atavisme dicte à chacun son opinion sur Dreyfus – coupable pour tout aristocrate qui n'a pas « impunément mille ans de féodalité dans le sang » ; innocent pour ceux qui, comme Swann, héritent « des données de leur ascendance » le don de « voir une vérité encore cachée aux gens du monde[2] ». Le dreyfusisme de Saint-Loup, allégué par le héros, constituerait dès lors l'exception, et la preuve que l'intelligence peut battre en brèche l'atavisme. Dans ces mêmes pages, le narrateur prend toutefois soin de souligner que tous les jugements de Swann sont désormais non seulement biaisés, mais entièrement retournés par son engagement – qu'il s'agisse de politique (Clemenceau regardé comme « une conscience » et non plus comme un « homme d'argent », « espion de l'Angleterre ») ou de littérature (Barrès est sans talent aucun)[3].

Si la relecture du passage ne nous éclaire pas d'emblée sur l'élection du héros comme confident et encore moins sur « l'autre raison », elle nous permet toutefois de comprendre que, en montrant à Swann un intérêt marqué pour l'Affaire, le héros lui a tacitement témoigné ses sympathies dreyfusistes, connues du lecteur depuis *Le Côté de Guermantes*[4] – si bien qu'en retrouvant ce dernier en compagnie de Saint-Loup lors de la soirée chez la princesse, Swann donnera un exemple de « gaieté juive » en qualifiant leur conciliabule de « réunion du Syndicat[5] ». Gaieté quelque peu émoussée par la froideur de Saint-Loup, qui déclare regretter son engagement antérieur et placer désormais l'honneur de l'armée au-dessus de toute autre considération.

Si le héros doit se souvenir de l'échange de l'après-midi pour apprécier la confidence relative aux convictions nouvelles de Gilbert de Guermantes, c'est sans doute que Swann entend faire du ralliement du prince à la Cause un exemple de la loi précédemment énoncée ; or, le revirement du prince n'est nullement imputé à son intelligence, comme dans le cas de Saint-Loup, mais à un ressort inédit, assimilé à une forme de « droiture ».

> « Je vous avoue que ces paroles du prince de Guermantes m'ont profondément ému. Si vous le connaissiez comme moi, si vous saviez d'où il a fallu qu'il revienne

1. *Le Côté de Guermantes, op. cit.*, t. II, p. 865-871.
2. *Ibid.*, p. 869-870.
3. *Ibid.*, p. 870.
4. Et cette unique mention, aussi allusive que décisive : « Mon père [...] était convaincu de la culpabilité de Dreyfus. [...] Il ne me reparla de huit jours quand il apprit que j'avais suivi une ligne de conduite différente. » (*op. cit.*, t. II, p. 450). Au début de *Sodome et Gomorrhe*, le héros signale comme en passant que son engagement dans le camp dreyfusiste lui a récemment valu « plusieurs duels » (*op. cit.*, p. 10) : rien n'interdit de supposer que Swann a eu vent de ces exploits.
5. *Op. cit.*, t. III, p. 96 : « Swann m'ayant aperçu s'approcha de Saint-Loup et de moi. [...] "Bonsoir, nous dit-il. Mon Dieu ! tous trois ensemble, on va croire à une réunion du Syndicat. Pour un peu, on va chercher où est la caisse ! »

pour en arriver là, vous auriez de l'admiration pour lui, et il en mérite. D'ailleurs, son opinion ne m'étonne pas, c'est une nature si droite ! »

Le narrateur ne se fait pas faute d'épingler une manière de contradiction :

Swann oubliait que, dans l'après-midi, il m'avait dit au contraire que les opinions en cette affaire Dreyfus étaient commandées par l'atavisme. Tout au plus avait-il fait exception pour l'intelligence, parce que chez Saint-Loup elle était arrivée à vaincre l'atavisme et à faire de lui un dreyfusard. Or, il venait de voir que cette victoire avait été de courte durée et que Saint-Loup avait passé dans l'autre camp. C'était donc maintenant à la droiture du cœur qu'il donnait le rôle dévolu tantôt à l'intelligence. En réalité, nous découvrons toujours après coup que nos adversaires avaient une raison d'être du parti où ils sont et qui ne tient pas à ce qu'il peut y avoir de juste dans ce parti, et que ceux qui pensent comme nous, c'est que l'intelligence, si leur nature morale est trop basse pour être invoquée, ou leur droiture, si leur pénétration est faible, les y a contraints[1].

Passage tortueux où le jugement de Swann se trouve par deux fois discrédité : une première fois pour avoir substitué inopinément une nouvelle valeur à l'intelligence comme exception à la loi de l'atavisme ; une seconde, pour s'aveugler sur les motivations des adversaires comme des partisans de Dreyfus. Glosons la fin de l'intervention du narrateur : ceux qui embrassent le parti antidreyfusard le font pour des raisons qui ne doivent rien à une pesée rationnelle des preuves ; ceux qui « pensent comme nous » sont aussi conduits par des mobiles étrangers à la seule justice, qu'on peut évaluer diversement : on sera tenté de les imputer à leur intelligence si l'on ne peut pas leur supposer une entière droiture morale, ou à cette dernière si l'on doute de leur « pénétration », comme c'est apparemment le cas pour le prince de Guermantes. Et concluons que, s'agissant de l'Affaire, la seule loi sûre tient dans l'inconséquence et les contradictions qui président à la formation des opinions[2].

Nous voilà mieux à même d'apprécier la première des « raisons » qui a amené Swann à révéler au héros la conversion du prince, et la continuité problématique de la conversation de l'après-midi avec le coup de théâtre de la soirée. Le parcours fait cependant jour à une nouvelle question, assez inattendue : auquel des trois principes d'explication Swann peut-il rapporter le dreyfusisme du héros ? Celui-ci n'étant (que l'on sache) ni juif ni issu de l'aristocratie, l'atavisme ne saurait être en cause et la récente palinodie de Saint-Loup fragilise l'explication par l'intelligence – à laquelle Swann a sans doute été tenté de souscrire d'abord[3] – ; reste donc « la droiture de cœur », dont Swann semble avoir découvert la précellence

1. *Ibid.*, p. 110.

2. Comme le montre le narrateur dans *Le Côté de Guermantes* en dénonçant la confiance de Bloch dans l'intangibilité des preuves (*op. cit.*, t. II, p. 538). Voir Elisheva Rosen, « Littérature, autofiction, histoire : l'Affaire Dreyfus dans *La Recherche du temps perdu* », *Littérature*, n° 100, 1995, p. 64-80.

3. Comme la mère du héros, à qui les opinions dreyfusistes de son fils donnaient l'espoir « qu'[il fût] intelligent », dans le passage capital du *Côté de Guermantes* déjà mentionné (t. II, p. 450).

avec le revirement du prince. Aussi floue soit-elle, l'expression fait peut-être signe vers « l'autre raison » que Swann se refuse à déclarer ce soir-là.

D'une raison l'autre

Au terme de leur ultime conversation, Swann adresse au héros cette demande quelque peu solennelle, sans rapport avec tout ce qui précède :

> « Vous devriez venir voir votre amie Gilberte. Elle a réellement grandi et changé, vous ne la reconnaîtriez pas. Elle serait si heureuse[1] ! »

Une telle invitation n'appelle qu'un mot de réponse. Au lieu de quoi, on lit ces explications du narrateur qui devancent sans les excuser tout à fait les paroles hypocrites du héros :

> Je n'aimais plus Gilberte. Elle était pour moi comme une morte qu'on a longtemps pleurée, puis l'oubli est venu, et, si elle ressuscitait, elle ne pourrait plus s'insérer dans une vie qui n'est plus faite pour elle. Je n'avais plus envie de la voir ni même cette envie de lui montrer que je ne tenais pas à la voir et que chaque jour, quand je l'aimais, je me promettais de lui témoigner quand je ne l'aimerais plus.
> Aussi, ne cherchant plus qu'à me donner, vis-à-vis de Gilberte, l'air d'avoir désiré de tout mon cœur la retrouver et d'en avoir été empêché par des circonstances dites « indépendantes de ma volonté » et qui ne se produisent en effet, au moins avec une certaine suite, que quand la volonté ne les contrecarre pas, bien loin d'accueillir avec réserve l'invitation de Swann, je ne le quittai pas qu'il ne m'eût promis d'expliquer en détail à sa fille les contretemps qui m'avaient privé, et me priveraient encore, d'aller la voir. « Du reste, je vais lui écrire tout à l'heure en rentrant, ajoutai-je. Mais dites-lui bien que c'est une lettre de menaces, car, dans un mois ou deux, je serai tout à fait libre, et alors qu'elle tremble, car je serai chez vous aussi souvent même qu'autrefois[2]. »

Propos évidemment mensonger, d'autant plus choquant que, si Gilberte est depuis longtemps « comme une morte » pour lui, le héros ne peut ignorer que Swann porte ce soir-là la mort « sur le visage[3] ». Sa légèreté n'a ici rien à envier à celle de la duchesse de Guermantes quelques heures en amont, incapable d'entendre la « raison » pour laquelle Swann doit refuser de l'accompagner en Italie l'été suivant : « Mais, ma chère amie, c'est que je serai mort depuis plusieurs

1. *Op. cit.*, t. III, p. 111.
2. *Ibid.*, p. 111-112.
3. *Ibid.*, p. 88.

mois[1] » ; et le héros se voit adresser une réponse du même ordre lorsqu'il s'enquiert finalement de la santé du malade : « je voudrais bien vivre assez pour voir Dreyfus réhabilité et Picquart colonel[2] ».

Dans une première version de la conversation avec Swann, le héros se montrait conscient de ses faux-semblants et peu soucieux de sincérité envers Swann, ce qui dispensait le narrateur de gloser son attitude :

> La raison pour laquelle je n'avais pas vu Gilberte et ne la verrais probablement pas de bien longtemps était que je ne l'aimais plus et n'avais plus aucun désir de la voir. *Mais je me gardai bien de donner cette raison à Swann*, parce qu'il aurait pu la laisser soupçonner à Gilberte qui ne m'aurait pas trouvé gentil, et je tenais à le paraître[3].

Dans le texte publié de *Sodome et Gomorrhe*, la loi qui veut que l'indifférence la plus complète succède à l'amour le plus exclusif constitue certes une « raison » de se dérober à l'invitation de Swann, en rendant l'hypocrisie inévitable, mais sa formulation péremptoire oblitère peut-être l'essentiel : le devoir moral qu'impliquait la demande du mourant, dont le héros n'a pas su (ou voulu) entendre la dimension testamentaire. On fera l'hypothèse que Swann en appelait tacitement ici à sa « droiture de cœur », mû par le désir qu'il renoue pleinement avec Gilberte et par le vague espoir que le héros puisse un jour réaliser le rêve inaccompli d'un père longtemps humilié : intercéder auprès des Guermantes pour faire agréer sa fille dans le monde[4]. Telle serait « l'autre raison » de la confidence. En se dérobant à ce devoir moral, le héros aura certes obéi à la loi de la désaffection amoureuse, telle qu'il l'énonce ici et à plusieurs reprises, mais il aura trahi la confiance de Swann en avalisant de fait les préjugés des Guermantes.

Il y a là une manière de manquement, dont le héros ne prendra conscience qu'après la mort de Swann, et qui embarrasse également le narrateur, pour qui cette disparition reste littéralement indicible : rappelons que l'annonce de son décès sera traitée latéralement, par paralipse, dans *La Prisonnière*, *via* une allusion à un article nécrologique du *Gaulois*[5]. Ce qui se donne à lire alors comme simple regret du narrateur sur tout ce que Swann aurait pu lui apprendre serait

1. *Le Côté de Guermantes*, t. II, p. 882.
2. *Op. cit.*, t. III, p. 112.
3. *Ibid.*, t. III, var. *d.*, p. 1385 (nos italiques).
4. *A l'ombre des jeunes filles en fleurs*, *op. cit.*, t. I, p. 462 : « [...] Quand Swann dans ses heures de rêverie voyait Odette devenue sa femme, il se représentait invariablement le moment où il l'amènerait, elle et surtout sa fille, chez la princesse des Laumes, devenue bientôt la duchesse de Guermantes [...]. [O]n peut dire que si Swann épousa Odette, ce fut pour la présenter elle et Gilberte, sans qu'il y eût personne là, au besoin sans que personne le sût jamais, à la duchesse de Guermantes. On verra comment cette seule ambition mondaine qu'il avait souhaitée pour sa femme et sa fille fut justement celle dont la réalisation se trouva lui être interdite, et par un veto si absolu que Swann mourut sans supposer que la duchesse pourrait jamais les connaître. On verra aussi qu'au contraire la duchesse de Guermantes se lia avec Odette et Gilberte après la mort de Swann. »
5. *La Prisonnière*, *op. cit.*, t. III, p. 703-706 : « La mort de Swann m'avait à l'époque bouleversée. La mort de Swann ! Swann ne joue pas dans cette phrase le rôle d'un simple génitif [...]. »

l'expression d'un durable et douloureux remords que la syntaxe vient associer au nom de Gilberte :

> Il faut ajouter aussi (et cela me rendit longtemps la mort de Swann plus douloureuse qu'une autre, bien que ces motifs n'eussent pas trait à l'étrangeté individuelle de *sa* mort) que je n'étais pas allé voir Gilberte comme je le lui avais promis chez la princesse de Guermantes ; qu'il ne m'avait pas appris cette « autre raison » à laquelle il avait fait allusion ce soir-là, pour laquelle il m'avait choisi comme confident de son entretien avec le prince ; que mille questions me revenaient (comme des bulles montant du fond de l'eau), que je voulais lui poser sur les sujets les plus disparates[1].

Le silence sur « l'autre raison » de la confidence de Swann serait donc la trace de ce remords jamais explicité mais qui hanterait le texte publié. C'est, dira-t-on, faire la part belle aux spéculations herméneutiques. Or, les brouillons permettent non seulement d'étayer cette hypothèse, mais d'imaginer à partir d'elle un texte possible.

Comme l'ombre d'un remords

Dans une ébauche consignée au sein du Cahier 43, qu'on peut dater de 1912, la visite à la duchesse de Guermantes et la soirée chez la princesse n'étaient pas séparées par l'importante découverte « concernant particulièrement M. de Charlus » qui forme le début de *Sodome et Gomorrhe I* dans la version publiée en 1921. Au terme de la conversation où Swann apprend sa mort prochaine à la duchesse comme au héros, et à l'issue de l'épisode des souliers rouges, un blanc typographique précède cette note de régie : « Ne pas oublier dans les intercalages à mettre çà et là rêve qui à un contact d'un mot lu ou d'une pensée se condense et revient du fond de la nuit précédente [...][2]. » Suit le récit d'un rêve que le héros se remémore durant le trajet qui le mène chez la princesse :

> en apercevant la voiture, je sentis en moi un sentiment infini de tendresse, comme si une femme que j'aimais s'y trouvait. Je cherchais pourquoi et ne pouvais comprendre. Puis je sentis qu'elle m'avait posé la main sur le genou, nous allions vers la mer. Mais qui ? C'était un rêve que j'avais fait la nuit dernière mais que je n'avais pas encore revu, c'est à l'instant seulement qu'il venait de se débarrasser de la nuit épaisse qui lui gardait toute sa fraîcheur, et je sentais la douceur du corps de la jeune fille qui était près de moi comme si à l'instant seulement je venais de m'éveiller. Qui était-ce ? Je tâchais de me rappeler mon rêve. C'était Mlle Swann

1. *Ibid.*, p. 705-706.
2. *Op. cit.*, t. III, p. 1817.

qui était à Querqueville et qui avec une de ses amies m'accompagnait un bout de chemin en voiture pendant que j'allais la nuit à la pêche au hareng. Je me souvenais que c'était elle, mais je ne l'aurais pas reconnue car elle n'était pas ainsi. *Alors je voulus rebrousser chemin, ne pas aller à ma soirée, mais plutôt, prenant prétexte de ce que Swann avait dit ce soir, passer chez lui, lui dire que je n'avais pas osé lui dire que je savais que son mal n'avait rien de mortel et tâcher de revoir sa fille.* Quand je pense que pas un instant tandis que je l'avais vu ce soir je ne m'étais pas dit un instant qu'il était le père de Mlle Swann tout cela était si ancien[1].

Dans cet état « du » texte, il n'était pas prévu que le héros retrouve Swann chez la princesse : « ce soir » renvoie ici à l'entrevue chez la duchesse, et la mention de ce que le malade a pu dire alors concerne l'annonce de sa mort – il n'y a pas eu de conversation sur l'affaire Dreyfus, ni de demande relative à Gilberte. Il faut ici le travail inconscient du rêve, puis un effort délibéré de ressaisie et d'élucidation, pour faire surgir le souvenir de Mlle Swann, lequel entraîne un repentir quant aux mots qu'il eût fallu dire au mourant en même temps que la résolution de revoir la jeune fille. Le repentir comme la résolution demeurent sans effets : en dépit de ses hésitations, le héros se laisse conduire jusqu'à la porte de la princesse. La frivolité mondaine l'aura emporté sur le sentiment moral que le souvenir du rêve avait fugitivement éveillé :

> La voiture s'arrêta, j'étais arrivé, il fallut descendre vite car une foule d'autres voitures suivaient qui s'arrêtaient l'une après l'autre devant le perron déposant les invités du prince et de la princesse de Guermantes. La peur de me mouiller les pieds, l'attention qu'il fallut pour payer le cocher, le plaisir de m'avancer indolent et majestueux entre la double haie de valets en livrée blanche et verte, me fit oublier que j'avais à décider si j'irais oui ou non à la soirée, et je ne me souvins de mon hésitation qu'au moment où ayant donné mon pardessus je m'avançais vers l'huissier qui annonçait les invités.

L'esquisse ménage ainsi l'expression d'un remords à triple fond : d'avoir si longtemps oublié Gilberte, de n'avoir pas tenté de réconforter plus tôt le malade, et surtout de n'avoir pas rebroussé chemin quand il en était encore temps pour rendre à Swann une visite qui eût permis de réparer un tort après l'autre. En d'autres termes, le héros peut se reprocher d'avoir préféré les plaisirs mondains aux devoirs de l'amitié.

Si le texte publié ne fait pas état de ce remords, celui-ci reste inscrit en creux dans le traitement singulier accordé à la dernière conversation avec Swann, et à l'annonce oblique de sa mort ; le brouillon nous invite à lire les incidents relevés dans la « Soirée chez la princesse de Guermantes » ainsi que la paralipse de *La Prisonnière* comme autant de rémanences d'un texte possible que Proust aurait un temps songé (ou renoncé) à écrire, et qu'il reste loisible d'imaginer en faisant fond sur ces mêmes vestiges. En esquisser le scénario permet en outre de hiérarchiser et

1. *Ibid.*, p. 962-963 pour cette citation et la suivante (début de l'Esquisse VI). Nos italiques.

de penser les relations qu'entretiennent les différentes pièces relatives à l'épisode, et donc de lire plusieurs textes à la fois.

A l'exemple du romancier, on s'adonnera maintenant à l'art périlleux des « intercalages », en mettant à profit les éléments réunis jusqu'ici pour éclairer « çà et là » l'énigmatique mention de « l'autre raison » de la confidence de Swann. On n'aura pas de peine à isoler, dans le texte publié de *La Prisonnière*, le lieu opportun susceptible d'accueillir notre interpolation : « son annonce [de la mort de Swann] m'avait arrêté net, comme tracée en mystérieuses lignes inopportunément interpolées[1] ». On imaginera alors qu'à la lecture de la notice nécrologique dans le journal, le héros se fait un devoir de se rendre aux obsèques de son ami – dont une prolepse de *Sodome et Gomorrhe* nous informait déjà qu'elles devaient avoir lieu en l'église de Combray, en présence de « tout un escadron de ces cavaliers sur l'avenir desquels pleurait autrefois Françoise, quand elle envisageait la perspective d'une guerre[2] ». Ceux qui l'aiment prendront le train : il faut alors se figurer le mélancolique trajet vers Combray – que les pages publiées indiquent en palimpseste, dans l'étrange comparaison de « la mort des autres » avec un « voyage » où l'on est « assailli » par l'idée des « réalisations désormais impossibles » et par toutes sortes de « choses irrémédiablement omises »[3]. Ces « cent kilomètres », dans le texte réel comme dans le texte possible (Paris-Combray dans Google Maps), laissent au héros le temps de se remémorer les deux dernières rencontres avec Swann, qui donnent passage à ses remords. Notre page apocryphe pourra s'autoriser ici de deux emprunts à l'extrait du Cahier 43 relatant le rêve de Gilberte ; le premier permettra d'associer au souvenir de la rencontre chez la duchesse le regret de ne pas avoir trouvé les mots pour rendre moins cruel à Swann l'égoïsme des Guermantes – « Je n'avais pas osé lui dire que je savais que son mal n'avait rien de mortel[4] » ; le deuxième, de raviver le remords de la promesse non tenue – telle que l'explicitent à la fois le brouillon (« tâcher de revoir sa fille ») et le texte de *La Prisonnière* (« je n'étais pas allé voir Gilberte comme je le lui avais promis »).

C'est en se souvenant de la seconde rencontre chez la princesse (et non pas à la lecture du journal) que le voyageur serait amené à s'interroger sur « l'autre raison » que Swann n'a pas pu (ou voulu) lui apprendre. Le héros prend dès ce moment la mesure de sa pusillanimité : loin de s'être montré digne de la confiance de Swann, il ne s'est pas comporté mieux que les Guermantes dans les dernières semaines de la vie de son ami. Et il comprend enfin ce qu'il avait à savoir « un jour » : que l'invitation à aller voir Gilberte avait constitué de la part du mourant une manière pudique de lui confier l'avenir mondain de sa fille.

1. *La Prisonnière*, *op. cit.*, t. III, p. 705.
2. *Sodome et Gomorrhe*, *op. cit.*, t. III, p. 111, conformément au « codicille » ajouté par Swann à « son testament [...] pour demander que, contrairement à ses dispositions précédentes, des honneurs militaires fussent rendus à son grade de chevalier de la Légion d'honneur », reçu en récompense de son engagement lors de la guerre 1870.
3. *La Prisonnière*, t. III, p. 706. Pour une analyse détaillée, voir I. Vidotto, *Proust et la comparaison vive*, *op. cit.*, p. 563-564.
4. Cahier 43, *op. cit.*, t. III, p. 962 – pour racheter peut-être les derniers mots du duc dans la clausule du *Côté de Guermantes* (t. II, p. 884) : « Vous nous enterrerez tous. »

Tombeau de Charles Swann

Qu'il cherche ou non à s'engager dans pareille spéculation, tout lecteur de la « Soirée chez la princesse de Guermantes » éprouve en quelque façon la présence d'un texte fantôme. En témoigne la note susdite d'Antoine Compagnon dans son édition de *Sodome et Gomorrhe*, qui nous renvoie sans surprise à la mention de « l'autre raison » dans *La Prisonnière*, mais aussi, sous le sceau d'une simple hypothèse et sans autre commentaire, au passage d'*Albertine disparue* que voici :

> Quant à Mlle de Forcheville, je ne pouvais m'empêcher de penser à elle avec désolation. Quoi ? fille de Swann qui eût tant aimé la voir chez les Guermantes, que ceux-ci avaient refusé à leur grand ami de recevoir, ils l'avaient ensuite spontanément recherchée [...]. Je pensais qu'à cette fille Swann disait parfois, en la serrant contre lui et en l'embrassant : « C'est bon, ma chérie, d'avoir une fille comme toi ; un jour, quand je ne serai plus là, si on parle encore de ton pauvre papa, ce sera seulement avec toi et à cause de toi. » Swann, en mettant ainsi pour après sa mort un craintif et anxieux espoir de survivance dans sa fille, se trompait autant que le vieux banquier qui, ayant fait un testament pour une petite danseuse qu'il entretient et qui a très bonne tenue, se dit qu'il n'est pour elle qu'un grand ami, mais qu'elle restera fidèle à son souvenir. [...] Les illusions de l'amour paternel ne sont peut-être pas moindres que celles de l'autre ; bien des filles ne considèrent leur père que comme le vieillard qui leur laisse sa fortune. La présence de Gilberte dans un salon, au lieu d'être une occasion qu'on parlât encore quelquefois de son père, était un obstacle à ce qu'on saisît celles, de plus en plus rares, qu'on aurait pu avoir encore de le faire. Même à propos des mots qu'il avait dits, des objets qu'il avait donnés, on prit l'habitude de ne plus le nommer, et celle qui aurait dû rajeunir, sinon perpétuer sa mémoire, se trouva hâter et consommer l'œuvre de la mort et de l'oubli[1].

Pourquoi l'éditeur se sent-il tenu de signaler cette page, sans rapport explicite avec l'épisode de *Sodome et Gomorrhe*, sinon pour suggérer un lien souterrain entre l'ingratitude de Gilberte et la dernière conversation avec Swann chez la princesse de Guermantes ? Le texte possible esquissé éclaire ce rapport et permet d'apprécier un effet de symétrie typiquement proustien, fondé sur un même manquement à un devoir moral : le héros n'est pas allé voir Gilberte comme Swann l'en priait et s'est ainsi montré infidèle à la droiture de cœur que son ami lui supposait en vertu de son engagement en faveur de Dreyfus ; de même, une fois admise chez les Guermantes avec le titre de Mlle de Forcheville, Gilberte s'est empressée d'ensevelir dans l'oubli jusqu'au nom de son père[2]. Si elle n'éprouve aucun

1. *Op. cit.*, t. IV, p. 171-172.
2. Comme dans *Albertine disparue*, un savant combiné d'analepse et prolepse vient l'apprendre au lecteur (*op. cit.*, t. IV, p. 154-156).

tourment à « hâter et consommer l'œuvre de la mort et de l'oubli », c'est bien le remords qui dicte au narrateur une forme de réparation posthume : l'œuvre même que nous lisons, conçue comme un tombeau de Charles Swann.

> Et pourtant, cher Charles Swann, que j'ai connu quand j'étais encore si jeune et vous près du tombeau, c'est parce que celui que vous deviez considérer comme un petit imbécile a fait de vous le héros d'un de ses romans, qu'on recommence à parler de vous et que peut-être vous vivrez. Si dans le tableau de Tissot représentant le balcon du Cercle de la rue Royale, où vous êtes entre Galliffet, Edmond de Polignac et Saint-Maurice, on parle tant de vous, c'est parce qu'on voit qu'il y a quelques traits de vous dans le personnage de Swann[1].

La seule réparation que celui qui dit « je » puisse offrir aujourd'hui à son ami, c'est d'accomplir le devoir de mémoire dont Gilberte s'est dispensée. Tout un pan de la *Recherche* est peut-être bâti sur ce remords, ce que vient spectaculairement souligner la métalepse souvent commentée qui superpose le visage réel de Charles Haas à celui du personnage de fiction, tout comme l'allusion dans ces mêmes parages de *La Prisonnière* à la rédaction d'un « récit relatif à Swann et à l'impossibilité où il était de se passer d'Odette », soit : « Un amour de Swann[2]. »

Quel statut accorder finalement à l'hypothèse formulée quant à l'énigmatique raison de la confidence de Swann, et quel est donc le sens de cet étrange exercice qui vient ajouter une page surnuméraire (« mélancolique trajet vers Combray pour les obsèques de Charles Swann ») à l'un des plus longs romans de la littérature française ? L'hypothèse importe moins que le parcours qui a conduit à la forger : la démarche a consisté à mettre à profit sans distinction tous les textes disponibles, à les confronter l'un à l'autre, voire à les contaminer librement, pour tenter d'éclairer les incidents de composition que manifeste le texte publié. Cela revient à entrer pleinement dans la poétique de l'œuvre, à déployer l'éventail des différentes versions entre lesquelles Proust a manifestement hésité, pour proposer un autre arbitrage – sans s'interdire d'affabuler *in fine* quelque page apocryphe susceptible de prendre place dans le texte réel comme l'une de ses possibilités. Cette façon de lire nous paraît la mieux conforme à ce que l'on sait de la manière d'écrire d'un romancier qui est constamment à lui-même son propre interpolateur. Ceux qui aiment vraiment *A la recherche du temps perdu* ne doivent donc pas hésiter à lui ajouter, à notre exemple, quelques pages. Proust est trop court, mais la vie est longue.

Université de Lausanne

1. *La Prisonnière*, t. III, p. 705.
2. *Ibid.*, p. 868 : « J'ai trouvé une fois Françoise, ayant ajusté de grosses lunettes, qui fouillait dans mes papiers et en replaçait parmi eux un où j'avais noté un récit relatif à Swann et à l'impossibilité où il était de se passer d'Odette », récit dont on sait qu'il entraîne des problèmes de focalisation sur lesquels Proust passe de façon cavalière (*op. cit.*, t. I, p. 184).

Jean-François Perrin

Une page d'Histoire à longue portée dans l'œuvre-destin d'André Breton

Louis XV enfant massacrant des oiseaux

> « A ma place il y a des hommes qui vont à la chasse
> Et qui regardent derrière eux comme si les oiseaux qu'ils ont déjà tués les attendaient[1]. »

Il court dans l'historiographie républicaine jusqu'à Lavisse une légende sur la férocité de Louis XV enfant qui a violemment marqué Breton dans son enfance. Il s'en explique dans *L'Amour fou* (1937) : informés de la promenade qu'il vient de faire avec son épouse, dans l'après-midi du 20 juillet 1936 sur une plage proche de Lorient, entre le bâtiment militaire dit « Fort-Bloqué » et une maison au-dessus du rivage, ses parents lui rappellent qu'une jeune femme y a récemment été assassinée au fusil de chasse par son mari. Breton, qui leur avait tu le malaise dont il s'était trouvé saisi en passant à proximité, opère *a posteriori* un lien entre sa personnalité et celle du criminel :

> Michel Henriot avait coutume de tuer au fusil, *par plaisir*, les oiseaux de mer, et je me revoyais quelques heures plus tôt mettant en fuite, à coups de pierres, ces mêmes oiseaux [...]. Une histoire de France illustrée, sans doute la première qui me soit tombée sous les yeux vers l'âge de quatre ans, montrait le très jeune Louis XV massacrant ainsi, *par plaisir*, des oiseaux dans une volière[2].

Voici ce qu'on lit à ce propos chez Lavisse, sous le titre « L'enfance de Louis XV » :

1. A. Breton, poème inédit sans titre ni date (vers 1925-1930), *Œuvres complètes* II (1992), p. 1057. Edition établie par Marguerite Bonnet (dir.), Etienne-Alain Hubert, Philippe Bernier, José Pierre, Marie-Claire Dumas, Paris, Gallimard, « Bibliothèque de la Pléiade », 1988-2008. Désormais *OC.* I, II, etc. Dans la suite, seuls sont signalés les lieux d'édition non parisiens. Les citations de *Nadja* et de *Poisson soluble* en *OC.* I sont paginées entre parenthèses.
2. *L'Amour fou*, *OC.* II, p. 775. Ses italiques. L'annotation renvoie au « petit Lavisse » sans plus de précision.

> Dès l'enfance, on vit bien que Louis XV avait un méchant cœur. Ses plaisirs étaient cruels. Il aimait à s'enfermer dans une grande salle, où on lâchait des centaines de moineaux et des oiseaux de proie qui se jetaient sur les pauvres petites bêtes et les déchiraient à coups de bec. Le roi sortait de là, couvert de plumes et de sang. Il avait une biche apprivoisée, qui le suivait partout. Un jour il tira sur elle. La biche fut seulement blessée : elle accourut vers lui et le caressa. Il la fit chasser et la tua[1].

Il s'agit là du dernier état, à cette date, d'une construction historiographique brodant sur deux sources d'Ancien Régime : un fait plutôt anodin rapporté par Dangeau en deux lignes[2], et l'histoire de la biche largement développée par Barbier, qui ne consacre qu'une ligne, d'ailleurs obscure, à celle des oiseaux[3]. Par la suite, les historiens du XIXe siècle vont dramatiser systématiquement l'affaire des oiseaux massacrés[4], jusqu'à ce que Lavisse en fasse, pour les écoliers de la IIIe République, le symbole de la méchanceté foncière d'un roi exécrable.

Il s'avère que ce conte cruel a marqué l'imaginaire de Breton d'un sceau indélébile affleurant d'un bout à l'autre de ses écrits, jusqu'à *Arcane 17*[5] et au-delà : ce

1. Ce récit n'apparaît pas dans les manuels de Lavisse antérieurs à *La Première Année (nouvelle) d'Histoire de France*, A. Colin, 1887, p. 138 ; même texte, p. 116, dans l'édition révisée de 1894 : *La Nouvelle Première Année d'Histoire de France*. La vignette encadrée n'évoque pas cette scène, mais le gouverneur de l'enfant lui montrant la foule sous sa fenêtre comme lui appartenant – l'un des trois microrécits de cette page (laquelle n'apparaît pas dans les autres niveaux des Lavisse antérieurs à 1900). Si l'affaire de la biche sacrifiée figure parfois dans certains des manuels concurrents (Blanchet, Ducoudray, Gauthier-Deschamps, Augé-Petit, Segond, etc.), aucun n'évoque le massacre d'oiseaux. Dans le *Cours élémentaire* de Lavisse (1913), chap. XV, p. 120, l'anecdote se réduit à : « Il n'était pas bon. Il s'amusait à égorger des oiseaux », la vignette au verso figurant une partie de cartes imposée au maître de latin. Rien d'autre dans l'enquête de Claude Lelièvre sur les manuels de la IIIe République : *Les Rois de France – Enfants chéris de la République* (éd. Bartillat, 1999). L'illustration dont parle Breton demeure à ce jour introuvable, tant dans les manuels que dans les Histoires de France illustrées d'avant 1900 ou l'iconographie disponible de Louis XV. Faut-il conjecturer ici un souvenir-écran formé *a posteriori* à partir du texte de Lavisse ?
2. « Avril 1716. Samedi 18, à Paris – Le roi vit dans la salle des Suisses un petit vol d'oiseaux qu'on avait dressés à prendre des moineaux », *Journal du marquis de Dangeau*, t. 16 (1715-1716), Paris, Firmin-Didot, 1859, p. 365.
3. « [Histoire de la biche développée puis :] On a trouvé cela bien dur. *On lui conte quelque histoire pareille sur des oiseaux qu'il a* », *Journal de Barbier*, t. I (1718-1726), Paris, Charpentier, 1858, p. 211-212. Mes italiques.
4. « Dans une vaste salle remplie d'un millier de moineaux, des oiseaux de la fauconnerie, lâchés en sa présence en faisaient un facile carnage, et lui donnaient en divertissement l'effroi, les cris, la destruction des victimes, et la pluie de leur sang et de leurs débris », Lémontey, *Histoire de la Régence et de la minorité de Louis XV* [...], t. II, Paris, Paulin, 1832, p. 58. « Croira-t-on bien qu'à l'âge de six ans, tout juste à son avènement, ils [ses gouverneurs, Villeroi et Mme de Ventadour] eurent l'idée barbare de le régaler d'un massacre ? Dans une vaste salle remplie d'un millier de moineaux, on lâcha des oiseaux de la fauconnerie, et l'enfant jouissait des cris, de l'effroi des victimes, de la confusion des plumes au vent et de la pluie de sang », Michelet, *La Régence*, Chamerot, 1863, p. 369. « [...] on parlait d'oiseaux que l'enfant s'amusait à égorger, d'une biche blanche qu'il venait de tuer pour satisfaire un caprice sanguinaire », Jobez, *La France sous Louis XV*, t. II, Paris, Didier et Cie, 1865, p. 302.
5. Il énumère, pour les critiquer, des illustrations de manuels telles que : « Louis XV enfant tue des oiseaux dans une volière », « dont le souvenir, j'y insiste, aura hanté plusieurs générations » (*OC.* III,

qui mérite une étude. Le récit de *Nadja* en sera le fil conducteur, sans négliger, en amont comme en aval, récits de rêves et textes automatiques, essais théoriques et récits. On étudiera d'abord certains relevés oniriques où l'on traque d'étranges oiseaux-sirènes manifestés en fée serpente dans *Nadja*, puis ce qu'atteste de fascination pour la cruauté l'admiration professée pour la pièce *Les Détraquées*. On poursuivra sur la piste d'une chasse « au grand-duc » (653) envisagée comme emblématique des enjeux de la rencontre de l'automne 1926 et du récit qui s'en déduit. Sera ensuite examinée la portée symbolique de l'explosion fantasmée de la tour du manoir d'Ango, puis du remplacement, dans la révision de 1963, de la photo du manoir par celle de son colombier. On conclura avec la rémanence active du thème dans les écrits sur l'art.

Ambivalence affective

Voici un passage d'un « texte automatique » de 1924 non inséré dans *Poisson soluble* :

> C'était certainement la première fois que je me trouvais dans cette salle de spectacle. [...] L'écran révélait au public n'importe quelle aventure banale : il s'agissait, je crois, d'une femme de haute noblesse russe, qui avait adopté un enfant vicieux, l'enfant qui ressemblait en cela au roi Louis XV passait son temps à briser toutes les fleurs qu'il trouvait sur son chemin et attachait à leur place des têtes d'oiseaux. Dans la salle on se montrait à la fois scandalisé et charmé[1].

Cette réaction ambivalente d'horreur fascinée rime tout à fait avec l'autoanalyse à laquelle se livre Breton après avoir décrit la scène de *L'Amour fou* plus haut citée : « Je ne sais si j'avais déjà découvert alors la cruauté, mais il n'est pas douteux que je garde, par rapport à cette image, une certaine ambivalence de sentiments », une cruauté fantasmagorique caractérisant déjà, à la fin du texte refoulé de *Poisson soluble*, la rêverie du narrateur figuré dans une grotte-prison où « [s]es plus belles maîtresses avaient toutes été égorgées. » Echo anticipé à ce qu'écrira plus tard Breton de « l'amour charnel » en ses « mystérieuses perversions[2] » : « *ce mélange de séduction et de peur*, [l'enfant que je demeure] ne jurerait pas que cela n'a

---

p. 56-57). Nul manuel d'histoire ne figure au catalogue de la vente de la bibliothèque de Breton (Calmels Cohen, avril 2003).

1. Texte n° 25 (535). Voir l'intimation de massacre d'adversaires celée dans le geste d'abattre des têtes de pavot (Tarquin) ou des épis (Thrasybule), selon Tite-Live (*Histoire romaine* I, liii) et Hérodote (*Histoires* V, xcii).

2. Dans le cadre des jeux du groupe sur « les possibilités irrationnelles de vie à une date quelconque », la perversion sexuelle à la mode en l'an 409 était, selon Breton, de « faire l'amour un faucon au poing ». *OC*. II, p. 531.

plus rien pour lui de la barbe de Barbe Bleue[1] ». Ce genre de trouble marque encore un rêve rapporté dans *Les Vases communicants* où la poursuite, non loin de Lorient, d'un « admirable poisson » dans une eau « d'un aspect louche et pourtant très agréable », se métamorphose en chasse à la sirène : « Je lui lance une pierre qui ne l'atteint pas ou qui l'atteint au front. A sa place, c'est maintenant une femme-oiseau qui me renvoie la pierre[2]. » Le rêveur chassait là avec « un ami » en direction d'un château. On voit bien l'équivoque, là encore, de cette poursuite où la proie se révèle dangereuse. Dans le dernier des cinq rêves rapportés dans *Clair de terre* (1923), Breton chasse cette fois en compagnie d'Eluard, promu archer pour l'occasion. Les voici « au bord d'un étang couvert de faisanes » qui n'intéressent pas Eluard car il « cherche François », lequel se manifeste bientôt en « superbe faisan doré » ; une série de flèches « portent "trop court" », avant qu'il ne soit atteint, ses ailes devenant alors deux boîtes de papier rose qui flottent puis disparaissent. Alors « une femme nue très belle » sort de l'eau à grande distance, chantant ; Eluard la rate, puis elle surgit tout près. Il la perce alors au sein où elle porte sa main « d'un geste adorable », tout en poursuivant son chant[3]. C'est donc encore une sirène un peu botticellienne (avec l'ambivalence qui caractérise celles de l'*Odyssée*) qui hante l'imaginaire érotico-cynégétique de Breton, avant de *survenir* dans « l'air de nager[4] » de l'inconnue poursuivie lors de la « Nuit du Tournesol », le 29 mai 1934.

Voyons ce qui de cet imaginaire œuvre dans *Nadja*. L'héroïne lira *Clair de terre*, sans qu'on sache à partir de quand, affirmant à Breton que parmi ses livres (soit *Les Pas perdus*, le *Manifeste* et *Poisson soluble*, offerts à sa demande dès leur deuxième rencontre), c'est celui qu'elle « comprend le mieux[5] ». Qu'elle puisse s'identifier à une sirène, c'est ce qu'atteste le « portrait symbolique d'elle et de moi » daté du 18 novembre, inséré dans la synthèse de ses productions graphiques que procure Breton : « la sirène, sous la forme de laquelle elle se voyait toujours de dos et sous cet angle, tient à la main un rouleau de papier » (p. 721) ; cette sirène apparaît parmi différentes figures, dont des serpents, dans un autre dessin (*id.*). Mais elle se verra également en oiseau atteint par un coup de fusil : « Je suis comme une colombe blessée par le plomb qu'elle porte en elle », écrit-elle le 30 janvier 1927, à propos de leur séparation. Pour sa part, c'est en « oiseau divinement triste de la

1. *L'Amour fou* (1937), chap. V, *OC.* II, p. 744, mes italiques. Ce chapitre transpose en termes poético-érotiques l'ascension du pic du Teide (Canaries). C'est à propos de la peinture d'Oscar Dominguez, originaire de ces îles, que s'invitait, à l'*incipit* d'un texte publié dans *Minotaure* en 1936, le Barbe Bleue historique : « La forêt tout à coup plus opaque [...] nous ramène au temps de Geneviève de Brabant, de Charles VI, de Gilles de Rais puis [...] nous tend [...] les burgs délirants des grottes, les lacs noirs, les feux follets de la lande. » *D'une décalcomanie sans objet préconçu (Décalcomanie du désir)*, *OC.* IV, p. 502. L'affinité du seigneur de Tiffauges avec le conte cruel qui hante Breton se lisait dans Huysmans, reprise de l'abbé Bossard : *Gilles de Rais maréchal de France, dit Barbe-Bleue (1404-1440)* [...], Paris, Champion, 1885 : « Combien d'enfants égorgea-t-il, après les avoir déflorés ? lui-même l'ignorait [...] ! » *Là-Bas*, chap. XI, Paris, Tresse & Stock, 1895, p. 238.

2. « Rêve du 5 avril 1931 », *Les Vases communicants*, *OC.* II, p. 143.

3. *OC.* I, p. 153-154.

4. « Tournesol », cité in *OC.* II, p. 724.

5. Noté par Breton au 16 nov. 1926. *Carnet de notes pour Nadja*, p. 25 – BNF, MSS. NAF. 29000 (1).

divination » que Breton se la représente, alors qu'il hésite à la revoir puisqu'il n'en est pas amoureux (p. 701), redoutant toutefois, s'il rompt, de perdre à jamais ce qu'il la sent capable de lui révéler : « Je ne *saurais* plus. J'aurais donc mérité de ne plus savoir » (*id.*). Outre le mythe d'Eurydice affleure ici, en plein Paris moderne, l'épreuve de la *Merveille* offerte naguère au héros médiéval : Perceval n'osant la question dont à son insu tout dépend, et Raimondin osant pour leur malheur un regard sacrilège sur une épouse-fée à laquelle Nadja, en ses dessins mais aussi *in vivo*, s'identifiera un jour « avec beaucoup d'art jusqu'à en donner l'illusion très singulière », pour celui auquel elle s'est désormais abandonnée d'amour (p. 712). Lequel, en taxi le 7 octobre avec femme et amie, et la semblance de l'oiseau-fée s'étant esquissée à la vitre, se hâta derechef de la rattraper, tous doutes envolés : « Voici deux jours consécutifs que je la rencontre : il est clair qu'elle est à ma merci », se félicite le chasseur (p. 702), cependant que sa proie s'en effraie[1], au point de songer à se dérober aux rendez-vous projetés (p. 691). Inquiétude confirmée dans le « Carnet de notes pour Nadja » à la date du 7, puisque « rester avec [lui] » l'obligerait, par amour pour lui, à renoncer à ses ressources habituelles[2]. Ce que vérifiera un entretien avec Eluard demandé à Breton[3].

Massacre aux « Fauvettes »

La première section du récit, dévolue à livrer certaines idiosyncrasies susceptibles, selon l'auteur, de cadrer ce qui le caractérise, évoque sa fascination pour la pièce de Grand-Guignol intitulée *Les Détraquées* (1921)[4]. Or c'est comme de « superbes bêtes de proie » (p. 673) qu'il en présente les héroïnes, Solange et son amie Mme de Challens, laquelle dirige une institution de jeunes filles dont le nom n'est autre que « Les Fauvettes[5] ». Un nom que le lecteur ignorera, sauf à se reporter au texte de la pièce (Breton n'en disposera lui-même qu'en 1956[6]).

1. « Dès ce moment conscience de mon pouvoir sur elle (?) Peur réelle ou simulée que j'en abuse », *id.*, p. 6 (gauche). Il s'agit de la rencontre du 6.
2. « Tout est perdu pour elle. Crainte d'être étudiée seulement », *id.*, p. 9 (gauche).
3. Ainsi résumé dans une lettre du 8 XI 1926 : « Il semble bien que ce soit la première fois qu'elle aime au moins de cette manière grave et désespérée que je lui impose peut-être [...] voir quelqu'un d'autre que moi lui devient un supplice. [...] Elle a honte devant moi de tout ce qui pourrait la sauver. » Selon Eluard, « elle est le tact, la sincérité, le goût mêmes », A. Breton, *Lettres à Simone Kahn* (1920-1960), Paris, Gallimard, 2016, p. 270-271.
4. Il s'avéra que son auteur, Pierre Palau, fut conseillé par Joseph Babinski, neurologue réputé dont Breton était l'un des externes en 1917. D'autres psychiatres, notamment Alfred Binet, se mêlèrent de ce répertoire. Voir Agnès Pierron, *Le Grand-Guignol, Le théâtre des peurs de la Belle Epoque*, Paris, R. Laffont, 1995. Le titre de la pièce connote l'air du temps (voir René Schwaeblé, *Les Détraquées de Paris, Etude de mœurs contemporaines*, Paris, Daragon, 1910).
5. Didascalie initiale : « *Le bureau de Mme de Challens directrice de l'Institution Les Fauvettes à Versailles.* »
6. Publiée par ses soins avec une postface de Palau, dans *Le Surréalisme même* n° 1 (1956). C'est la leçon que nous suivons. Elle a été reprise dans l'anthologie d'A. Pierron.

Il s'avère du reste que le résumé qu'en livre *Nadja* oblitère le dénouement : le récit s'arrête en effet sur le corps ensanglanté de la jeune pensionnaire (Lucienne Le Goff, non nommée par Breton) tombant d'une armoire, laissant croire que « le cri, l'inoubliable cri » (p. 672) émane de l'enfant, alors qu'en réalité il est poussé par la directrice[1] qui, selon l'analyse du docteur Bernier dans la pièce, avait tout oublié de l'assassinat une fois passée la « crise » de « folie circulaire[2] ». « Je ne sais si le cri dont je parle mettait exactement fin à la pièce », écrit Breton, qui dispose pourtant de la photographie de la dernière scène : Lucienne ensanglantée sur le divan ; Solange les yeux au ciel, empoignée par le commissaire et le docteur ; la directrice assise évanouie dos au bureau ; tout cela sous-titré de sa plume : « *Les Détraquées – 2e acte. L'arrestation*[3]. » Photo qu'il n'utilisera pas, préférant celle de l'enfant hypnotisée pénétrant dans le bureau à la fin de l'acte I. C'est qu'il réprouverait, assure-t-il, que le personnage incarné par Blanche Derval « eût à subir une apparence de châtiment » (p. 673). Cependant, voici la scène finale, telle qu'il l'a d'ailleurs revue « à deux ou trois reprises » (*id.*) jusqu'en 1935[4] :

> Scène X. « [...] *Le commissaire appelant.* – Bouvard, Garin... emmenez cette femme[5]... gardez-la à vue... Laissez-nous seuls. (*Les agents emmènent Solange et Mme de Challens, Mlle Claire les aide.*) Scène XI. Le docteur, le commissaire. Le docteur. – Eh bien !... cher ami ? Le commissaire. – Vous étiez dans le vrai... comment est-elle morte ? Le docteur. – Etranglée... dans une crise de passion sadique. Le commissaire. – Mais... elle est couverte de sang... Le docteur. – Fétichisme... Ces dames pratiquaient le grand jeu... j'avais tout compris... la table est jonchée de bardes de plumes cassées... Vous voyez que j'avais raison. Ce n'est pas la prison qu'il faut à ces malheureuses... c'est le cabanon. (*Tandis qu'il sort avec le flacon*

1. « Le docteur. – ... avez-vous de l'éther, des sels ?... Mme de Challens. – Oui, là... (*Elle prend une clef sur elle, va au placard, l'ouvre. Un corps s'abat sur le plancher. C'est celui de Lucienne. Horreur générale. Mme de Challens pousse un cri affreux et s'évanouit. Solange, en proie à une soudaine crise de démence, se précipite sur le corps que le commissaire a déposé sur le divan*) », acte II, scène finale, *op. cit.*, p. 116. (Je souligne.)

2. Selon la postface de P. Palau citée p. 673. Le 1er nov. 1916, Breton recopiait, à l'intention de son ami Fraenkel, cette citation du psychiatre contemporain Gilbert Ballet, se demandant « si l'état pathologique qui constitue la folie périodique dans sa forme la plus caractéristique (manie-mélancolie) n'était pas le grossissement et l'énorme amplification d'une manière d'être qui nous est à tous habituelle », *in* Marguerite Bonnet, *André Breton, naissance de l'aventure surréaliste*, Paris, Corti, 1975, p. 101. Il reprendra la thèse à son compte en 1925-1927, dans l'*Introduction au discours sur le peu de réalité*, à propos de « la terrible loi psychologique des compensations » qui veut qu'on ne puisse manquer « de payer cher un moment de lucidité, de plaisir ou de bonheur », mais aussi « que notre pire effondrement, notre plus grand désespoir nous vaudront une revanche immédiate [...] comme dans la psychose maniaque-dépressive [...] », *OC*. II, p. 271.

3. A. Breton, *Nadja, Manuscrit*. Gallimard/BNF Edition, 2019, planche VIII. Cette photo avait été publiée dans le compte rendu de *La Rampe* du 28 fév. 1921, p. 10.

4. « Toujours aussi magnifique », écrit-il à Eluard. *OC*. I, n. 2, p. 1535.

5. En transe, Solange vient de se jeter sur le cadavre. Le docteur, qui soupçonne que la disparition de l'enfant procède d'un acte de démence, a tenté, sans succès jusque-là, d'en persuader le commissaire sur la foi de certains indices. Claire est la secrétaire des Fauvettes, elle n'est pas impliquée dans le crime. Le concierge puis le docteur s'étaient auparavant piqués au sang en posant leurs mains sur le bureau.

d'éther qu'il a pris dans le placard, le commissaire dit :) Le commissaire. – Quelle différence y a-t-il donc ? FIN[1].

Si nous en revenons maintenant à l'image obsédante de l'enfant royal massacrant par plaisir des oiseaux dans une volière, cette volière se nomme ici « Les Fauvettes », les oiseaux de proie massacreurs se nomment Solange et Marthe de Challens[2], et l'oiselle lardée de coups de plumes métalliques après avoir été étranglée se nomme Lucienne Le Goff.

Le Goff… un nom breton qui assone avec l'« affaire du Loch[3] », le crime relaté dans *L'Amour fou*. « Loch-en-Guidel » est le domaine où Henriot élève des renards argentés ; le « Fort du Loch » est la bâtisse militaire désaffectée où il demeure ; c'est là qu'il martyrisa plusieurs mois durant sa jeune épouse, jusqu'à la massacrer le 8 mai 1934, dans la villa financée par la dot ; ils s'étaient rencontrés *via* les petites annonces du *Chasseur français*[4]. Mais encore, pour ce jeu de doubles dans les noms : l'admirateur du Grand-Guignol de Marthe de Challens et sa complice Solange incarnée par Blanche Derval, a-t-il su plus tard, par Nadja, que Marthe Blanche est le prénom de sa sœur aînée[5] et que sa propre fille se nomme Marthe[6] ? Enfin, l'héroïne du texte qui clôt *Poisson soluble* ne se nomme-t-elle pas Solange, sachant, assure l'auteur, que « de tout temps ce prénom [l]'a ravi » (p. 693) ? Dès l'ouverture programmatique de son récit, Breton se dit à l'affût d'« un monde comme défendu qui est celui des rapprochements soudains, des pétrifiantes coïncidences » (p. 651). Nous y sommes. Mais toute son expérience, depuis les hallucinations résultant de la rédaction des *Champs magnétiques* (p. 618) jusqu'aux dérives dangereuses qui accompagnèrent l'époque des « sommeils » au point de l'obliger à y mettre fin[7], enseigne qu'on ne s'aventure pas sans risques en terres de surréalité. « Faits-glissades » ou « faits-précipices » ont, écrit-il :

> par leur caractère absolument inattendu, violemment incident, et le genre d'associations d'idées suspectes qu'ils éveillent, une façon de vous faire passer du fil

1. *Nadja*, *op. cit.*, acte II, scène finale, p. 116.
2. Le prénom de la directrice apparaît à l'entrée de la scène 9 de l'acte I : « ([…] *par la baie, au fond, une femme paraît* […]. *Elle pose son bagage sur le bureau et demeure appuyée, immobile. Un temps. Par la porte de gauche, Mme de Challens entre. Elle reste figée sur le seuil* […]) –, *d'une voix tremblante*. Solange !… – Marthe ! ».
3. *OC*. II, p. 772.
4. Voir l'enquête du journal *Détective* n° 790 (17 mai 1934), p. 3-6, consultée parmi d'autres par Breton, qui résume les faits, y ajoutant une esquisse d'analyse socio-psychiatrique (*op. cit.*, p. 773-775). Pour une approche psychanalytique des enjeux latents, voir Michel Butor, « Heptaèdre Héliotrope », *Répertoire III*, Paris, éd. de Minuit, 1968, p. 330 sq., et Jean-Luc Steinmetz, *André Breton et les surprises de l'amour*, Paris, PUF, 1994, chap. VI.
5. Morte le 10 mai 1915. Voir l'enquête bien documentée d'Hester Albach, qui a rencontré l'une des petites-filles de Léona Delcourt, alias Nadja : *Léona héroïne du surréalisme*, Arles, Acte-Sud, 2009, p. 58.
6. Elle lui en parle le 6 octobre (p. 698). Si le texte ne mentionne pas ce prénom, Breton ne mentionne pas plus le patronyme « Delcourt » qu'il utilise forcément pour identifier le domicile parisien de Nadja (p. 703).
7. Voir ce qu'il en confie à André Parinaud (*Entretiens* VII, *OC*. III, p. 482-483).

de la Vierge à la toile d'araignée, c'est-à-dire à la chose qui serait au monde la plus scintillante et la plus gracieuse, n'était au coin, ou dans les parages, l'araignée (*id.*).

Sous le rapport de ce qui le fascine obscurément depuis l'enfance, ce qu'oblitère de leur horrible fin son résumé des *Détraquées*, n'est-ce pas précisément telle maldororienne araignée[1] ?

Chasser au grand-duc

Par voie de coïncidence, une fois de plus, cette hantise prédatrice va s'inviter dans les circonstances présidant à la rédaction de *Nadja* au mois d'août 1927. Breton s'est retiré en Normandie à Varengeville, dans « ce beau repaire de corsaire » du Manoir d'Ango où il peine à « fixer » ce qu'il nommera plus tard « le timbre de *Nadja*[2] ». Parallèlement, à quelques encablures de ce palais florentin à tour octogonale et somptueux colombier, Aragon, en pleine idylle avec Nancy Cunard au « Haut-Mesnil », improvise ce *Traité du style* dont la féroce virtuosité inquiète son ami sur le fond, comme il l'écrit à sa femme[3]. A quelques encablures encore, demeure au manoir de Morval telle inhumaine auprès de laquelle Breton joue l'amoureux transi. En fond de scène du côté parisien, les démêlés en cours avec le parti communiste et « les magnifiques journées de pillage » de l'émeute de la fin août, à l'occasion de l'exécution de Sacco et Vanzetti (p. 748)[4]. Ses lettres à sa femme font part de ses lectures, sans grands commentaires d'ailleurs : une étude récente sur Hugo et Mme Briard qui rehausse la noblesse de Juliette Drouet, quelques Huysmans (*En ménage*, *En rade*)... Et puis ceci :

> On m'a proposé ce matin de m'installer une table dans un champ ou dans un bois avoisinant, à l'intérieur d'une petite hutte. Le patron offrait de me prêter son fusil pour faire avec un grand-duc, et sans quitter la table où je lirais, où j'écrirais, la

1. « Chaque nuit, à l'heure où le sommeil est parvenu à son plus grand degré d'intensité, une vieille araignée de la grande espèce sort lentement sa tête d'un trou placé sur le sol, à l'une des intersections des angles de la chambre. Elle écoute attentivement si quelque bruissement remue encore ses mandibules [...] elle ne peut pas faire moins, si elle prétend augmenter de brillantes personnifications les trésors de la littérature, que d'attribuer des mandibules au bruissement [...]. Regardez cette vieille araignée [...]. Nous ne sommes plus dans la narration. Hélas ! nous sommes maintenant arrivés dans le réel [...] », Lautréamont, *Les Chants de Maldoror*, V, Paris et Bruxelles, 1874, p. 268. Au « jeu de carte analogique », Breton liera Gille de Rais à ce passage (Atelier A. Breton, carte « Gilles de Retz »).
2. Entretiens avec A. Parinaud (mars-juin 1952), *OC*. III, p. 519.
3. *Op. cit.*, p. 283. Sur le différend qui couve, voir Pierre Daix : *Aragon retrouvé*, Paris, Tallandier, 2015, p. 213-222.
4. Breton n'en était pas. Aragon s'était rendu à la manifestation dieppoise du 7 août, à l'appel du parti communiste.

chasse aux oiseaux de proie. Il paraît qu'on peut avoir jusqu'à cinquante coups à tirer par minute. Quel dommage que j'en sois incapable[1] !

Dans ce type de chasse, un hibou empaillé ou vivant sert d'appeau pour les oiseaux diurnes, ses victimes nocturnes ordinaires. Ce n'est pas la première confrontation de l'écrivain avec les rapaces. *La Révolution surréaliste* publiait déjà ces vers en mars 1926 : « Il était environ quatre heures de l'après-midi / [...] / Et j'étais condamné depuis longtemps / [...] à gravir un escalier détruit / [...] / *Le bord du ciel était gardé par des chats-huants*[2]. » On remarquera ici que selon l'extrait de *Nadja* prépublié en 1928, sortant « vers quatre heures » le « *6 octobre 1927*[3] » et changeant exceptionnellement d'itinéraire pour aller récupérer, « non loin de l'Opéra », un stylo en réparation[4], Breton rencontre l'héroïne qui comptait échapper au rendez-vous prévu (p. 691). Que l'Opéra appelle ici son étymologie latine, *via* le stylo en souffrance de l'auteur, retrouve ce que le prologue du récit suggère de la coïncidence entre l'offre cynégétique de l'hôtelier et l'entreprise narrative projetée : « Etait-il possible qu'il en fût autrement, dès lors que je voulais écrire *Nadja* ? » (p. 653). Coïncidence somme toute anticipée dès décembre 1926 : « [...] *je regarderais autour de moi sans rien voir / Comme un chasseur adroit* dans un pays de décombres / J'attendrais aussi *je vous attendrais* / [...] La vérité tomberait du ciel *sous la forme d'un harfang / Aux yeux agrandis* de toutes les rixes possibles[5] ». Chez Jarry, ce rapace se rencontre de nuit au Jardin d'acclimatation : « et le harfang des neiges, dans sa cage étroite, fixa les deux hommes de ses yeux blonds[6] ». C'est sur un de ses poèmes cités dans *Les Pas perdus* que s'arrête Nadja, lorsque Breton lui offre l'ouvrage le 5 octobre. Ce poème est tiré du chap. IV (livre IV) : « Le Tain des Mares », du roman *Les Jours et les Nuits* (Breton n'y renvoie pas ici, mais il l'a « lu et relu », lorsqu'il était mobilisé à Pontivy[7]) :

1. 5 août 1927, *op. cit.*, p. 281.
2. *R.S.* n° 6, 1er mars 1926, p. 4, mes italiques. Poème publié en 1932 dans *Le Revolver à cheveux blancs*, sous le titre « Camp volant ».
3. On a bien lu 1927 (italiques de Breton). Ni le manuscrit ni l'édition de 1928 n'indiquent l'année dans le journal de la rencontre ; c'est dans la révision de 1962-1963 qu'une note auctoriale précise : « On est en 1926 » (p. 683). En ce qui concerne Léona Delcourt, internée depuis le 21 mars 1927, le 6 octobre la trouve au Perray-Vaucluse.
4. *R.S.* n° 11, 15 mars 1928, p. 9 : « [...] non loin de l'Opéra, j'ai à aller retirer d'un magasin de réparations mon stylo ». Cette précision, maintenue en 1928, disparaît dans la révision de 1962-1963 qui parle d'une « course brève » (p. 691). Sur l'aimantation des parcours parisiens de Breton par l'Opéra, voir Gérard Gasarian : *André Breton, une histoire d'eau*, Villeneuve d'Asq, P.U. Septentrion, 2006, chap. I., § 25 *sq.* (En ligne.)
5. *R.S.* n° 8, 1er décembre 1926, p. 11, mes italiques. Repris sous le titre « Carte d'électeur » dans *Le Revolver à cheveux blancs*. On y lit aussi ces vers : « Sur les trois portes de la maison *sont cloués trois hiboux blancs / En souvenir des amours de l'heure* » (« C'est moi ouvrez », *OC.* II, p. 80, mes italiques). Les lecteurs d'*Arcane 17* connaissent le conte de la petite fille gardienne du harfang d'une sorcière (*OC.* III, p. 60). En face de cette page (f° 20 du manuscrit) est collé un paquet de cigares « White Owl », avec l'oiseau perché sur un cigare fumant. (En ligne sur l'Atelier André Breton ; au mur figurait un tableau de Henri et Nô Seigle intitulé « Chouette blanche ».)
6. Alfred Jarry, *Le Surmâle*, Paris, Editions de la Revue blanche, 1902, p. 67.
7. Lettre à Th. Fraenkel, in M. Bonnet, *André Breton...*, *op. cit.*, p. 56.

Parmi les bruyères, pénil[1] des menhirs,
Selon un pourboire, le sourd-muet qui rôde
Autour du trou du champ des os des martyrs
Tâte avec sa lanterne au bout d'une corde.
Sur les flots de carmin, le vent souffle en cor.
La licorne des mers par la lande oscille.
L'ombre des spectres d'os, que la lune apporte
Chasse de leur acier la martre et l'hermine.
Contre le chêne à forme humaine, elle a ri,
En mangeant le bruit de hannetons, C'havann,
Et s'ébouriffe, oursin, loin sur un rocher.
Le voyageur marchant sur son ombre écrit.
Sans attendre que le ciel marque minuit
Sous le batail[2] de plumes la pierre sonne.

Les quatrains glosent le paragraphe précédant le sonnet, dont le contexte est le récit d'un pèlerinage du héros à Sainte-Anne d'Auray, son parcours conduisant de la gare à la basilique : « Il [...] fit voir à des muettes ses paroles, et elles lui répondirent, quoique sourdes, avec une voix mathématique ; et un sourd-muet qui ne regarda ni ne répondit secoua la pendaison d'une lanterne sur trente squelettes en dessous d'une trappe[3]. » Selon le *Guide Joanne de Bretagne* (1833) cité par Henri Béhar, ces « muettes » et le sourd-muet du vers 2 renvoient à la Chartreuse d'Auray, institution pour sourdes-muettes dont la chapelle conserve les restes des émigrés fusillés après l'échec d'un débarquement à Quiberon[4]. Quant au héros, il finit ses jours à l'asile de Sainte-Anne où, dans quelques mois, sera internée Léona Delcourt.

Reprenons *Nadja*. Après un survol cursif du poème, la jeune femme le relit attentivement, manifestant de l'émotion : « A la fin du second quatrain, ses yeux se mouillent et se remplissent de la vision d'une forêt. Elle voit le poète qui passe près de cette forêt, on dirait que de loin elle peut le suivre : "Non, il tourne autour de la forêt. Il ne peut pas entrer, il n'entre pas" » (p. 689). Elle acquiesce aux images qu'elle rencontre, mais soudain le vers 10 l'épouvante : « *En mangeant le bruit des hannetons, C'havann* (Avec effroi, fermant le livre :) "Oh ! ceci, c'est la mort !" » (p. 691). Les spécialistes de Jarry s'accordent à lire dans le dernier mot un substantif breton désignant le hibou ou la chouette, les divergences portant sur l'orthographe[5]. Jarry n'était pas linguiste : « sonne » rimera mieux avec « C'havann ». Quant à Nadja, outre la tonalité funèbre d'ensemble, les hémistiches « Et s'ébouriffe, oursin », « Sous le batail de plumes » pouvaient lui inspirer l'image d'un oiseau au plumage hérissé, comme en « bataille ». Si la piste symbolique que

1. « Pénil » : *Terme d'anatomie.* Partie antérieure de l'os pubis et inférieure du ventre. Littré.
2. « Batail » : *Terme de blason.* Battant de cloche d'un autre métal que la cloche même. Littré.
3. A. Jarry, *Les Jours et les Nuits, roman d'un déserteur* (1897), Paris, Gallimard, 1981, p. 130.
4. H. Béhar, *Cultures de Jarry*, Paris, PUF, 1988, p. 31-32.
5. Le *Colloque français et breton, ou nouveau vocabulaire*, Morlaix, 1828 (que possédait Jarry), indique, p. 16, qu'« Un Hibou » se dit en breton : « Eur C'havan », et « Une Chouette » : « Eur Gaouen ».

nous suivons est la bonne, elle en aura très tôt perçu l'aura périlleuse autant que fascinante[1] : n'a-t-elle pas, dans ses dessins, identifié son amant à un aigle « fulgurant[2] » ? Pour autant, il n'y a pas de forêt dans ce sonnet, non plus que dans « Le Tain des Mares » ; en revanche, sa vision préfigure une circonstance future, puisque à Ango l'on voulait installer le poète « dans une cahute masquée artificiellement de broussailles, à la lisière d'un bois » (p. 653). Sous ce rapport, cette lecture s'avère une façon de pressentir l'avenir de ce « roman sur moi » qu'elle prédit, sinon ordonne à Breton le 10 octobre[3] (p. 708).

Du reste, si elle satisfait à cet examen comme à celui de la confrontation avec les œuvres de la rue Fontaine, de l'interprétation desquelles elle s'acquitte aisément (p. 727), les questions qu'elle-même pose à Breton sur son propre terrain le trouvent incapable de répondre[4]. Qui chasse qui en ces parages ? et pour quel enjeu ? Il pourrait sembler que la jeune femme soit la proie, quelque peu rétive aux premiers jours, avant de s'abandonner à la flamme[5] : ce qu'elle figurera dans un dessin l'identifiant comme « un papillon dont le corps serait formé par une lampe "Mazda" » (p. 727), actualisant là une image mystique universelle[6], mystique d'amour dont attestent également certaines lettres[7]. Mais si Breton reconnaît qu'elle le voit parfois en dieu solaire, lui-même l'identifiant à une sylphide (p. 714), il observe aussi qu'elle « se donne, avec une étonnante facilité, les airs du Diable, tel qu'il apparaît dans les gravures romantiques » (p. 708) – ce qu'on retrouve dans

1. Ce que confirmeront ses lettres : « [...] – et *tes grands yeux me fixent* – [...] – *mais la mort elle aussi est là – oui elle est là derrière toi* – mais qu'importe » ; « Fauves aux dents de scie. / *Aux yeux envahissants.* / Tatant sa proie de loin – pour mieux l'éprouver. / [...] / *Le regard ondoyant* – Sa Nadja implore / [...] » (lettres des 15 nov. et 11 déc. 1926, mes italiques). Toutes les citations de sa correspondance suivent son orthographe et sa ponctuation.

2. « Plusieurs fois elle a tenté de faire mon portrait les cheveux dressés [...] pareils à de longues flammes. Ces flammes *formaient aussi le ventre d'un aigle* dont les lourdes ailes tombaient de part et d'autre de ma tête » (p. 721). « Le dessin, daté du 18 novembre 1926, comporte un portrait symbolique d'elle et de moi : [...] le monstre *aux yeux fulgurants* surgit d'une sorte de vase *à tête d'aigle, rempli de plumes* » (*id.*). Mes italiques.

3. En vue duquel il prend des notes depuis le vendredi 15 : « elle téléphone vers 11 h comme j'écrivais les Ires pages de ce carnet ». *Notes pour Nadja*, *op. cit.*, p. 24.

4. Ainsi à propos de la signification du parcours de la jeune femme mise en scène dans « L'esprit nouveau » (p. 693) ; du personnage qu'il était, voici des siècles, quand ils étaient tous deux emprisonnés (p. 697) ; de l'interprétation de la main de feu sur la Seine, à propos de laquelle elle le taquine en mode poético-alchimique : « Bien sûr ce n'est pas la fortune : le feu et l'eau, c'est la même chose ; le feu et l'or c'est tout différent » (p. 698) – avant qu'il ne fasse son savant à propos de sa rêverie sur le jet d'eau des Tuileries, où elle ne l'écoute plus. C'est seulement en 1929 qu'une lettre d'Eluard datée du 13 février transmettra à son ami cet aphorisme de Novalis : « L'eau est une flamme mouillée » (A. Breton-P. Eluard, *Correspondance complète 1919-1938*, Paris, Gallimard, 2019, p. 182).

5. « Mon feu – J'aurai voulu vous téléphoner » ; « – éclaire ma route de beauté pour que je te ressente de toute mon âme – que je comprenne ta grandeur et m'oublie dans ton feu » (lettres des 31 déc. 1926 et 15 janv. 1927).

6. Ainsi chez le poète persan Rûmî : « *Brûle-moi pour que je m'élève, / Que je raconte la brûlure* » (*Cette lumière est mon désir*, Paris, Poésie/Gallimard, 2020, p. 109). On sait qu'Ahura Mazda est le dieu suprême du zoroastrisme.

7. « Toutes mes intentions sont purifiées par l'invisible et invincible secret qui m'a destinée à vous », ou encore : « La source finit bien à l'Ocean. N'avais pas raison d'aspirer le Tout pour le mieux » (3 janvier et 11 février 1927).

ses dessins et sa correspondance[1] –, sans oublier que Satan est l'acteur-metteur en scène du récit de *Poisson soluble* dont elle s'inquiète d'avoir vécu l'histoire (p. 693). Qui joue qui en cette affaire, sachant que la chasse à l'appeau dans les bois participe d'une allégorèse amoureuse dont Breton, dès cette époque, n'ignore probablement rien[2] ? Sur ce plan, il ira même jusqu'à soupçonner *a posteriori* Nadja d'avoir délibérément tenté de le mystifier pour se faire aimer, comme une moderne Circé ou une nouvelle Armide[3]. C'était vraiment là faire trop bon marché de ce que, d'emblée, elle lui avait confirmé, sinon révélé : « cette étoile » – son destin –, la « fleur sans cœur » qu'elle voyait mieux qu'il ne la verrait jamais. Elle ne fut pas si mauvaise initiatrice après tout, en lui annonçant que « rien, pas même [elle] » (p. 688) ne l'empêcherait, sinon de l'atteindre, au moins de n'en point perdre le cap.

Rémanences et préfigurations

Mais pour l'immédiat, le gibier, c'est le public. La *cible* du bandeau éditorial affiché en 1928 était à cet égard sans équivoque : « Pour les femmes de vingt-cinq à trente ans – Pour une femme de vingt-cinq à trente ans[4]. » C'était viser bien court, car l'audience du livre a vite explosé, jusqu'à pénétrer dans un espace asilaire alors bouclé à double tour ; mais quant à l'enjeu pour l'auteur, celui-ci affirme dès octobre, dans une lettre à sa femme, que c'est au nom de sa *gloire* qu'il maintiendra ce qu'il y a écrit, à propos d'une autre, de l'amour absolu :

> La vérité est que je ne renierai jamais rien de ce qui a été entre elle et moi, que je ne jetterai jamais en arrière un coup d'œil protecteur quand ce souvenir se présentera.

1. Voir « Le salut du Diable » (p. 721 et 725) et ses lettres du 2 déc. 1926 : « Mon chéri – / Le chemin du baiser était beau n'est-ce pas – et satan fut si tentant – mais qu'est-ce que cela après avoir passé une nuit noire – noire ? – ou blanche ! », et du 23 déc. : « Et si par hasard ! je rencontre – ! / proserpine que lui dire ? satan – ».

2. Elle court en peinture jusqu'au XVIIIe : une femme-appeau manipulée par un satyre dissimulé dans les fourrés est environnée d'oiseaux à têtes masculines. Voir Jean-Pierre Brazs, « La chasse à la chouette » (pdf en ligne), et Jean-Yves Cordier, « La chouette ou le hibou harcelés par des oiseaux » (en ligne). L'interprétation en est d'ailleurs complexe : à l'occasion de l'enquête sur l'amour de la *R.S.* n° 12 (1929), Magritte s'en mêle (p. 74) avec une femme nue sur fond noir encadrée de *Je ne vois pas la // cachée dans la forêt*, qu'entourent 16 photomatons masculins aux yeux clos – dont celui de Breton, auteur du montage, lequel affirmait dans *Nadja* avoir « toujours incroyablement souhaité de rencontrer la nuit, dans un bois, une femme belle et nue » (p. 668). Robert Lebel, critique d'art et vieil ami du poète depuis leur exil, possédait un de ces tableaux. La version littéraire s'écrit depuis l'époque du *Roman de la Rose*. Voir Michel Rousse : « L'allégorie dans la farce de "la pipée" », *Caief*, n° 28, 1976, p. 37-50.

3. « L'héroïne de ce livre [...] est faite pour centrer sur elle l'appétit de merveilleux. [...] C'est une magicienne, dont tous les prestiges jetés dans la balance pèseront peu en regard de l'amour pur et simple qu'une femme comme celle qu'on voit passer à la fin du livre peut m'inspirer. » Entretiens avec Parinaud, *OC*. III, p. 516.

4. Claude Martin, « *Nadja* et le mieux-dire », *RHLF*, n° 2, mars-avril 1972, p. 274.

> Que bien loin de retrancher un mot de ce que j'ai écrit à la fin de l'année dernière et de *Nadja*, je suis prêt à aggraver par la pensée ce texte terriblement. Que j'en fais pour moi une question de révélation absolue, indiscutable, et que sur ce point mon honneur entier, *ma gloire, mon génie sont en jeu*[1].

Quoi qu'on en pense (qu'en a éprouvé la destinataire ?), l'au-delà mondial de ce que Nadja avait nommé sa « grande idée » (p. 688) s'est en effet avéré indissociable, pour le meilleur et le pire, de sa propre aura. Quant à la quête de l'absolu dans l'amour – pour celle dont il parle ici, puis selon les rencontres électives qui survinrent ensuite –, elle n'a jamais effacé la rémanence vive de celle du 4 octobre 1926[2], comme l'exprime le premier rêve cité dans *Les Vases communicants* avec cette inquiétante Carabosse parisienne :

> *REVE DU 26 AOUT 1931. [...] Une vieille femme, en proie à une vive agitation, se tient aux aguets non loin de la station de métro Villiers [...]. Elle a voué une haine violente à X qu'elle cherche à joindre à tout prix et dont la vie me paraît, de ce fait, en péril. [...] Comme j'arrive avec un ami [...] au haut de la rue (de Rome ?) nous croisons la vieille femme et je remarque qu'elle épie mes gestes de très près. Pour voir ce qu'elle va faire et peut-être aussi pour égarer ses recherches, j'écris sur un papier quelque chose dont je voudrais lui faire croire que je vais le porter à mon ancien domicile. [...] La vieille femme, qui me fait l'effet d'une folle, pénètre dans l'immeuble, de l'intérieur duquel la personne peu visible qui le garde me fait signe de ne pas entrer. Je redoute quelque vilaine affaire, de police ou autre – d'internement – à laquelle X aurait été mêlée autrefois*[3].

L'analyse de Breton est qu'une récente visite à Sainte-Anne lui ayant fait observer le peu de prise du temps sur les corps des déments, son rêve exprime sa crainte d'un retour de Nadja ayant lu son livre, ainsi que sa culpabilité latente à son égard, sur laquelle X joue en l'accusant de chercher à la rendre folle elle aussi. Mais sur le plan de la *surréalité*, un lecteur attentif du texte 32 de *Poisson soluble* ne peut guère manquer de se rappeler ces lignes :

> A ce moment *l'ennemie de la société* pénétrait dans l'immeuble situé au numéro I du boulevard des Capucines. Mais elle ne fit qu'entrer et sortir. *Je ne l'avais jamais vue* et pourtant mes yeux s'emplirent de larmes. Elle était discrète comme le crime

1. 8 oct. 1928, mes italiques. *Nadja*, *op. cit.*, p. 345. L'amante évoquée épousera Emmanuel Berl en décembre.

2. L'épigraphe du chapitre III des *Vases communicants* est la phrase de Nadja sur « l'étoile » qui le guide à son insu. En 1938, il découvrira dans un tableau en cours de Frida Kalho, *Ce que l'eau me donne*, le thème de la phrase « Je suis la pensée sur le bain dans la pièce sans glaces » (p. 708), in *Le surréalisme et la peinture*, Paris, Gallimard, 1979, p. 144. Le renversement, dans *Arcane 17*, de l'hémistiche du « Desdichado » en « ma seule étoile *vit* » concerne certes Elisa, mais procède encore de Nadja. Sans oublier l'énigmatique regard rétrospectif porté dans « Ajours III » (*OC*. III, p. 113) sur leur itinéraire parisien, identifié comme celui des « vengeurs des Templiers ».

3. Italiques de l'auteur. X désigne Suzanne Muzard, la femme célébrée à la fin de *Nadja*.

> et sa *robe* à petits plis *noire*, en raison de la brise, apparaissait tour à tour brillante et ternie [...] tant qu'elle *alla j'observai que son pied se posait toujours aussi légèrement.* [...] Comme [elle] venait encore de franchir pour rien le seuil d'une maison [...], *je me portai vivement à sa rencontre* et, avant qu'elle eût pu se reconnaître, j'emprisonnai dans la mienne sa main crispée par un revolver [...]. *L'inconnue* eut alors un regard de supplication et de triomphe. Puis, *les yeux fermés*[1], elle prit mon bras silencieusement[2].

On n'aura guère de peine à repérer, outre son climat anarchiste[3], les liens quasi programmatiques entre cette séquence à la Feuillade[4] (elle-même issue d'un début de roman publié en 1922[5]), certains passages de *Nadja*, et le récit du rêve de 1931, mais aussi un texte automatique qui reviendra dans *L'Amour fou.* Car si le motif de la démarche légère vaut pour l'héroïne, dite « si frêle qu'elle se pose à peine en marchant » (p. 683), et pour Lucienne Le Floch dans *Les Détraquées*[6], il vaut aussi, *last but not least*, pour la passante nocturne du poème « Tournesol »[7], vouée à l'avenir qu'on sait. C'est ainsi que les productions de l'automatisme tendent à s'objectiver, comme l'avait rapporté Aragon en 1924 dans *Une vague de rêves* :

> Nous réunissant le soir comme des chasseurs, nous faisions notre tableau de la journée, le compte des bêtes que nous avions inventées, des plantes fantastiques, des images abattues. [...] Puis les prodiges apparurent [...] comme si l'esprit parvenu à cette charnière de l'inconscient avait perdu le pouvoir de reconnaître où il versait. En lui subsistaient des images qui prenaient corps, elles devenaient matière de réalité. [...] dans la rue, les yeux grands ouverts, nous donnions la main aux fantômes[8].

1. Nadja : « Un jeu : [...] Ferme les yeux et dis quelque chose. [...] Comme ceci (elle ferme les yeux) : Deux, deux quoi ? Deux femmes. Comment sont ces femmes ? En noir. Où se trouvent-elles ? Dans un parc... [...] quand je suis seule [...] je me raconte toutes sortes d'histoires. Et pas seulement de vaines histoires : c'est même entièrement de cette façon que je vis » (p. 690). Voir l'homme aux yeux clos du tableau de Chirico : *Le Cerveau de l'enfant.*

2. Mes italiques.

3. Voir les pages exaltées d'*Arcane 17* sur les manifestations du Pré-Saint-Gervais en 1913, *OC.* III, p. 41-43.

4. Voici l'*explicit* du dernier texte de *Poisson soluble* (n° 32) : « [...] les murs de Paris avaient été couverts d'affiches représentant un homme masqué d'un loup blanc et qui tenait dans la main gauche la clé des champs : cet homme, c'était moi. » Sur les surréalistes et l'héroïne de Feuillade, « moderne fée adorablement douée pour le mal » (Breton à l'actrice en 1917, *OC.* I, p. 1745), voir Georges Sebbag, « Musidora, Nadja et Gradiva », en ligne sur le site « Philosophie et surréalisme ». Sur leur admiration à l'égard de criminelles ayant agi pour des motifs passionnels, voir H. Béhar, « A. Breton et le fait divers », en ligne sur le site de la revue *Mélusine.*

5. Il s'agit de *L'Année des Chapeaux Rouges* (*Littérature*, n^lle^ série, n° 3, mai 1922, p. 8-14). Les deux chapitres publiés sont repris tels quels dans le n° 32 de *Poisson soluble*, sans titre ni division.

6. Entrée en scène de Lucienne Le Goff hypnotisée, venue chercher son ballon à la fin l'acte I des *Détraquées* : « les yeux dans les yeux de la directrice ; *elle marche sur la pointe des pieds.* Rideau ». Mes italiques.

7. « La voyageuse qui traversa les Halles à la tombée de l'été / *Marchait sur la pointe des pieds.* » Mes italiques. On dispose d'un manuscrit du poème daté du 26 août 1923. *OC.* I, p. 1213.

8. Aragon, *OC.* I, Paris, Gallimard, « Bibliothèque de la Pléiade », 2007, p. 86.

Telle Nadja « l'âme errante » (p. 688) entraînant l'auteur non à l'île Saint-Louis où se déroule l'épisode de *Poisson soluble* où elle s'est reconnue, mais vers l'emplacement de l'ancienne île où furent brûlés vifs les maîtres du Temple sous Philippe le Bel, autrement dit la place Dauphine, « un des pires terrains vagues » parisiens selon Breton, et par là des plus séducteurs, où se déroule un autre épisode (p. 695) ; sur quoi s'ensuit une soirée hallucinée où une fenêtre passant du noir au rouge, comme elle l'a prédit[1], provoque leur peur (*id.*) : c'est que, de glissade en glissade, l'égarement menace. Il s'agit « de savoir s'orienter dans ce dédale », lit-on dans *L'Amour fou*[2] ; et de fait, si Breton croit plus tard avoir durant sa vie « cheminé avec Nerval le long du sillon doré », c'est uniquement « sur le plan symbolique pur[3] » de la rêverie contrôlée ; formé à la psychiatrie et l'ayant pratiquée[4], il n'a jamais consenti à céder, du moins pour lui-même, à l'attrait du délire. Ce qu'illustrera, dans ses dernières années, cette définition du « scabreux » : « ce qui côtoie tout au long le précipice, l'évitant de justesse pour en entretenir le vertige », par exemple : « l'intenable, l'inoubliable, fin du premier acte des *Détraquées* de P.-L. Lalau[5] ». Une fiction où officient deux redoutables entités en résonance avec son destin tel qu'il l'*expose*, avec celui d'autres, dans ses écrits.

Neige de plumes à la tour occultée

Au centre de la toile mentale, demeure efficiente dès l'enfance l'araignée qu'on sait. Les extrêmes réserves de Breton sur la valeur des manuels d'histoire, et son goût pour l'approfondissement historique de ce qui poétiquement le requiert (dont affleurent les traces dans *Nadja*, comme dans toute son œuvre[6]), sans préjudice de la curiosité du chineur qu'il resta sa vie durant, pouvaient lui mettre en main les sources du récit qui l'avait tant ému. Or, à les relire, on s'avise de proximités troublantes avec un passage décisif de *Nadja* :

> [...] des oiseaux de la fauconnerie [...] faisaient un facile carnage, et lui donnaient en divertissement l'effroi, les cris, la destruction des victimes, et la pluie de leur sang et de leurs débris. (Lémontey) [...] et l'enfant jouissait des cris, de

1. Et comme le confirment les *Notes pour Nadja*, p. 7 gauche : « La fenêtre qui s'allume et les rideaux rouges. »
2. *OC.* II, p. 685.
3. *Arcane 17*, « Ajours III » (mai 1947), *OC.* III, p. 113.
4. Voir M. Bonnet : « La rencontre d'A. Breton avec la folie, Saint-Dizier, août-novembre 1916 », revue *Art et psychanalyse* (1992), p. 115-135 (URL : http://entretenir.free.fr/breton3.html). Voir aussi Alain Chevrier : « André Breton et les sources psychiatriques du surréalisme », *Mélusine*, n° 27 (2007), p. 53-76 et n° 29 (2009), p. 213-226.
5. *Lexique succinct de l'érotisme* (Daniel Cordier, 1959-1960, et Eric Losfeld, 1970). *OC.* IV, p. 1105.
6. *Les Vases communicants* le montrent quartier Saint-Augustin, recherchant « des livres anciens traitant du 9 thermidor » et « feuillet[ant] avec ennui divers volumes de vulgarisation historique ». *OC.* II, p. 165.

> l'effroi des victimes, de la confusion des plumes au vent et de la pluie de sang. (Michelet) [...] des oiseaux de proie qui se jetaient sur les pauvres petites bêtes et les déchiraient à coups de bec. Le roi sortait de là, couvert de plumes et de sang. (Lavisse)

S'entend là un refrain en clef de « pluie de sang » où reviennent les mots « victimes », « effroi », « cris », etc., sur fond de jouissance enfantine à cet ouragan de violence. Michelet ajoute « la confusion des plumes au vent » ; Lavisse met en gros plan la sauvagerie de l'acte prédateur et invente l'image de l'enfant-bourreau « couvert de plumes et de sang ». Reprenons *Nadja,* alors que l'auteur s'apprête à introduire l'héroïne :

> Enfin voici que la tour du Manoir d'Ango saute, et que toute une neige de plumes, qui tombe de ses colombes, fond en touchant le sol de la grande cour naguère empierrée de débris de tuiles et maintenant couverte de vrai sang.

« Neige de plumes » plutôt que « pluie de sang », « débris de tuiles » (qu'on imagine rouge sombre) plutôt que ceux des « victimes », colombes plutôt que moineaux, explosion de flocons de plumes plutôt que « confusion des plumes au vent », vérité du sang partout ; enfin, exaltation d'une tempête de plumes blanches métamorphosée en pluie sanglante. Faut-il mentionner ici un ancien poème-collage de Breton : « Vous êtes contents de / Votre sang / Ce soir / En regardant / Passer les / Colombes[1] » ? Mais si l'explosion fantasmée de la tour d'Ango rejoue peut-être en mode subliminal le conte des historiens, c'est chez son cher Huysmans que, cherchant son ton[2], l'hôte du manoir a rencontré ceci (explorant le château de Lourps, le héros d'*En rade* monte au sommet de la tour) : « Il [...] tira le verrou d'une porte et passa le cou. Un immense effroi d'ailes s'entrechoquant, éperdues, en haut de la tour, l'étourdit [...]. Il recula [...] et, se retirant, il aperçut une neige de blanc duvet qui tournoyait dans une écharpe de lumière, déroulée d'une lucarne ouverte au sommet de la tour, au ras du sol[3]. » Ces lignes ne pouvaient qu'inspirer, cette fois *en beauté,* « l'entrée en scène » (p. 682) de celle que l'auteur ne veut revoir jamais, mais dont il va écrire bientôt, en se remémorant sa crainte initiale de la perdre : « abîme, abîme où s'est rejeté l'oiseau splendidement triste de la divination » (p. 701). Ouvrons Jean d'Arras : « ... s'en va Melusine en guise de serpente vers Lusegnen, volant parmy l'air » :

> Lors, quant elle ot le fort environné troiz foiz, si se vint fondre si rudement et si orriblement sur la tour Poitevine [...] qu'il sembla a ceux de leans que toute la forteresse cheist en abisme[4].

1. N° 62 des textes exclus de *Poisson soluble, OC.* I, p. 590.
2. Le 9 août, il n'a « pas encore eu la tête à écrire », mais vient de terminer *En rade* : « Huysmans, presque le seul auteur dont je pense qu'il a vraiment écrit pour moi. » *Lettres à S. Kahn, op. cit.*, p. 283.
3. Huysmans, *En rade*, chap. 3, Paris, Tresse & Stock, 1887, p. 51-52.
4. Jean d'Arras, *Mélusine*, présentation et traduction M. Perret, Paris, Stock/Moyen Age, 1991, p. 258.

C'est « à flanc d'abîme » que l'avenir révélera « le château étoilé[1] » ; mais en août 1927, la tour de légende se confond à la *Tour foudroyée* de l'arcane XVI du tarot (la « tour abolie » nervalienne[2] ?), pour annoncer – explosante vive – la rencontre de « l'âme errante », avec peut-être ces vers comme entours : « Roses blanches tombez [...] / Tombez fantômes blancs, de votre ciel qui brûle[3]. » La tour d'Ango, pourtant, les lecteurs de l'édition révisée de 1963 (à la différence de ceux de l'originale[4]) ne peuvent la reconnaître dans l'imposant colombier mosaïqué à la minuscule entrée présenté en gros plan (p. 655), au demeurant jamais évoqué dans le texte. Comment interpréter cette substitution chez qui, voyant la vie comme un cryptogramme (p. 716), n'envisage pas autrement les photos de son récit ? Et si l'allégorique *se jouait* ici du référentiel ? Lorsqu'il prépare la révision de *Nadja*, Breton, qui n'a jamais cessé de réfléchir à l'analogie des quêtes poétique et alchimique[5], se trouve depuis son retour d'exil en contact direct (Canseliet, Alleau), ou indirect (Fulcanelli), avec les grands alchimistes français contemporains[6] ; s'il n'a jamais voulu *opérer*, il cultive la « langue des oiseaux », code analogique propre à la tradition hermétique, dont il écrit en 1948, à propos de Roussel : « les ressources poétiques de cette langue sont inappréciables[7]. » Peut-être une clef se présente-t-elle là, pour interpréter comme une *surimpression* le remplacement de la photo initiale du manoir par celle de son grand colombier, dès lors rêvé comme un athanor *renaissant* :

> La couleur blanche qui succède à la noire sont les fleurs ou les roses blanches d'Abraham Juif & de Nicolas Flamel. La matière qui se volatilise, signifiée par les

1. *OC.* II, p. 763.
2. Dans *Les Chimères-exégèses,* Genève, Droz, 1969, p. 11, Jeanine Moulin accueille cette possibilité émise par Georges Le Breton, *Nerval poète alchimique* (1945), Poët-Laval, Curandera, 1982, p. 23 *sq.*
3. Nerval, « Artémis », *Les Chimères.*
4. La photo montrait au fond cette tour surmontée d'un clocheton, à l'intersection de deux corps de bâtiment cadrés aux deux tiers, l'un à quatre arcades, l'autre en comportant deux. (En ligne, atelier A. Breton.) Une disposition qui rime avec le tableau triangulaire de Chirico : « L'Angoissant Voyage ou l'Enigme de la Fatalité » (p. 730), dont l'angle supérieur inscrit une cheminée d'usine à l'intersection de deux bâtiments à arcades. Le récit identifie la main articulée effleurant au premier plan un damier, à « la fameuse main de feu » (p. 727) apparue sur la Seine à Nadja lors de la soirée du 6 octobre (p. 697), ensuite aperçue traçant un éclair au ciel de la rue de Seine le 10 octobre, puis se matérialisant en rouge sur une affiche comme signe de ce que Breton devra écrire leur histoire (p. 708). Sur la portée « destinale » de ce symbole pour les deux protagonistes, voir Jean Arrouye : « Histoire de la main de feu ou les enseignements de "L'angoissant voyage" [...] », *Mélusine,* n° 37, 2017, p. 187-196.
5. Voir Marc Eigeldinger : « Poésie et langage alchimique chez A. Breton », *Lumières du mythe,* IV, Paris, PUF, 1983.
6. Eugène Canseliet avait dédicacé à Breton son essai *Alchimie, Etudes diverses de symbolisme hermétique* [...] (Paris, Pauvert, 1964). Les surréalistes ont suivi en 1952 les conférences de René Alleau ensuite publiées sous le titre *Aspects de l'alchimie traditionnelle* (Paris, éd. de Minuit, 1953). L'auteur des *Demeures philosophales* (1930) est cité en 1948 dans *La Lampe dans l'horloge* (*OC.* III, p. 775 et 778), puis en 1950 dans *Pont-Neuf* (*id.*, p. 890). *Fronton-virage* (1948) s'en prévaut pour une lecture alchimique de *La Poussière de soleils* de Raymond Roussel (*id.*, p. 854-861).
7. *Fronton-virage, op. cit.*, p. 854. Il cite *Les Noces chymiques* (1616), un « classique » de la discipline.

> oiseaux, retombe dans le fond du vase après être montée jusqu'au sommet. Si l'on presse trop le feu, le vaisseau éclate & l'on sera frustré de son attente[1].

– « Ah voilà le retomber d'ailes inclus déjà dans le lâcher[2] », soupirera en exil un feu errant[3].

Au prologue du récit, Breton dit d'un cauchemar, survenu après la rédaction du résumé des *Détraquées*, que « la production des images de rêve » procède d'un « *double jeu de glaces* » (p. 675[4]), celui de la surdétermination onirique : ce serait alors par anamorphose rétrospective de « la vie à rattraper comme on tourne un film à l'envers », ainsi qu'il le conçoit dès 1927 du bon usage des photos[5], que dans l'édition définitive de *Nadja* l'occultation de la tour par le colombier symboliserait en langue des oiseaux l'échec d'une exaltation illusoire. Comme c'est par anamorphose qu'une gravure du manoir de Mordal représentant un tigre laisse apparaître un vase à qui se déplace vers la gauche, et vers la droite un ange (p. 681[6]) ; ou comme lorsque Aragon, en se déplaçant obliquement sur la route de Pourville, voit l'enseigne MAISON ROUGE se transformer sournoisement en POLICE tandis que s'efface MAISON (*id.*). Comme enfin sur l'image présentant « la librairie de l'Humanité » au verso de la page narrant l'arrivée de l'héroïne dans le récit, s'inscrit, en petites majuscules, au-dessus d'une devanture à l'extrême gauche, la réclame CHAPEAU ROUGE[7] (p. 684). « Rien n'était plus aisé, lit-on dans *Anicet ou le Panorama*, que de reporter sur plusieurs plans ce que l'on voit sur un seul. Il suffit

1. Ce montage est composé d'extraits de l'annotation alchimique des pages 607, 612, 623-24 (t. 2) et 92 (t. 1) des *Fables égyptiennes et grecques, dévoilées* [...] de Dom Pernety (Bauche, 1758). Breton possédait l'ouvrage.

2. A. Breton, « Les Etats généraux », *VVV*, n° 4 (1944), *OC.* III, p. 29.

3. Nadja : « c'est toujours le feu qui revient quand il s'agit de toi » (p. 708). Voir le n° 32 de *Poisson soluble* : « [...] j'étais venu à Paris et une grande flamme m'escortait » (p. 396). Si elle pouvait avoir lu ce texte (p. 689), elle ignorait ces vers quasi prémonitoires publiés dans la *R.S.* n° 6 (mars 1926) : « I. [...] Je suis [...] / Celui qui brûle de ne pas savoir / Celui qui sait trop bien qu'il brûle et qu'il sait [...] // III. [...] Et la flamme court toujours [...] / C'est ce qui monte du précipice à l'heure du rendez-vous [...] / Je pense à une flamme barbare / Comme celle qui passant dans ce restaurant de nuit brûle aux doigts des femmes les éventails / [...] / Un passage souterrain unit tous les parfums / Un jour une femme s'y engagea / Cette femme devint si brillante que je ne pus la voir / De ces yeux qui m'ont vu moi-même brûler / [...]. » Repris en volume (1932), *OC.* II, p. 66, 68 et 70.

4. Italiques siennes. Voir, dans *L'Art magique*, l'anamorphose comme « double lecture » du monde (*OC.* IV, p. 254).

5. *Le Surréalisme et la peinture*, *R.S.*, n° 9-10 (1er oct. 1927), p. 42. *OC.* IV, p. 390.

6. Le 16 sept. 1927, Breton écrit à Lise Meyer, pour « obtenir une reproduction photographique du *tableau de Mordal* vu de face et de profil. [...]. Je crois que cela ferait un livre beaucoup plus troublant ». *OC.* I, p. 1505.

7. Dans *La Fin de l'intériorité [...] (1885-1935)*, Paris, PUF, 2002, p. 147-148, Laurent Jenny notait cette coïncidence avec la tentative romanesque de 1922 : *L'Année des Chapeaux Rouges*. Sa reprise dans le n° 32 de *Poisson soluble* la confirme : « La rue Lafayette balance de gauche à droite ses vitrines », lit-on, alors que le narrateur se dirige vers la place de l'Opéra (p. 394) ; survient alors ce passage biffé dans le manuscrit : « [...] ~~l'église Saint-Vincent-de-Paul venait au devant de moi~~ » (p. 394). De fait, c'est au carrefour de cette église et de la place Lafayette que se produit la rencontre réelle avec l'héroïne de *Nadja* (p. 683), comme si la fiction de 1922 l'avait augurée (voir Jean-Paul Clébert, « Traces de Nadja », *RSH*, 1981-4, p. 80-82). Qu'en 1963 soit maintenu ce discret *rapport*, c'est peut-être qu'un ironique « fait-glissade » s'y inscrit au rebours de la réclame politique fléchée : « on signe ici ».

de fixer obliquement ce qu'on veut dissocier, au lieu de le regarder de champ[1] » : tel est, si l'on en croit le narrateur, l'un des exercices hallucinatoires auxquels se livrait un certain Arthur...

« L'oiseau de grande proie »

> « ... et mon sang se retire dans tes doigts que tu serres mon bel oiseau de proie[2]. »

Breton attachait une grande importance aux objets surréalistes, « véritables désirs solidifiés[3] ». Une « Page objet » de sa main est ainsi constituée d'une petite boîte en bois rectangulaire dont le couvercle ouvert laisse apparaître à l'intérieur la phrase du prologue de *Nadja* qu'on connaît, relative à la chasse au grand-duc : « ... dans une cahute [...] écrire Nadja ». La partie inférieure, creusée en trois casiers, présente deux demi-sphères en verre orangé reposant sur un fond sombre créant un effet de pupilles ; celui du milieu montre un papillon aux ailes blanches rayées de marron clair, finement effilochées. L'ensemble évoque deux fascinants yeux de grand-duc dont le papillon a fait les frais[4]. Se trouve ainsi *mise en œuvre* la conjonction du regard de rapace avec l'écriture de *Nadja*. Ce regard, c'est au féminin qu'il reparaît dans l'œuvre de Pierre Molinier, chez qui la femme, écrit Breton, est campée « en superbe bête de proie » : « la tentation charnelle [...], dans les yeux des merveilleuses créatures qui s'offrent ici sans vergogne, fait ciller et vaciller tour à tour, les conjurant, ceux que nous ne pouvions que prêter à la Mathilde du *Moine*, à l'Alberte du *Rideau cramoisi*, à la Solange des *Détraquées* [...][5] ». L'attrait érotique confirmé de cette dernière, mêlé à celui d'autres romanesques inhumaines anciennes et modernes[6], atteste la longue portée d'un imaginaire hanté par la jouissance dans la cruauté[7] ; l'ironie de l'Histoire scolaire a voulu qu'il s'esquisse en son sein bien avant la rencontre d'un Sade « surréaliste dans le sadisme ». Une fascination réputée « infracassable[8] », quoique sublimée à l'adolescence par la rencontre, chez Gustave Moreau (Breton y introduisit

1. Aragon, *Anicet ou le Panorama roman* (1921), Paris, Gallimard-Folio, 2009, p. 27.
2. Nadja, Cahier manuscrit, f°4 (non paginé). NAF28994 (2).
3. « [...] par-delà la création de tels objets, la fin que je poursuivais n'était rien moins que l'objectivation de l'activité de rêve, son passage dans la réalité », A. Breton, *Je vois, j'imagine*, Paris, Gallimard, 1991, p. 4.
4. *Ibid.*, p. 19. Citation de *Nadja* rédigée à la main, titre souligné. L'objet, daté de 1934, est dédié à Marcelle Ferry (artiste et poète avec laquelle l'auteur eut une brève liaison) et signé André Breton.
5. « Pierre Molinier » (janvier 1956), *Le Surréalisme et la peinture*, *op. cit.*, p. 246.
6. Breton ajoutait : « [...] à Mme Edwarda, à O, à la Lucie [...] du *Jules César* de Joyce Mansour ».
7. Voir « Le Bonheur dans le crime » dans *Les Diaboliques* de Barbey, où Breton a lu *Le Rideau cramoisi*.
8. Voir l'« infracassable noyau de nuit » du « monde sexuel » dans les entretiens avec Parinaud, *op. cit.*, p. 519.

Nadja[1]), de funestes beautés légendaires révélatrices de ce que serait sa « façon d'aimer[2] ». Un *scabreux* attrait donc, mais à fort potentiel de transmutation créative dont atteste en 1950 une vigoureuse actualisation politique de l'appeau apparu à Varengeville :

> Une idéologie de proie, dressée en face d'une autre idéologie de proie, a montré une griffe de plus qu'elle, et quelle griffe, en prétendant assujettir l'art lui-même à ses fins. Ce n'est plus seulement la jungle, où du moins l'oiseau reste maître de son ramage, c'est l'empire illimité du crotale, où l'oiseau fasciné trahit à perte de vue sa propre cause, en acceptant de servir d'« appelant » contre les autres oiseaux[3].

… Ces artistes et poètes sur lesquels, de toujours, « plane l'oiseau de grande proie[4] », là où *tout commence* (p. 697), l'enfance autrement dit et ses hantises, que rien jamais n'apaise – sauf à les apprivoiser dans une œuvre comme « nécessité réalisée[5] » par fiction ; ainsi peut-être que Vinci au voile de la Vierge dans *La Sainte Anne* du Louvre[6], pour autant qu'il l'ait su.

Université Grenoble-Alpes

1. 16 octobre : « Musée Gustave Moreau. 3h. Tyrtée l'intéresse surtout ». *Notes pour Nadja, op. cit.*, p. 25.
2. « Hélène, Dalila, la Chimère, Sémélé », *Le Surréalisme et la peinture, op. cit.*, p. 363.
3. « Rufino Tamayo », *ibid.*, p. 230. Breton salue sa résistance au détournement en question.
4. « Max Ernst » (5 janvier 1950), *ibid.*, p. 168.
5. « La liberté est la nécessité réalisée » : cette thèse hégéliano-marxiste apparue en 1942 dans la conférence de Yale puis approfondie en 1945 dans les conférences d'Haïti (*OC.* III, p. 719 et 270) revient dans une lettre à sa fille du 13 juillet 1956.
6. Voir *L'Amour fou*, chap. V, *OC.* II, p. 753, et l'Introduction à *L'Art magique* (1957), Paris, Phébus, 1991, p. 67.

Alain Corbellari

Le roman « presque historique »

Métamorphoses et renouvellements du genre romanesque

Mettons en parallèle trois débuts (débarrassés, quand il y a lieu, de leur prologue) de romans qui ont marqué la littérature française :

En l'Empire, ou li Alemant
ont esté maint jor et maint an,
si com li contes dit, segnor,
ot jadis un empereor.
Corras ot non de par son pere,
qui devant lui fu emperere.
Mout le tindrent les genz a preu ;
ne vos avroie hui conté preu
quels hom il fu, car ne porroie.
Onqes au grant siege de Troie
n'ot home si bien entechié ;
si haï mout vilain pechié
et en esté mengier a fu.

(« Dans l'Empire, placé depuis longtemps, comme le dit le conte, sous la souveraineté des Allemands, il y eut jadis un empereur. De son père qui avait été empereur avant lui, il tenait son nom de Conrad. Les gens lui reconnaissaient une très grande valeur. La journée ne me suffirait pas pour faire son portrait, j'en serais incapable. Jamais pendant le grand siège de Troie, il n'y eut d'homme doué de si bonnes qualités ; il haïssait le hideux péché tout autant que de manger devant le feu en été[1]. »)

1. Jean Renart, *Le Roman de la Rose ou de Guillaume de Dole*, Félix Lecoy (éd.), Paris, Champion, « Classiques français du Moyen Age », 1962, v. 31-43 ; trad. Jean Dufournet, Jacques Kooijman, René Ménage et Christine Tronc, Paris, Champion, « Traductions des classiques français du Moyen Age », 1979. On retiendra ici l'appellation de *Guillaume de Dole* pour éviter toute confusion avec le plus célèbre et postérieur *Roman de la Rose* de Guillaume de Lorris et Jean de Meun.

> Au temps du roy Jehan de France, filz aisné du roy Philipe de Vallois, estoit en sa court le seigneur de Pouilly en Thouraine, qui en son hostel avoit ung tresdebonnaire et gracieux josvencel nommé Jehan, et aisné filz au seigneur de Saintré, aussy en Thoraine. Lequel josvencel, par sa debonnaireté, vint en grace au roy, et tellement qu'il le voult avoir ; et, car il estoit encores bien josne, le ordonna a estre son paige, seullement aprés lui chevauchier, et le surplus servir en salle, comme ses aultres paiges enffans d'onneur[1].

> La magnificence et la galanterie n'ont jamais paru en France avec tant d'éclat que dans les dernières années du règne de Henri second. Ce prince était galant, bien fait, et amoureux, quoique sa passion pour Diane de Poitiers, duchesse de Valentinois, eût commencé il y avait plus de vingt ans, elle n'en était pas moins violente, et il n'en donnait pas des témoignages moins éclatants[2].

L'écart temporel entre le premier et le deuxième texte est à peu près le même que celui qui sépare le deuxième du troisième : le *Guillaume de Dole* de Jean Renart est en effet daté des environs de 1212[3], le *Petit Jehan de Saintré* d'Antoine de la Sale a été terminé en 1456, et *La Princesse de Clèves* a paru en 1678. Les deux textes médiévaux ne sont donc pas plus proches (ils sont même légèrement plus distants) que le second ne l'est de l'un des chefs-d'œuvre de la prose classique. L'évolution de la langue est évidemment sensible de l'un à l'autre, et il est loisible de voir que le moyen français du XVe siècle n'est pas si éloigné qu'on pourrait le croire de la prose classique. J'ai en revanche cru bon de produire une traduction du texte du XIIIe, écrit dans un ancien français qui nous est décidément devenu opaque. Au demeurant, ce que j'aimerais mettre en évidence ici est moins ce qui différencie ces trois textes que ce qui les rapproche.

On tiendra pour négligeable le fait que le premier texte soit en vers : on sait que, jusqu'au début du XIIIe siècle, c'est le seul moule formel disponible pour y couler des narrations longues en langue vernaculaire et que, face aux formes complexes de la poésie lyrique ou des laisses de décasyllabes épiques, l'octosyllabe narratif à rimes plates, détaché de tout lien avec le chant, a valeur de degré zéro du vers. On insistera en revanche sur l'inscription de ces trois romans dans un temps bien déterminé, proche, mais non tout à fait synchrone, de celui de leur écriture. Dans les trois cas, quelques générations séparent l'action du récit du temps de ses premiers lecteurs, et c'est précisément sur ce fait qu'insistent ces trois incipits. Concédons que, dans le cas du *Guillaume de Dole*, l'allusion est plutôt floue, puisque aucun des

1. Antoine de la Sale, *Jehan de Saintré*, Joël Blanchard (éd.), Paris, Le Livre de Poche, « Lettres gothiques », 1995.

2. Madame de Lafayette, *La Princesse de Clèves*, in *Œuvres complètes*, Camille Esmein-Sarrazin (éd.), Paris, Gallimard, « Bibliothèque de la Pléiade », 2014, p. 331.

3. Cette datation, comme celle de la plupart des textes des XIIe et XIIIe siècles, est conjecturale. Ce qui est sûr, c'est que la date de 1228 proposée par Félix Lecoy dans l'édition citée ne peut être retenue. Voir Rita Lejeune, « Le *Roman de Guillaume de Dole* et la principauté de Liège », *Cahiers de civilisation médiévale*, 17, 1974, p. 1-24.

trois Conrad qui ont régné sur la Germanie avant l'époque de Jean Renart n'était fils d'empereur. Ce nonobstant, un consensus s'est fait, parmi la critique, pour estimer que le souverain allemand sous le règne de qui se passe le *Guillaume de Dole* est Conrad III, empereur de 1138 à 1152, bien connu en France pour avoir été le compagnon de Louis VII lors de la IIe Croisade. Dans le cas du *Petit Jehan de Saintré*, les références sont plus précises : un personnage de ce nom a bel et bien été un chevalier renommé sous le règne de Jean le Bon (1350-1364) : fait prisonnier à Poitiers en 1356, comme le roi, il est mort en 1368. Quant à *La Princesse de Clèves*, il est sans doute inutile d'insister sur l'exactitude des renseignements donnés à propos d'Henri II (1547-1559) et de sa maîtresse Diane de Poitiers.

Si l'on définissait le roman, comme on a parfois été tenté de le faire (surtout durant les Trente Glorieuses[1]), en lui assignant la mission d'être en prise direct sur le présent de ses lecteurs – avec pour résultat d'en attribuer l'invention tantôt à Cervantès, tantôt à Daniel Defoë, ou tantôt même à Honoré de Balzac –, nos trois textes devraient être exclus du genre. Mais plus personne aujourd'hui ne s'oppose au fait que l'aventure[2] du roman occidental ait commencé au XIIe siècle (Thibaudet le disait déjà sans ambages[3]) ; on a de même abandonné l'idée d'appliquer au pied de la lettre le critère d'une chronologie interne en prise directe avec l'époque à laquelle ont vécu les auteurs. Erich Köhler, dans son livre sur *L'Aventure chevaleresque* (sous-titré *Idéal et réalité dans le roman courtois* dans sa traduction française[4]), a d'ailleurs bien montré en 1957 que les romans arthuriens, et en particulier les premiers d'entre eux, ceux de Chrétien de Troyes, quoique se passant dans un temps éloigné de leur auteur, n'en avaient pas moins joué un rôle certain dans l'autoconstruction du lecteur aristocratique médiéval. Leur lien avec les préoccupations existentielles directes de leur premier public encourage ainsi à réviser dans un sens métaphorique le critère de la nécessaire inscription du roman dans le présent[5]. Reconnaissons d'ailleurs que, si l'on s'acharnait à maintenir la for-

1. Il y a une trentaine d'années, Milan Kundera pouvait encore écrire placidement : « Le roman européen [...] a commencé à l'aube des Temps modernes en Europe. Il y a bien sûr d'autres romans : le roman chinois, japonais, le roman de l'Antiquité grecque, mais ces romans-là ne sont liés par aucune continuité d'évolution à l'entreprise historique née avec Rabelais et Cervantès » (M. Kundera, *Les Testaments trahis*, Paris, Gallimard, 1993, p. 41-42). Pour la vulgate de cette opinion, voir en particulier René Girard, *Mensonge romantique et vérité romanesque*, Paris, Grasset, 1961, et Marthe Robert, *Roman des origines et origines du roman*, Paris, Grasset, 1972.

2. Je ne choisis pas ce mot au hasard, car c'est précisément là l'un des termes qui ont présidé à l'invention du genre, en particulier chez Chrétien de Troyes, qui se vante, dans le prologue d'*Erec et Enide* (v. 13-14), d'avoir tiré « d'un conte d'avanture / Une molt bele conjointure ». On aura remarqué, dans notre citation du début du *Guillaume de Dole*, l'allusion à un « conte » identiquement présenté comme la source du roman.

3. Voir en particulier Albert Thibaudet, « La naissance du roman », in *Tableau de la littérature française*, Paris, Gallimard, 1939, p. 30-41, où l'auteur de la *Physiologie de la critique* met conjointement la chanson de geste et le roman arthurien au principe de l'art romanesque français.

4. En réalité, c'est là le vrai titre de l'ouvrage dans sa version originale : Erich Köhler, *Ideal und Wirklichkeit im höfischen Epik*, Tübingen, Niemeyer, 1957 ; trad. française, Paris, Gallimard, 1974.

5. Aragon remarque par ailleurs, dans sa postface au cycle du *Monde réel*, que « *La Chanson de Roland*, le poème épique français, les premiers romans au sens initial de ce mot sont écrits entièrement au présent »

mulation littérale de ce trait définitoire, force serait d'admettre que la plupart des romans écrits seulement ces deux derniers siècles (et pas seulement ceux qui portent l'étiquette d'« historiques ») n'en sont pas.

Autre point commun de nos trois romans et dont on va voir qu'il a partie liée avec le critère chronologique : ils ont tous trois été utilisés pour marquer un tournant de l'histoire du genre. Le roman de Jean Renart est défini, dans son prologue, par son auteur même, comme une « novele chose » (v. 12), affirmation qui se rapporte, en l'occurrence, à la technique de l'insertion de chansons lyriques à l'intérieur d'une trame romanesque (procédé qui aura un grand succès aux XIIIe et XIVe siècles, le *Guillaume de Dole* nous en offrant effectivement le premier exemple connu), mais que l'on pourrait aussi interpréter comme une allusion au fait que c'est là le premier roman médiéval à se situer à une époque à la fois précisément située et suffisamment proche du lecteur pour créer un certain effet de « réalisme ». Cette étiquette, brandie par de nombreux médiévistes depuis le milieu du XXe siècle[1], se révèle cependant problématique et a été généralement abandonnée aujourd'hui[2], mais elle soulève une question qui reste pertinente, dans la mesure où elle interroge directement la perception que le lecteur/auditeur du XIIIe siècle pouvait avoir de cette « novele chose ». Après les chansons de geste, au chronotope massivement carolingien, après les romans « antiques », « arthuriens » « byzantins » ou plus simplement légendaires, le *Guillaume de Dole*, dont l'intrigue est certes basée sur un conte-type bien identifié (et dont les avatars ont été analysés par Gaston Paris dans un article fameux[3]), se déroule, comme l'indique d'ailleurs le nom du héros, dans un univers familier de l'auteur et de ses premiers lecteurs : « En cele marche de l'Empire / De Loheraine et d'Alemaingne[4] », qui informe également le décor d'un autre récit du même Jean Renart, le fameux *Lai de L'Ombre*, texte ayant servi depuis un siècle de pierre d'achoppement à la discussion sur les méthodes susceptibles d'être utilisées pour éditer les textes médiévaux[5].

(Louis Aragon, « La Fin du "Monde réel" », in *Œuvres romanesques complètes*, IV, Paris, Gallimard, « Bibliothèque de la Pléiade », 2008, p. 629), ce qui lui semble un critère appréciable pour juger de la modernité de la poétique qu'ils illustrent.

1. Voir en particulier Anthime Fourrier, *Le Courant réaliste dans le roman courtois en France au moyen âge*, Paris, Nizet, 1960.

2. La proposition de Lydie Louison de considérer un premier âge « roman » du roman médiéval, suivi d'un deuxième âge « gothique » (voir L. Louison, *De Jean Renart à Jean Maillart, les romans de style gothique*, Paris, Champion, 2004) souffre, pour sa part, à la fois d'une collusion fâcheuse entre deux acceptions du terme « roman » et d'une non-coïncidence chronologique avec l'usage des termes « roman » et « gothique » en histoire de l'art (la naissance du genre romanesque dans la seconde moitié du XIIe siècle est précisément contemporaine de l'éclosion du gothique architectural) ; en outre, l'apparition du roman « à la Jean Renart » au début du XIIIe siècle est loin d'avoir frappé d'obsolescence le roman arthurien, même en vers.

3. Gaston Paris, « Le cycle de la gageure », *Romania*, 32, 1903, p. 481-551.

4. Jean Renart, *Le Lai de l'Ombre*, Joseph Bédier (éd.), Paris, Firmin-Didot, « Société des anciens textes français », 1913, v. 54-55, p. 4.

5. Voir la réédition commentée de l'étude fondatrice de Bédier par Frédéric Duval, *La Tradition manuscrite du* Lai de l'Ombre *de Joseph Bédier ou la critique textuelle en question*, Paris, Champion, 2021, et, pour une bonne analyse des débats auxquels ont donné lieu les propositions lancées par Bédier dans son édition de 1913, *L'Ombre de Joseph Bédier*, Craig Baker, Marcello Barbato, Mattia Cavagna et Yan Greub (éd.), Strasbourg, Editions de linguistique et philologie, « Etudes et textes romans du Moyen Age », 2018.

Le Petit Jehan de Saintré a, pour sa part, été mémorablement salué par Julia Kristeva dans sa thèse, *Le Texte du roman*, comme le premier roman moderne. C'était, à l'époque, reculer la naissance du genre d'un bon siècle et demi, certes en toute méconnaissance de ce qui l'avait précédé[1], mais dans un effort tout de même fort méritoire de disputer au *Don Quichotte* la prééminence que la « nouvelle critique » tentait alors d'ériger en dogme, et dans une intuition juste de la nouveauté que le roman d'Antoine de La Sale représentait en son temps[2].

Enfin, est-il nécessaire de présenter *La Princesse de Clèves* dont les titres à la nouveauté sont bien connus ? Ils résident à la fois dans sa brièveté, en rupture avec les interminables romans pastoraux et précieux de la génération précédente, et dans le primat accordé, dans le même mouvement, à la dimension psychologique de son intrigue. Tout en reconnaissant assez vite sa qualité de « nouvelle historique[3] », on a fait intervenir, pour minimiser l'impact de son décalage chronologique, des arguments de convenance : il eût été impensable, au zénith du règne du Roi-Soleil, de situer dans le présent une histoire dont on aurait trop aisément été tenté (car lorsqu'on cherche, on trouve) d'identifier des modèles. Loin de moi l'idée de contester cet argument : à la même époque, Bussy-Rabutin, encore plus prudent, mais aussi beaucoup plus titillé par le désir d'écrire un roman à clé, situe à l'époque mérovingienne (comme d'Urfé son *Astrée*) son assez brève *Histoire amoureuse des Gaules*. Cependant, cet argument de convenance, qui a permis, aux yeux de certains esprits sourcilleux, de faire de *La Princesse de Clèves* un roman de plein droit – le premier roman psychologique, si l'on y tient –, il n'y a pas de raison de ne pas en faire bénéficier le *Guillaume de Dole* et *Le Petit Jehan de Saintré* : les quelques générations qui séparent Jean Renart du règne de Conrad III ou Antoine de La Sale des débuts de la guerre de Cent Ans ont, dans l'économie de leurs récits, la même fonction que celles qui séparent le règne de Louis XIV de celui d'Henri II dans *La Princesse de Clèves*.

Isabelle Delage-Béland, dans son récent livre sur les fabliaux, fait une observation qui montre que cette pudeur des écrivains anciens à situer dans le présent immédiat des récits dont tout indique que leur monde est de plain-pied avec celui de leurs lecteurs-cibles n'est pas réservée aux grands genres narratifs : bien qu'ils aient (trop) souvent été considérés comme « réalistes » et aient par là

1. Julia Kristeva estimait que le roman devait nécessairement être en prose (argument dont on a dénoncé plus haut la faiblesse), mais ne semblait pas savoir que l'on en rédigeait sous cette forme depuis le XIIIe siècle. Elle écrivait en effet, pour situer *Le Petit Jehan de Saintré* : « Le "Roman de la Rose" est depuis longtemps écrit (1280), Rutebeuf a fait son apparition (mort en 1285), et François Villon, pendant l'année même où "Jehan de Saintré" est terminé, quitte Paris et se met à errer sur les chemins de la France. *Mais la prose balbutie encore.* Commines vient une génération après (1445-1509). [...] "Jehan de Saintré" est le premier roman français écrit en prose » (J. Kristeva, *Le Texte du Roman*, La Haye, Mouton, 1970, p. 20 et 22, je souligne).

2. Pour un approfondissement de cette question, voir Sylvie Lefèvre, *Antoine de La Sale. La fabrique de l'œuvre et de l'écrivain*, Genève, Droz, « Publications romanes et françaises », 238, 2006.

3. Camille Esmein-Sarrazin insiste tout spécialement dans sa présentation de *La Princesse de Clèves* sur le fait que le roman de Madame de Lafayette est « ancré dans l'histoire » (*op. cit.*, p. 1295), qu'il constitue « une nouvelle historique » (p. 1303) et qu'il est « un roman nouveau » (p. 1305).

suscité des lectures platement documentaires[1], les contes à rire[2] écrits entre le XIIe et le XIVe siècle commencent volontiers par un « jadis » qui en rejette l'anecdote dans un temps censément lointain qui n'est pas pour autant celui du roi Arthur ni de Charlemagne[3]. Il ne s'agit cependant pas là d'une simple coquetterie : cette indication temporelle vague ménage, ici encore, la nécessaire marge qui permet à l'auteur de réfuter toute lecture à clé que ses lecteurs seraient tentés de faire. *A contrario*, l'exception que représente le fabliau des *Trois Dames de Paris*[4], dont l'anecdote est très précisément datée de l'année 1320 – comme si l'auteur, Watriquet de Couvins, effectivement actif à cette date, avait voulu nous narrer un fait divers – peut apparaître à la fois comme une provocation et comme un aveu d'allégeance envers la « forme simple » à laquelle s'apparentent peu ou prou la plupart des fabliaux, à savoir la légende urbaine[5].

La mise en parallèle des incipits du *Guillaume de Dole*, du *Petit Jehan de Saintré* et de *La Princesse de Clèves* fait ainsi apparaître une stratégie commune de leurs auteurs (et autrice) qui, à plusieurs siècles de distance (et dans l'ignorance de leurs précédents respectifs), renouvellent l'art du roman : Jean Renart s'oppose en effet au roman arthurien de la même manière qu'un Antoine de La Sale déconstruit l'idéalisme du roman chevaleresque tardif et que Mme de Lafayette recadre et sape le roman précieux. La « nouveauté » passe ainsi, dans les trois cas, par l'instauration d'une distance qui, certes, amenuise celle qui fondait les modèles contestés, mais qui demeure malgré tout sensible, afin que la littérature ne soit pas confondue avec l'actualité.

Mais cette distance n'est pas la prérogative exclusive des trois auteurs que j'ai mis en exergue. Au XIXe siècle, au moment de l'essor du roman historique, plusieurs romanciers se démarquent du quotidien en situant ostensiblement leurs récits dans un passé proche : Balzac lui-même maintient presque tous ses récits avant la monarchie de Juillet alors qu'il les écrit, pour l'essentiel, après 1830, Dumas modère sa propension à l'historique en écrivant *Les Mohicans de Paris* à trente ans seulement de leur action, *Les Misérables* de Hugo se maintiennent à la même distance, et Zola lui-même fait de nécessité vertu en écrivant son

1. Exemple typique mais non isolé, dont le titre dit bien l'orientation : Marie-Thérèse Lorcin, *Façons de sentir et de penser : les fabliaux français*, Paris, Champion, 1979. En réalité, le « réalisme » des fabliaux, monté en épingle en référence à la littérature post-balzacienne, n'est qu'un trompe-l'œil, et il est bien moins ambigu de dire que l'ethos des fabliaux est en fait *matérialiste*. Voir à ce propos Alain Corbellari, *Des fabliaux et des hommes. Narration brève et matérialisme au Moyen Age*, Genève, Droz, « Publications romanes et françaises », 264, 2015.

2. Laissons-leur cette étiquette traditionnelle, due à Joseph Bédier (*Les Fabliaux*, Paris, Champion, 1894, p. 30), car ce débat n'est pas ici notre sujet ; mais il y aurait beaucoup à dire sur le rapport pour le moins ambigu des fabliaux à l'humour. Voir à ce propos Isabelle Delage-Béland, *Les Fabliaux. Fiction, vraisemblance et genre littéraire*, Paris, Classiques Garnier, « Recherches littéraires médiévales », 43, 2024, p. 285-287.

3. I. Delage-Béland, *Les Fabliaux. Fiction, vraisemblance et genre littéraire*, *op. cit.*, p. 343-344.

4. N° 122 du *Nouveau Recueil complet des fabliaux*, W. Noomen et N. Van den Boogard (éd.), Assen, Van Gorcum, 1983-1998, 10 t.

5. Voir A. Corbellari, *Des fabliaux et des hommes*, *op. cit.*, p. 37-51. J'y définis plus exactement le fabliau au croisement de deux « formes simples » : l'histoire drôle et la légende urbaine.

« Histoire naturelle d'une famille sous le Second Empire » après que ce régime est devenu du passé ; si ses premières esquisses sont légèrement antérieures à 1870, il ne juge en effet pas nécessaire de les modifier après cette date, d'où une certaine discrépance au sein des romans qui constituent la série des *Rougon-Macquart* : les uns (*Nana*, *Germinal* ou *La Terre*) usent d'une documentation en décalage avec l'époque où ils sont censés se dérouler, tandis que d'autres, plus intimement liés à l'histoire du régime de Napoléon III (*La Curée*, *Son Excellence Eugène Rougon*, *L'Argent*, *La Débâcle*) ont en fait toutes les caractéristiques du roman historique, le second cité faisant même intervenir l'empereur en personne. Et que dire d'*Un amour de Swann* dont l'anecdote est bien antérieure à la naissance du narrateur[1] ?

A qui m'accuserait de jouer sur les mots et d'étendre abusivement le domaine du roman historique, je pourrais opposer le cas du *Désastre* des frères Paul et Victor Margueritte, salué à sa sortie comme un sursaut heureux du roman historique[2], alors que cet ouvrage de 1898 évoque l'encore toute proche guerre franco-allemande de 1870-1871 et que ses auteurs se réclamaient ouvertement du naturalisme zolien ! Si donc même les critiques d'une époque dont tout devrait nous inciter à croire qu'elle avait une idée claire sur cette question se sont montrés si accueillants à une définition aussi large que lâche du roman historique, à combien plus forte raison devons-nous nous montrer prudents sur les distinctions proposées par des critiques plus récents ! On peut ainsi pointer quelques critères imprudemment érigés en règles par les critiques d'aujourd'hui : le roman historique déploierait une action « située à une époque antérieure à l'auteur (c'est-à-dire en principe avant sa naissance)[3] » ; mais *quid* des exemples que l'on vient de citer ? Walter Scott lui-même, né en 1771, a majoritairement écrit des romans se passant dans la seconde moitié du XVIIIe siècle. La célébrité de *Quentin Durward* et d'*Ivanhoé* fausse, de ce point de vue, notre perception, car ces romans médiévalisants – même s'ils ont eu une influence décisive sur l'imaginaire moderne de la période médiévale – sont moins nombreux, dans sa production, que les romans écossais. Le roman historique, pour d'autres critiques, entendrait « donner une image *fidèle* d'un passé *précis*[4] » : on admettra que les deux adjectifs que je souligne sont pour le moins imprudents ! Il mettrait, par ailleurs, au premier plan des personnages imaginaires, tandis que « inversement les grands hommes passe[raie]nt à l'arrière-plan[5] » : les *Mémoires d'Hadrien*, *Moi Claude* ou *Le Grand Cœur* ne seraient donc pas des romans

1. On oublie si bien cette donnée que l'on se représente volontiers les amours de Swann et Odette dans des teintes 1900, comme Schlöndorff l'a d'ailleurs fait dans son adaptation cinématographique de 1984.

2. Voir en particulier René Doumic « Revue littéraire », in *Revue des deux mondes*, février 1898, p. 925-935.

3. Wieslaw Mateusz Malinowski, *Le Roman historique en France après le romantisme : 1870-1914*, Poznan, Uniwersytet im. Adama Mickiewicza w Poznaniu, 1986, p. 6.

4. Daniel Madelénat, « Roman historique », in *Dictionnaire des littératures de langue française M-R*, Jean-Pierre de Beaumarchais, Daniel Couty et Alain Rey (éd.), Paris, Bordas, 1987, p. 2136.

5. Jean-Yves Tadié et Blanche Cerquiglini, *Le Roman d'hier à demain*, Paris, Gallimard, 2012, p. 217.

historiques ? Marguerite Yourcenar, il est vrai, réfutait cette étiquette, mais c'était là une coquetterie largement partagée par les « grands écrivains », qui jugent indigne d'eux de se commettre avec une « littérature de genre » : Hugo, dont tous les romans (même *Les Misérables* !) sont hyperboliquement historiques, a identiquement refusé de se voir confondu avec les fabricants de littérature historisante. Plus subtil, Louis Aragon déclarait dans la préface de *La Semaine sainte*, à sa manière ironique et virevoltante :

> *La Semaine sainte* n'est pas un roman historique, c'est un roman tout court. Tous mes romans sont *historiques*, bien qu'ils ne soient pas *en costume*. *La Semaine sainte*, contrairement à l'apparence, est *moins* un roman historique[1].

Et de fait, il n'y a sans doute aucun paradoxe à prétendre qu'un roman profondément en prise avec l'actualité de son temps est un roman historique en puissance : *Aurélien* et *Les Communistes*, pour en rester à Aragon, en sont de parfaits exemples, et on pourrait leur adjoindre, pour citer des auteurs de la même génération, les romans de Malraux ou le *Gilles* de Drieu la Rochelle – auteur qui est lui-même, rappelons-le, le modèle du héros d'*Aurélien*. Passé la génération de ses premiers lecteurs, ces récits ont toutes les chances d'apparaître plus historiques que des romans d'amour situés dans un passé lointain qui ne leur sert que de décor. Et ce n'est sans doute pas Lukács qui me contredirait, lui dont l'ouvrage sur *Le Roman historique*[2] aurait dû plus honnêtement être intitulé **Le Roman historique réaliste socialiste*, car il n'y glose que des œuvres qui, de Walter Scott à Romain Rolland, peuvent rigoureusement répondre aux critères hégéliano-marxistes d'une littérature entièrement vouée à illustrer les conflits de classe, position seule à même, selon Lukács, de rendre sérieusement compte de la prise de conscience par les Modernes de la notion de « sens de l'histoire ». On ne s'étonnera pas, dans ces conditions, que le nom d'Alexandre Dumas ne soit pas une seule fois mentionné par le dogmatique théoricien hongrois, ce qui montre bien que le roman historique a décidément un nez de cire et que chaque critique tire à lui la couverture d'un genre que le seul rapport au passé ne suffit pas à définir. Jean Molino le disait déjà il y a bien longtemps (mais les critiques qui l'ont suivi ne semblent guère l'avoir médité) :

> La définition classique du roman historique, un récit où le cadre est réel et les héros sont fictifs, n'a aucune valeur universelle : elle est le résultat d'une stylisation partiale et datée selon laquelle un type particulier a été pris pour le modèle et la forme la plus achevée d'une essence qui définirait le roman historique en soi[3].

Dont acte !

1. Louis Aragon, *Œuvres romanesques complètes*, IV, *op. cit.*, p. 675 (les italiques sont d'Aragon).
2. György Lukács, *Le Roman historique* (1955), trad. Robert Sailley, Paris, Payot, 1965.
3. Jean Molino, « Qu'est-ce que le roman historique ? », *Revue d'histoire littéraire de la France*, 75 (1975), p. 195-234, ici p. 201.

Cela posé, il ne s'agit nullement de prétendre que les trois romans dont les amorces ont servi de base à ma réflexion sont déjà, bien qu'antérieurs au XVIIIe siècle, des « romans historiques ». La conception « historiciste » qui domine notre vision de l'histoire depuis le romantisme ne peut être confondue avec la vision beaucoup plus symbolique et schématique qui a gouverné la représentation occidentale du passé jusqu'à Vico compris. Cependant, le manque de consensus sur la définition du roman historique moderne, qui finit par se confondre avec ce qui s'en est apparemment présenté comme l'inverse absolu, à savoir le roman « réaliste » puis « naturaliste », tend à neutraliser les positions : Balzac, et plus encore Zola, par leur minutie descriptive, se révèlent aussi avides de « couleur locale » que les auteurs de romans attirés par l'ailleurs géographique ou chronologique, et illustrent par là l'arbitraire des déterminations sous-génériques, minées par un même élan de totalisation romanesque qui se moque des distinctions chronologiques entre mondes possibles[1].

Or, il convient de rappeler que, dès ses origines, le genre romanesque, loin de se montrer indifférent à son cadre temporel (toute question documentaire mise à part), s'est construit sur des positionnements précis face à l'histoire : l'inscription des romans de Chrétien de Troyes dans un passé mythifié n'est pas une fatalité, mais le produit d'un choix mûrement pesé, et qui, comme on l'a rappelé, n'empêche nullement l'auteur de se poser en mentor des jeunes chevaliers de son temps. De son vivant déjà, Chrétien a d'ailleurs vu sa proposition chronotopique contestée par des concurrents désireux d'explorer d'autres mondes possibles : Gautier d'Arras et Hue de Rothelande ont ainsi exploité la matière byzantine et d'autres complexes légendaires[2]. Ajoutons qu'à la même époque la chanson de geste effectuait sa mue de l'oralité à l'écriture[3], ce qui allait, dès le XIIIe siècle, rendre nombre de ses narrations interchangeables (à la structure versifiée près[4]) avec celles du roman triomphant. Le geste de Jean Renart peut donc apparaître, dans ce contexte, comme une suggestion de renouvellement parmi d'autres. Cependant, sans vouloir à toute force introduire de la téléologie dans l'histoire du roman, force est de constater – à la lumière des débuts des deux autres romans que j'ai cités à

1. La minutie descriptive elle-même a pu donner lieu à des contresens savoureux : ainsi Robbe-Grillet, contempteur infatigable du « réalisme à la Balzac », saluait-il une page des *Mémoires d'outre-tombe* de Chateaubriand où celui-ci décrivait minutieusement sa chambre d'hôtel, comme une anticipation du nouveau roman, alors même que Chateaubriand considérait lui-même son texte comme un exercice de style qui « fera plaisir à l'école littéraire moderne » (*Mémoires d'outre-tombe*, Paris, Gallimard, « Bibliothèque de la Pléiade », 1951, t. 2, livre 37, chap. 11, p. 651), c'est-à-dire à Balzac et à ses émules !

2. Sur le premier de ces auteurs, voir Corinne Pierreville, *Gautier d'Arras : l'autre chrétien*, Paris, Champion 2001 ; sur le second, voir Julien Vinot, *Répétition et variation de la tradition dans les romans de Hue de Rotelande*, thèse de doctorat, Université de Montréal, 2008.

3. Le plus ancien manuscrit épique connu, celui de *La Chanson de Roland*, date des alentours de 1170.

4. Mais il semble certain que dès le XIIIe siècle la cantilation des chansons de geste – dont la laisse *ad libitum* rimée et assonancée est le vestige – n'était plus qu'un souvenir. Et à partir du XVe siècle, le triomphe de la prose, qui mène à la récriture généralisée des récits épiques, rend définitivement caduque la distinction générique des « matières ». Le maintien de la poésie narrative dans la littérature italienne jusqu'à la Renaissance est parvenu au même résultat avec des moyens inverses : le *Roland furieux* de L'Arioste, qui est en vers, réalise une fusion parfaite du roman arthurien et de la geste carolingienne.

la suite du sien – que le *Guillaume de Dôle* a proposé le premier un modèle d'entrée en matière dont la postérité peut être retracée jusqu'à notre époque.

Face aux exemples abordés, il convient donc de ne pas oublier que toute tentative de définir sinon *le* roman, du moins la vocation majeure du roman par son rapport au quotidien du lecteur doit être modalisée par les innombrables médiations possibles menant à ce résultat. A l'heure où le roman policier, la science-fiction et la *fantasy* (pour ne pas parler du roman sentimental[1]) sont plus que jamais en vogue, il peut être bon de rappeler que cette pluralité d'ancrages de l'art romanesque est moins le produit d'une évolution que le déploiement de ce que le roman *a toujours été*. Le médiéviste Francis Gingras, en intitulant son important ouvrage sur les débuts de l'art romanesque *Le Bâtard conquérant*[2], a repris et élargi une expression forgée par Marthe Robert dans le cadre d'une réflexion à mon sens trop étriquée qui confortait l'idée que le roman serait né au début de l'ère moderne dans une confrontation directe avec les réalités sociales de cette époque[3]. En reculant de quatre siècles la nature bâtarde (et donc susceptible de toutes les métamorphoses) du roman, Gingras a réaffirmé et précisé ce que Köhler disait déjà de Chrétien de Troyes en 1957, à savoir que le roman mettait en scène des fables symboliques toujours susceptibles d'actualisations immanentes.

En mettant en série les incipits du *Guillaume de Dôle*, du *Petit Jehan de Saintré* et de *La Princesse de Clèves*, j'ai cherché à montrer que la volonté de renouveler le genre romanesque a pu passer à différentes époques par les mêmes chemins. Certes, cette volonté, dans le premier cas, était proclamée par l'auteur lui-même, alors que dans le deuxième elle n'a été reconnue qu'au XXe siècle par la « nouvelle critique » et que dans le troisième elle a émergé peu à peu, après une première réception polémique focalisée sur des problèmes de vraisemblance et de bienséance assez éloignés de la perspective ici adoptée[4]. Mais ces distinctions – témoignant des aléas de la réception des œuvres plus que de leur potentiel intrinsèque – restent secondaires : il suffit, pour les réduire, de constater que la critique d'aujourd'hui entérine comme pertinent le fait de considérer ces trois romans comme des œuvres charnières dans l'évolution de la littérature française. Le roman « presque historique » a ainsi toutes les chances de représenter un état moyen de la pratique romanesque qui refait surface chaque fois qu'un auteur a à cœur de recentrer plus précisément son récit sur des préoccupations liées

1. En dépit du modèle tentant de René Girard, qui distingue la bonne littérature (romanesque) de la mauvaise (romantique – voir R. Girard, *Mensonge romantique et vérité romanesque*, *op. cit.*), on se rangera ici du côté de Gérard Genette pour qui il y a littérature dès qu'il y a intention littéraire (voir G. Genette, *L'Œuvre de l'art*, Paris, éd. du Seuil, « Poétique », 1993 et 1997, 2 vol.).

2. Francis Gingras, *Le Bâtard conquérant*, Paris, Champion, « Nouvelle bibliothèque du Moyen Age », 2011.

3. Marthe Robert, *Roman des origines et origines du roman*, *op. cit.* Elle y oppose, comme on s'en souvient, le roman de l'« enfant trouvé » à celui du « bâtard conquérant ».

4. Pour une mise au point récente sur la querelle de *La Princesse de Clèves*, voir Madame de Lafayette, *Œuvres complètes*, *op. cit.*, p. 1324-1330.

au monde de ses lecteurs, tout en se donnant les gants d'en décaler légèrement l'action, afin de mettre à distance minimale l'effet d'identification. Historique sans l'être, dans une dialectique paradoxale qu'Aragon a su ironiquement souligner, le roman « presque historique » n'est au fond rien d'autre, et ce depuis le XIIIe siècle, que le roman pleinement conscient de sa liberté de mener son lecteur là où il le veut.

Universités de Lausanne et de Neuchâtel

Romain Billet

La mise en abyme : entre infini et schématisation sémiotique

> « Parle-t-on du corps physique, il est évident qu'il ne peut être infini en acte. Car tout corps physique a une forme substantielle déterminée, et comme les accidents dérivent de la forme substantielle, il est nécessaire que d'une forme qui est déterminée dérivent des accidents également déterminés, parmi lesquels la quantité. D'où il suit que tout corps naturel a une quantité déterminée, entre une limite supérieure et une limite inférieure. Il est donc impossible qu'un corps physique soit infini. »
>
> Saint Thomas d'Aquin, *Somme théologique*.

Une heureuse formule

L'expression même de « mise en abyme » a quelque chose de fascinant par ce qu'elle évoque : gouffre, puits sans fond, trou noir « abymant » duquel le texte « abymé » ne semble pouvoir s'échapper[1]. C'est là en effet l'acception première du mot « abîme », variante graphique dérivée de l'origine latine *abyssus* par l'intermédiaire du latin populaire **abismus*[2]. Loin de parasiter la compréhension du procédé littéraire désigné sous le nom de « mise en abyme », la signification littérale du terme met en relief, en quelque sorte « poétiquement », son orientation fondamentale : tendant, comme on va le voir, à l'infini et au paradoxe, ce miroir interne tient bel et bien de l'abîme.

1. Calquée sur le triptyque comparaison-comparant-comparé, la triade « mise en abyme »-« abymant »-« abymé » permet de distinguer clairement a) l'ensemble du procédé, c'est-à-dire l'ensemble d'un rapport, b) le secteur textuel dédoublant, c) le texte (ou les propriétés textuelles) dédoublé(es).
2. Voir l'article « abîme » du *Dictionnaire de l'Académie française*, 9e édition.

André Gide à l'origine de la spécularité infinie

Si l'orthographe avec -î, plus « populaire », a triomphé dans la plupart des acceptions ordinaires du mot, tant littérales que métaphoriques, la forme « abyme » semble plutôt quant à elle s'être spécialisée comme technolecte savant appartenant au domaine de l'héraldique[1]. Aussi est-ce d'abord avec ce sens technique que Gide, dans son *Journal*, inaugura l'expression « mettre en abyme » :

> J'aime assez qu'en une œuvre d'art, on retrouve ainsi transposé, à l'échelle des personnages, le sujet même de cette œuvre. Rien ne l'éclaire mieux et n'établit plus sûrement toutes les proportions de l'ensemble. Ainsi, dans tels tableaux de Memling ou de Quentin Metzys, un petit miroir convexe et sombre reflète, à son tour, l'intérieur de la pièce où se joue la scène peinte. Ainsi, dans le tableau des *Ménines* de Velasquez (mais un peu différemment). Enfin, en littérature, dans *Hamlet*, la scène de la comédie ; et ailleurs, dans bien d'autres pièces. Dans *Wilhelm Meister*, les scènes de marionnettes ou de fête au château. Dans *La Chute de la maison Usher*, la lecture que l'on fait à Roderick, etc. Aucun de ces exemples n'est absolument juste. Ce qui le serait beaucoup plus, ce qui dirait mieux ce que j'ai voulu dans mes *Cahiers*, dans mon *Narcisse* et dans La *Tentative*, c'est la comparaison avec ce procédé du blason qui consiste, dans le premier, à en mettre un second « en abyme »[2].

Analysant cette page du *Journal* devenue célèbre, Lucien Dällenbach extrait quatre traits définitoires essentiels de la mise en abyme : 1) « [o]rgane d'un retour de l'œuvre sur elle-même, la mise en abyme apparaît comme une modalité de la *réflexion* » dont l'emblème serait le « miroir » dans la citation de Gide ; 2) « [s]a propriété essentielle consiste à faire saillir l'intelligibilité et la structure formelle de l'œuvre » puisque aucun procédé n'« éclaire mieux et n'établit plus sûrement toutes les proportions » d'une œuvre ; 3) « [é]voquée par des exemples empruntés à différentes domaines, elle constitue une réalité structurelle qui n'est l'apanage ni du récit littéraire ni de la seule littérature » ; 4) « [e]lle doit sa dénomination à un procédé héraldique » dans la mesure où « abyme », en héraldique, désigne « le cœur de l'écu[3] ». Embrasser la conception gidienne de la mise en abyme, puisque celui-ci en est sinon l'inventeur officiel, du moins le

1. Le *Dictionnaire de l'Académie française* précise en effet que, dans le discours héraldique, l'expression « en abîme » est rare en comparaison de « en abyme ».

2. Gide, *Journal 1889-1939*, Paris, Gallimard, « Bibliothèque de la Pléiade », 1948, p. 41. Cité dans Lucien Dällenbach, *Le Récit spéculaire. Contribution à l'étude de la mise en abyme*, Thèse présentée à la faculté des lettres de l'université de Genève, Paris, éd. du Seuil, 1977, p. 15.

3. « *Abîme*. – C'est le cœur de l'écu. On dit qu'une figure est en abîme quand elle est avec d'autres figures au milieu de l'écu, mais sans toucher aucune de ses figures. » Amédée de Foras, *Le Blason, dictionnaire et remarques*, Grenoble, 1883, p. 6, cité dans Dällenbach, *Le Récit spéculaire*, *op. cit.*, p. 17.

père putatif[1], c'est tenir compte des traits définitoires listés par Dällenbach et accepter la définition suivante : « *est mise en abyme toute enclave contenant une relation de similitude avec l'œuvre qui la contient*[2] », définition qui englobe trois sous-classes de mise en abyme, « qui sont la *réduplication simple* (fragment qui entretient avec l'œuvre qui l'inclut un rapport de similitude), la *réduplication à l'infini* (fragment qui entretient avec l'œuvre qui l'inclut un rapport de similitude et qui enchâsse lui-même un fragment qui..., et ainsi de suite) et la *réduplication aporistique* (fragment censé inclure l'œuvre qui l'inclut)[3] ».

On perçoit néanmoins que la spécularité de ces différents types de mise en abyme est loin d'être identique, en particulier si l'on envisage cette spécularité sous l'angle de la *ressemblance*. En effet, si le texte cadre – celui qui est voué à se réfléchir et à s'abymer dans quelque enclave spéculaire – contient *de facto* l'enclave où il se reflète, seule la mise en abyme *qui se reflète elle-même en même temps qu'elle reflète son texte cadre* peut être considérée comme une mise en abyme *stricto sensu*. Car dans la mesure où l'objet à dupliquer s'apparente à un contenant, la mise en abyme pour le dupliquer fidèlement devrait elle aussi adopter l'aspect d'un tel contenant, et donc accueillir en elle un miroir analogue à celui qu'elle constitue par rapport à son texte cadre. C'est sans doute ce qui fait dire à Gide qu'aucun des exemples qu'il cite (Memling, Metzys, *Hamlet*, etc.) « n'est absolument juste », et c'est sans doute aussi ce qui explique sa prédilection pour le modèle du blason parfaitement dupliqué en son abîme[4].

Dans cette optique, la « réduplication infinie » n'apparaît donc pas seulement comme l'une des variantes possibles de la mise en abyme. Elle serait d'une part la plus conforme à la rêverie gidienne sur le blason, et d'autre part la mise en œuvre la plus stricte du procédé, dont pourrait à peu près donner l'idée une paire de miroirs disposés l'un en face de l'autre. Comme le suggère cet exemple, le dispositif conduit à une extraordinaire complexification de la mimèsis, puisque chaque reflet se trouve pris dans une double relation, à la fois représenté à un niveau supérieur – le niveau du cadre – et représentant à un niveau inférieur – en tant qu'objet mimétique (en)cadré. S'ensuit une vertigineuse descente, pour ainsi dire « fractale[5] » de motif constituant à motif constitué, de texte support à mise en

1. Même si, comme l'indiquent par exemple les références à Shakespeare ou Vélasquez, le procédé est antérieur à l'écriture gidienne et que c'est Claude-Edmonde Magny qui installe la forme substantivée de « mise en abyme », absente chez Gide, dans le champ littéraire. Voir Claude-Edmonde Magny, *Histoire du roman français depuis 1918*, Paris, éd. du Seuil, 1950.

2. L. Dällenbach, *Le Récit spéculaire, op. cit.*, p. 18, italiques de l'auteur.

3. L. Dällenbach, *Le Récit spéculaire, op. cit.*, p. 51.

4. En quoi Gide semble forger de toute pièce un modèle absent de la réalité, comme l'indique Bruce Morrissette qui précise que « le blason intérieur, placé en abîme selon la terminologie héraldique, représente toujours le blason d'une autre branche familiale » et non le blason qui le contient. Voir Bruce Morrissette, « Un héritage d'André Gide : la duplication intérieure », *Comparative Literature Studies*, vol. 8, n° 2 (juin 1971), p. 128.

5. Des formes ou structures fractales se caractérisent par le fait qu'elles manifestent des « symétries de dilatation caractéristiques : l'agrandissement d'une partie est semblable au tout ». « Le terme *fractal*, forgé à partir du latin *fractus* (du verbe *frangere*, qui signifie "briser"), souligne le caractère fractionné à l'infini » d'une forme « en général définie par un processus récursif ». Bernard Pire, « FRACTALES », *Encyclopædia*

abyme et de mise en abyme comme texte support à mise en abyme comme texte support… « et ainsi de suite[1] ».

Contraintes matérielles et verbalisation de l'abyme

Est-il pour autant possible de reclasser les mises en abyme en se fondant sur le critère de la ressemblance, c'est-à-dire de passer d'une tripartition, comme Dällenbach, à une bipartition distinguant, d'une part, les mises en abyme « strictes » qui imitent le texte s'imitant et, d'autre part, les mises en abyme « partielles » qui s'exceptent de leur propre mimèsis ?

Cette refonte de la typologie des mises en abyme pose manifestement d'insolubles difficultés. En effet, la mise en abyme véritablement « abyssale », la seule véritablement intégrale puisqu'elle s'intègre elle-même dans le texte qu'elle imite, occasionne, comme on va le voir, un dysfonctionnement de la chaîne mimétique. Cette dernière, théoriquement, doit être infinie puisque la mise en abyme enchâssée, si elle est un reflet exact du texte enchâssant, doit elle-même contenir une mise en abyme. Comme l'illustre le schéma ci-dessous, la mise en abyme correspond donc non seulement à une mimèsis de mimèsis, mais ce n'est pas tout puisque la radicalisation du procédé au nom d'une conception rigoureuse de celui-ci devrait générer, de surcroît, une mimèsis de mimèsis de mimèsis (sous la forme d'une deuxième mise en abyme contenue dans la première), et même une mimèsis de mimèsis de mimèsis de mimèsis (sous la forme d'une troisième mise en abyme contenue dans la deuxième)… *ad infinitum*[2].

Une telle formule de la mise en abyme – que j'appellerais « infinie » ou « abyssale[3] » – ainsi que le schéma afférent montrent assez l'impossibilité pour ces différents systèmes sémiotiques, qu'ils soient texte ou image, d'accueillir une récursivité infinie – ou toute forme de l'infini – sans avoir à s'étendre eux-mêmes infiniment.

Universalis [en ligne], consulté le 4 décembre 2022 (URL : http://www.universalis-edu.com/encyclopedie/fractales/).

1. L. Dällenbach, *Le Récit spéculaire*, *op. cit.*, p. 51. Séverine Letalleur-Sommer signale l'affinité de la mise en abyme avec les structures fractales en ceci que l'on pourrait, théoriquement, y « *zoomer* à l'infini » (italiques de l'auteur). En pratique, on verra que la spécularité infinie se heurte à des contraintes matérielles de même que l'exploration des objets fractals se heurte aux frontières infiniment petites de l'observable. Voir Séverine Letalleur-Sommer, « La mise en abyme : de la curiosité esthétique au fondement de la sémiotique », dans *Comprendre la mise en abyme : Arts et médias au second degré* [en ligne], Rennes, Presses universitaires de Rennes, 2019, § 18.

2. C'est déjà ce que note Lucien Dällenbanch : « à moins de s'excepter de la représentation qu'elle dédouble, toute production mimétique s'expose à vérifier au niveau des structures le verset du psaume qui intitule l'un des chapitres de *L'Homme qui rit* : *abyssus abyssum invocat*. Animée d'une véritable compulsion de répétition, elle se voit en effet condamnée à revêtir une forme sérielle et à entretenir sans trêve le mouvement de sa propre resurgence [sic]. » L. Dällenbach, *Le Récit spéculaire*, *op. cit.*, p. 143.

3. De même, c'est moi qui baptise « pseudo-abyssale » et « autoréflexive » deux autres manifestations de la mise en abyme afin de rendre compte des fonctions et usages les plus saillants de ses différentes variations. Voir *infra*, schémas 2 et 3.

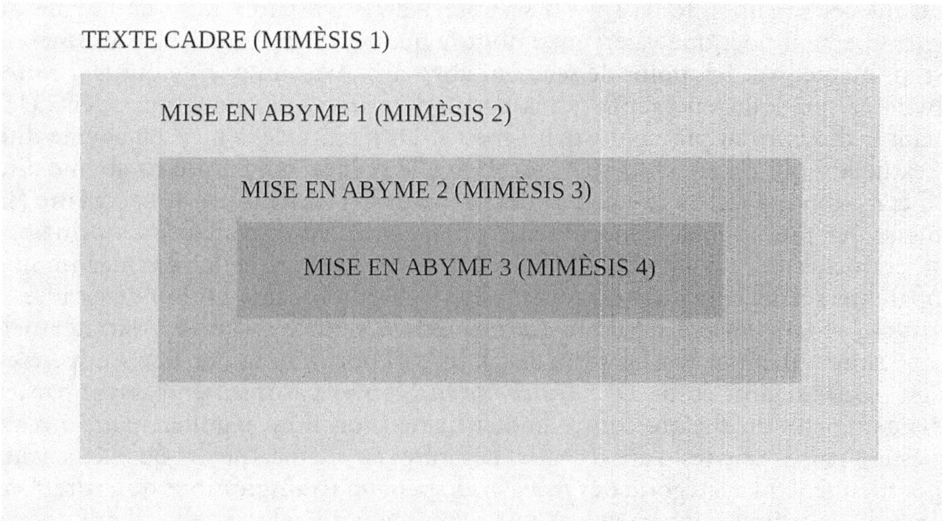

Figure 1. Schéma de la mise en abyme infinie (ou « abyssale »)[1]

Comme l'écrit Séverine Letalleur-Sommer, « la réduplication se heurte en général assez rapidement à ses propres limites représentationnelles et aux contraintes matérielles qui lui sont propres[2] ». Et pour cause, puisque, à partir d'un certain palier, il n'est plus possible de réaliser textuellement la récursivité infinie. La seule possibilité restante consiste alors, pour maintenir le lien théorique unissant l'autospécularité de la mise en abyme à la notion d'infini, à symboliser l'infini sous une forme finie, soit par des symboles exprimant littéralement l'idée d'infini, à l'instar des signes mathématiques « ∞ » ou « ℵ[3] » par exemple, soit par une métaphore comme dans le poème « Fragments du Narcisse » de Paul Valéry, où son reflet est justement apostrophé par Narcisse sous la forme « habitant de l'abîme[4] ».

1. On aura reconnu dans ce schéma un enchâssement analogue à celui qui a fait la notoriété de quelques visuels publicitaires célèbres, parmi lesquels la marque de fromage La Vache qui rit, la marque d'apéritif Dubonnet ou le cacao de la marque néerlandaise Droste mentionnée dans *L'Âge d'homme* et à laquelle l'auteur doit « [s]on premier contact précis avec la notion d'infini » (Michel Leiris, *L'Âge d'homme*, Paris, Gallimard, « Folio », 1999 [1939], p. 34-35).

2. La phrase est correcte si l'on interprète le groupe prépositionnel « en général » comme modifieur du groupe adverbial « assez rapidement » et non comme modifieur de la phrase entière. En effet, c'est *nécessairement* que le dispositif achoppe sur des contraintes matérielles, celles-ci ne manquant pas de s'exercer « rapidement » faute de place. Voir S. Letalleur-Sommer, « La mise en abyme : de la curiosité esthétique au fondement de la sémiotique », art. cité, § 9.

3. Ce signe correspond à la lettre de l'alphabet hébraïque que l'on translittère habituellement sous la forme « aleph » (parfois « alef »). Les différents alephs (aleph$_1$, aleph$_2$, aleph$_3$, etc.) correspondent, en théorie mathématique des ensembles, à des grandeurs d'infini différentes, c'est-à-dire à des ensembles infinis non bijectifs (dont on ne peut relier un à un les éléments parce que les éléments de ces ensembles sont en nombre – infini – différent).

4. Voir Paul Valéry, « Fragments du Narcisse », dans *Œuvres*, t. I, Paris, Gallimard, « Bibliothèque de la Pléiade », 1957, p. 129.

Dans cet exemple, le bassin où se mire Narcisse est une mise en abyme de l'introspection poétique valéryenne dont le poème « Fragments du Narcisse »... est lui-même issu. Ici, point de segment abymant, mais un poème qui *tout entier* abyme la poétique valéryenne en la dramatisant, en quelque sorte, et en déléguant le discours au protagoniste lui-même. Différente de la mise en abyme dite « textuelle » qui reflète en petit le texte où elle se loge, cette mise en abyme dite « métatextuelle » reflète le « code » déterminant la facture du texte spéculaire (sa langue, ses présupposés conceptuels, son agencement énonciatif, ses principes esthétiques, etc.)[1]. Mises en abyme textuelle et métatextuelle sont néanmoins apparentées dans la mesure où toutes deux mettent à mal la notion de « cadre », c'est-à-dire la frontière séparant *a priori* œuvre verbale et univers extratextuel. Ce « cadre » théorisé par les formalistes russes Iouri Lotman et Boris Uspensky n'est pas immuable et, de *Don Quichotte* au Nouveau Roman en passant par les assauts répétés du théâtre contre le quatrième mur, il est régulièrement mis en question par les œuvres d'art verbales. Les mises en abyme, quelles qu'elles soient, appartiennent à la catégorie des *frame transgressions* (transgressions du cadre)[2] en vertu de leur dimension métaleptique : comme la métalepse, elles représentent une « transgression, figurale ou fictionnelle, du seuil de la représentation[3] ».

Métatextuelle donc, la contemplation de son reflet par Narcisse métaphorise cette introspection poétique qui consiste, pour Valéry, à contempler son propre esprit et notamment cet esprit en tant qu'il accomplit un acte de contemplation. Dire du bassin où Narcisse se penche qu'il est un « abîme » souligne le caractère inépuisable d'une contemplation sujette à durer indéfiniment. Conformément au sémantisme du terme « abîme » (sèmes /sans fond/, /caractère insondable/), le dispositif spéculaire contient bien une métaphore de l'infini. Cette métaphore renvoie d'abord à l'entreprise vertigineuse et inachevable de l'auto-introspection, *a fortiori* quand l'auto-introspection s'incorpore elle-même à la totalité spirituelle qu'elle s'efforce d'appréhender. Infinie est l'entreprise visant à percer les secrets de l'« inépuisable Moi[4] ». Mais le poème renvoie également au fonctionnement du dispositif gidien

1. Lucien Dällenbach distingue cinq « mises en abyme élémentaires ». Mieke Bal a montré le caractère vague de cette typologie qui ne repose, au fond, que sur des « déplacements d'accent plutôt que sur de[s] différences fondamentales ». Conserver, au terme de ce débat, la différence entre textualité et métatextualité de la mise en abyme permet de faire apparaître au moins une différence forte entre les objets reflétés. Dans le cas de la mise en abyme textuelle, le reflet est matériellement analogue au miroir (c'est le texte ou la fiction que reflète un autre texte, une autre fiction), alors que la mise en abyme métatextuelle requiert un degré d'abstraction de plus afin d'accéder au code directeur abymé au sein de l'artefact verbal qu'il a produit. Voir L. Dällenbach, *Le Récit spéculaire*, *op. cit.*, p. 141 et Mieke Bal, « Mise en abyme et iconicité », dans *Littérature*, n° 29, 1978, p. 116-128, en particulier p. 121.

2. Sur les notions de cadre et de *frame transgression*, voir l'ouvrage de Michael Evans, *Claude Simon and the Transgression of Modern Art*, New York, Saint Martin's Press, 1988, p. 3-21. Voir aussi Ilias Yocaris, « Bilan critique du formalisme ricardolien : la machine abandonnée », dans Ralph Sarkonak (dir.), *La Revue des lettres modernes. Claude Simon*, vol. 6, Caen, Lettres modernes Minard, 2011, p. 63-65.

3. Gérard Genette, *Métalepse. De la figure à la fiction*, Paris, éd. du Seuil, « Poétique », p. 14. Sur le lien particulier entre mise en abyme et métalepse, voir Dorrit Cohn, « Métalepse et mise en abyme », dans John Pier et Jean-Marie Schaeffer (dir.), *Métalepses. Entorses au pacte de la représentation*, Paris, Editions de l'EHESS, « Recherches d'histoire et de sciences sociales », 2005, p. 121-131.

4. Valéry, *Œuvres*, *op. cit.*, p. 126.

lui-même, avec d'autant plus de bonheur qu'il retrouve, dans l'« abîme » du bassin réfléchissant, l'union de la duplication spéculaire avec l'idée d'infini. Métaphore de l'enroulement interminable de la conscience sur elle-même, et partant de l'acte créateur dont elle est issue, de portée psychologique autant que métapoétique donc, la fable valéryenne résout ce vertige de l'infini qui la travaille en l'inscrivant explicitement en son cœur : aussi désigne-t-elle, sous « la paix vertigineuse[1] » des eaux, « l'abîme » qui la creuse.

Il reste qu'arrêter ainsi l'infinie récursivité « abyssale » en la formalisant, à quelque niveau que ce soit, par une métaphore comme chez Valéry, ou par tout *signe* de l'infini plutôt que de renvoyer à un palier automimétique inférieur (par exemple « MIMÈSIS 3 » ou « MIMÈSIS 4 » sur notre Figure 1), c'est fatalement mettre fin à la machine spéculaire : « ∞ » ou « ℵ 0 » ne *reflètent* pas l'ensemble des entiers naturels, ils *signifient* cet ensemble sous une forme réduite. Les limitations *matérielles* des systèmes sémiotiques du texte ou de l'image imposent nécessairement un terme au fonctionnement spéculaire, qui ne peut être modélisé structurellement (comme dans la Figure 1). Au mieux, une mise en abyme ne peut qu'indiquer verbalement – sous forme de signe verbal – son propre lien (théorique) à la notion d'infini, comme dans ce deuxième schéma :

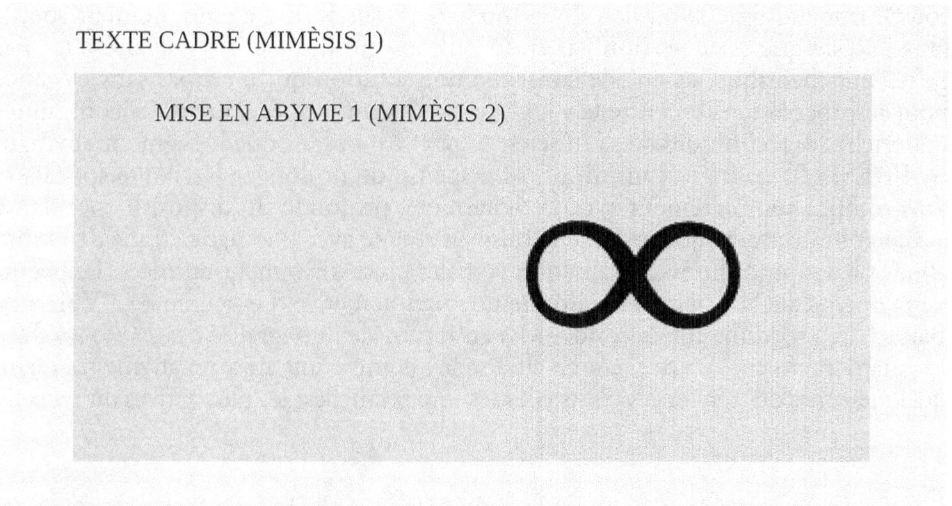

Figure 2. Schéma de la mise en abyme « pseudo-infinie ».

C'est de ce modèle que l'on rapprochera les textes qui, à l'instar de « Fragments du Narcisse » de Valéry, métaphorisent leur propre code tout en ayant conscience de transcender de ce fait l'espace théoriquement limité du représentable.

1. Valéry, *Œuvres*, *op. cit.*, p. 124.

Qu'elles relèvent de la « logique de l'abîme[1] » ou non, les mises en abyme sont toujours, en vertu de leur orientation métaleptique, transgressives à quelque niveau. Débordement du cadre, ouverture vers l'extérieur, extension spec(tac)ulaire du monde fictionnel au monde réel, tels sont, en puissance, les pouvoirs de la mise en abyme et la raison de leur productivité dans le romantisme allemand où leur émergence coïncide avec une quête d'absolu et d'infini[2]. Installant immanquablement « une profondeur de reflet au creux d'une profondeur[3] » seconde, le miroir promet une illimitation que, pris dans les limites du système sémiotique qui le contient, il ne peut garantir. À ce titre, l'inclusion d'un signe exprimant l'infini dans le dispositif spéculaire en redouble la signification et compense, dans un cas l'inachèvement du renvoi indéfini de miroir en miroir, dans un autre l'impossible élargissement métaleptique des frontières de la fiction au monde réel.

De l'achoppement spéculaire à la stylisation littéraire

Solution de pis-aller que ce modèle où le segment abymant exprime l'infini sous forme de signe(s) au lieu de le modéliser sous forme d'emboîtement spéculaire ? Reste que cette version « pseudo-infinie » du dispositif spéculaire n'est pas purement théorique, et qu'elle constitue une solution qui n'est pas sans élégance pour résorber la tension entre la « logique de l'abyme » spéculaire et les contraintes matérielles et techniques de sa mise en œuvre. En posant que le segment abymant (MIMÈSIS 2) contient l'infini, on se dispense de prolonger la chaîne spéculaire sans rompre complètement avec la dynamique profonde du dispositif spéculaire.

Bien plus, cette conjonction de la mise en abyme avec une signalétique de l'infini aboutit à des procédures de stylisation verbales particulièrement raffinées. Le poème « Fragments du Narcisse » en a donné une première idée. Le poème « La Voix » de Baudelaire en donne une seconde. Mis en regard de l'intégralité des *Fleurs du Mal*, les quatre premiers vers peuvent en effet se lire comme une mise en abyme résumant quelques-unes des références culturelles (et intertextuelles) les plus actives du recueil :

1. En d'autres termes d'une autospécularité infinie. Voir L. Dällenbach, *Le Récit spéculaire*, *op. cit.*, p. 143-148.

2. Voir L. Dällenbach, « MISE EN ABYME », *Encyclopædia Universalis* [en ligne], consulté le 25 juin 2023. URL : http://www.universalis-edu.com/encyclopedie/mise-en-abyme. Voir également Jean-Marie Schaeffer, *La Naissance de la littérature. La théorie esthétique du romantisme allemand*, Paris, Presses de l'Ecole normale supérieure, 1983, en particulier le chapitre 6.

3. Dans son commentaire des *Ménines* de Vélasquez, Michel Foucault met le doigt – incidemment – sur deux propriétés de la mise en abyme. Glosant le miroir peint au fond du tableau, il en perçoit le pouvoir d'approfondissement quasi « abyssal » et la dimension métaleptique : « profondeur de reflet au creux d'une profondeur de tableau », le miroir, « en faisant voir, au-delà même des murs de l'atelier, ce qui se passe en avant du tableau, fait osciller [...] l'intérieur et l'extérieur ». Michel Foucault, *Les Mots et les Choses*, Paris, Gallimard, « Tel », 1966, p. 24 et 26.

Mon berceau s'adossait à la bibliothèque,
Babel sombre, où roman, science, fabliau,
Tout, la cendre latine et la poussière grecque,
Se mêlaient. J'étais haut comme un in-folio[1].

De « Franciscae meae laudes » écrit en latin à l'intertexte homérique et virgilien du « Cygne », le je lyrique ne se présente-t-il pas comme un « ami de la science », à l'instar de ces chats dont il fit ses animaux fétiches[2] ? Certes, cette richesse intertextuelle et thématique des *Fleurs du Mal* qui puise aux sources de l'érudition baudelairienne facilite l'émergence de reflets, dès lors qu'un poème évoque la littérature, les livres ou l'art en général. Le jeu de miroirs est toutefois renforcé ici du fait que « La Voix » se présente littéralement comme le récit d'une *vocation*. Le jeu étymologique implicite entre « voix » et vocation fait du poète un appelé mais, contrairement au mythe romantique dont Baudelaire s'ingénie fréquemment à prendre le contre-pied, un appelé maudit :

[...] Derrière les décors
De l'existence immense, au plus noir de l'abîme,
Je vois distinctement des mondes singuliers,
Et, de ma clairvoyance extatique victime,
Je traîne des serpents qui mordent mes souliers[3].

Si l'apparition du terme « abîme » n'est pas sans intérêt pour caractériser la figure baudelairienne du poète, explorateur de l'« Inconnu » et autres gouffres pascaliens[4], on retiendra surtout ici que la vocation victimaire autant que visionnaire du poète lui vient directement du passé, sous la forme de la bibliothèque. Le lien spéculaire entre celle-ci et les *Fleurs du Mal* est redoublé par un lien de type séminal fondé sur l'idée que l'engendrement crée la ressemblance, comme l'exprime la comparaison « haut comme un in-folio » tissant un fort lien de consubstantialité entre l'enfant-poète et la bibliothèque dont il est symboliquement, et même presque organiquement, issu. A cela s'ajoute, patente dans le mythe de Babel[5], latente dans les expressions « cendre latine » et « poussière grecque[6] », l'isotopie

1. Charles Baudelaire, *Les Fleurs du Mal*, Antoine Adam (éd.), Paris, Classiques Garnier, 1959, p. 183.
2. Voir le poème « Les chats » dans Baudelaire, *Les Fleurs du Mal, op. cit.*, p. 72.
3. Baudelaire, *Les Fleurs du Mal, op. cit.*, p. 184.
4. Voir, par exemple, les poèmes emblématiques de ces thèmes que sont « Le Voyage » et « Le Gouffre » dans *Les Fleurs du Mal, op. cit.*
5. Pour contrecarrer l'édification de la tour de Babel et empêcher que les hommes puissent, en s'unissant, accomplir l'intégralité de leurs projets, le mythe de la Genèse raconte que Dieu les dispersa sur toute la Terre. Voir Genèse, X, 8.
6. Ces expressions contiennent en effet les sèmes /volatilité/, /durabilité/, /tradition/ permettant en contexte de faire émerger sous une forme concrète la signification afférente d'insémination culturelle qui rejoint, dans ce poème, la naissance quasi organique du poète à partir de la bibliothèque. Les sèmes afférents sont, au contraire des sèmes inhérents relevant du système fonctionnel de la langue, des sèmes qui émergent en contexte, pour des raisons qui tiennent soit aux normes sociales, soit à l'orientation idiolectale du discours. Voir François Rastier, *Sémantique interprétative*, Paris, PUF, « Formes sémiotiques », 2009, p. 70 *et passim.*

de la dissémination. Cette isotopie est à comprendre elle aussi au sens organique. Elle souligne en outre la thématique de l'enfantement à partir d'une bibliothèque matricielle qui est également à l'origine de l'éducation du protagoniste[1].

Au sein de ce paysage imaginaire s'affirment deux principes, celui de la continuité et celui de la ressemblance, qui font du poète le produit des livres, des livres le produit du poète et finalement des livres les produits d'autres livres. De cette dissémination véritablement babélienne des modèles et des reflets, le poème « La Voix » apparaît comme la preuve en acte puisqu'il réalise, de façon performative, l'expression poétique dont il présente la genèse.

De la sorte s'affirme avec évidence l'idée que tout texte s'écrit dans la continuité d'un autre texte, toute bibliothèque dans celle d'une autre bibliothèque, que les livres s'engendrent les uns les autres et *se contiennent* les uns les autres. Au sein de cet imaginaire baudelairien de la saturation – plutôt que de la satiété – culturelle, il n'est pas étonnant de voir la bibliothèque qualifiée de « Babel sombre ». D'un impact indéniable, cette métaphore s'articule à une stylistique de l'abondance (énumération de substantifs en emploi générique sans déterminants[2], saisie métonymique des cultures latine et grecque dans leur intégralité[3]) qui culmine avec le pronom indéfini « tout » ; au surplus, on notera que le verbe « se mêlaient », en vertu de son morphème de pluriel *-ent*, implique le sujet pluriel constitué de tous les substantifs et équivalents situés après le pronom relatif « où ». Puisque « tout » se trouve inclus dans une telle liste, celle-ci est implicitement présentée comme excédant une totalité qui pourtant la constitue : cette liste est donc une figure de l'excès, voire de l'incommensurable, réactivant au passage l'étymologie du nom propre « Babel ». Signifiant « porte de dieu[4] », ce nom est en effet porteur des sèmes correspondant aux attributs divins classiques dont les plus pertinents en contexte seraient ici /incommensurabilité/, /infinité/ et /totalité/[5]. Sans leur prise en compte, la métaphore ne se comprend pas pleinement.

Anticipant sur la fable de Jorge Luis Borgès, la « bibliothèque de Babel » baudelairienne abyme le livre qui la contient en développant, comme elle, la métaphore

1. Les voix émanant de la bibliothèque adoptent en effet un ton quasi professoral. Dans leurs propos, restitués au discours direct, on retrouve les modalités assertive et impérative, typiques de jugements de vérité générale comme « La Terre est un gâteau plein de douceur », ou d'un ordre comme « Garde tes songes », assorti de cette autre vérité générale : « Les sages n'en ont pas d'aussi beaux que les fous ! »

2. Usuelle dans les cas de coordination, parfois dite « totalisante », du syntagme nominal, l'absence de déterminant se couple à l'énumération de substantifs *singuliers*, révélatrice de la volonté, chez Baudelaire, d'appréhender la référence *génériquement*. Est dite « générique » la référence qui porte sur l'ensemble d'une classe d'individus. Voir Martin Riegel, Jean-Christophe Pellat et René Rioul, *Grammaire méthodique du français*, Paris, PUF, « Quadrige manuel », p. 283 et 308, ainsi que Anne Abeillé et Danièle Godard (dir.), *La Grande Grammaire du français*, Arles, Actes Sud, 2021, p. 517.

3. « Cendre latine » et « poussière grecque » peuvent en effet s'interpréter comme métonymies, c'est-à-dire « glissement de sens » fondé sur « un lien de voisinage » et non « un rapport d'inclusion ». Voir l'article « Métonymie (métonymique) » dans Frédéric Calas, *Leçons de stylistique, cours et exercices corrigés*, Paris, Armand Colin, « Cursus », 2021, p. 455-456.

4. *Bâb-ili* signifie en babylonien « porte de dieu » et a donné le toponyme Babylone. Voir *La Bible, L'Ancien Testament I*, Paris, Gallimard, « Bibliothèque de la Pléiade », 1957, p. 31, note 10.

5. Tels sont quelques-uns des éléments par lesquels saint Thomas d'Aquin définit Dieu dans la *Somme théologique*. Voir les questions 2 à 26 consacrées à la divinité dans la première partie de la *Somme théologique*.

du renvoi interminable de livre en livre. Si, dans sa fable, Borgès insistera davantage sur les paradoxes logiques soulevés par la notion d'infini, apparaît déjà en germe chez Baudelaire le fait que, en s'abymant sous le signe de l'illimitation, tout texte s'engage dans le vertige d'une bibliothèque en laquelle sa « chute [...] est infinie[1] ».

L'infini s'inscrit certes dans une esthétique globale dont la portée excède *Les Fleurs du Mal*, au point que Michel Deguy voit en lui « ce mot définitif du sytème baudelairien[2] ». Toutefois, la notion joue un rôle spécifique dans la dynamique de stylisation du poème « La Voix », dans la mesure où, visant à rendre compte de la boucle spéculaire et séminale établie entre un moi et la bibliothèque qui en est la source, elle cristallise comme on l'a vu un faisceau de traits stylistiques concordants. Aussi convenait-il, afin d'enclore en un poème l'interminable reflet du moi dans les livres et des livres dans le moi, d'exprimer par divers moyens cette « expansion des choses infinies » (dont Babel est l'emblème) et de jouer du sens latin d'« in-folio », inscrivant de la sorte la genèse enfantine du poète exactement « dans la feuille ».

Limitation des systèmes sémiotiques et rupture de spécularité

Si elle motive de remarquables élaborations stylistiques destinées à résorber les paradoxes qu'elle implique, « la logique de l'abyme[3] » fait ressortir une propriété générale des systèmes sémiotiques. Poussée à son terme, celle-ci fait en effet apparaître, au moment même où elle en conteste la rigidité, les limites matérielles de ces systèmes, lesquels sont en pratique toujours contraints de *signifier* – c'est-à-dire de représenter au moyen de signes – ce qu'ils dénotent. Autrement dit, ils ne peuvent jamais donner autre chose au récepteur que des équivalents sémiotiques des choses, en aucun cas les choses mêmes[4]. L'infini semble donc moins être un secteur particulier du « représentable » qu'un concept qui, dans le cas précis de la littérature, nous renvoie à l'incommensurabilité absolue des signes et des choses, c'est-à-dire à l'impossibilité de réduire l'infinité du monde à la finitude des signes verbaux qui constituent un texte. Un procédé littéraire des plus banals tel que la description en donne une illustration éclatante dans la mesure où sa

1. Jorge Luis Borges, *Œuvres complètes*, tome I, Paris, Gallimard, « Bibliothèque de la Pléiade », 1993, p. 492.

2. Michel Deguy, « L'infini et sa diction », *Poétique*, n° 40, novembre 1979, p. 438.

3. L. Dällenbach, *Le Récit spéculaire, op. cit.*, p. 143.

4. Les *ready-made* et autres intégrations d'objets directement dans la composition artistique semblent constituer un stimulant défi à une telle conception de l'art. On peut se demander toutefois si le célèbre urinoir de Marcel Duchamp ou bien les *combine paintings* de Robert Rauschenberg ne transforment pas les choses (alors qu'elles paraissent *a priori* simplement les exposer) en d'autres choses, d'autres choses plus (essentiellement) signifiantes qu'elles n'étaient avant d'être intégrées dans une œuvre d'art.

clôture apparaît toujours comme une limite arbitraire à un processus susceptible d'être prolongé à l'infini. « Tout objet quotidien, explique Jean Ricardou, est inépuisable : si l'attention se renouvelle, elle en multiplie *indéfiniment* les aspects. Désigner par la description un objet, en revanche, c'est mettre en œuvre une constellation *close* de qualités[1]. » Empruntant à nouveau au langage de la théorie mathématique des ensembles, on pourrait donc dire que, entre un texte considéré comme ensemble fini de signes verbaux et l'univers infini du représentable, aucune bijection[2] n'est possible. Autrement dit, le repliement du signe ou d'un ensemble de signes sur le référent se fait toujours au prix d'une schématisation formelle du référent, dont l'infinie complexité, l'infinité de propriétés potentiellement verbalisables sont résumées par une suite – plus ou moins longue mais toujours finie – de mots.

On conclura de tout cela qu'aucune espèce de modélisation scripturale, parce qu'elle est comme on l'a vu nécessairement schématisante, ne peut en toute rigueur *dupliquer* l'objet qu'elle vise, cet objet fût-il purement textuel comme dans le cas d'une mise en abyme. Quant à celle-ci, elle relève toujours en fait, sinon en droit, soit d'un « dédoublement simple », soit à la rigueur d'un « dédoublement paradoxal », soit enfin de ce que nous appellerons non plus le « dédoublement à l'infini », mais un dédoublement pseudo-infini – ou pseudo-abyssal. La cause de cela, c'est tout simplement que l'emboîtement et la récursivité infinis sont *textuellement* impossibles. A quelque palier mimétique où l'on parvienne à descendre (représentation de représentation de représentation, etc.), non seulement la spécularité est matériellement amenée à s'interrompre, mais il apparaît même que chacune des représentations abymantes *est* en toute nécessité *schématique* par rapport au support abymé. En bref, il en va de l'abymé comme de tout référent, à savoir que toute restitution en sera nécessairement réduite, déformée, distincte, en un mot schématique.

Le reclassement des mises en abyme proposé plus haut, entre mises en abyme infinies spéculairement parfaites d'un côté, et de l'autre mises en abyme finies spéculairement partielles, ne tient pas, car toute mise en abyme relève d'une opération schématisante et s'apparente donc, au niveau référentiel, à une « *citation de contenu ou un résumé intertextuels*[3] », bref à une forme réduite *et par là même* différente de la structure abymée. Comme l'explique Jean Ricardou, la mise en abyme est une « condensation » : « elle met en jeu des événements plus simples, plus brefs ; en cette condensation, les dispositifs répercutés ont tendance à prendre une netteté *schématique*[4] ».

1. Jean Ricardou, *Problèmes du nouveau roman*, Paris, éd. du Seuil, « Tel Quel », 1967, repris dans Ricardou, *Intégrale*, t. 3, *Problèmes du Nouveau Roman et autres écrits* (1967-1968), Les Impressions nouvelles, Bruxelles 2018, p. 99. Les italiques sont de Ricardou.

2. Pour mémoire, une bijection consiste à associer chaque élément d'un ensemble à un autre élément, et un seul, d'un autre ensemble comportant le même nombre d'éléments. Les applications bijectives permettent d'établir entre différents ensembles l'égalité du nombre de leurs éléments constituants.

3. L. Dällenbach, *Le Récit spéculaire*, *op. cit.*, p. 76.

4. Jean Ricardou, *Le Nouveau Roman*, Paris, éd. du Seuil, « Points », 1990 [1973], p. 62. Nous soulignons.

Par conséquent, la mise en abyme ne peut être, à tout prendre, qu'un miroir déformant. Reflet verbal d'un texte ou d'un ensemble de propriétés textuelles, la mise en abyme diffère de « l'abymé » non seulement en extension, étant plus petite, mais encore du point de vue des structures verbales : les mots de la mise en abyme diffèrent de ceux du texte abymé comme le signe diffère du référent qu'il dénote. Si la mise en abyme s'apparente constitutivement à un miroir déformant et voué à l'incomplétude, une tripartition typologique fondée sur le critère de la ressemblance comme celle de Dällenbach ainsi que notre hypothèse d'une bipartition esquissée plus haut à partir du même critère peuvent sembler inadéquates[1], *a fortiori* lorsqu'on considère que le type du « dédoublement à l'infini », si fascinant qu'il apparaisse en théorie, se révèle en pratique irréalisable. A ces tentatives de typologie infructueuses, il vaudrait sans doute mieux substituer un classement fondé d'abord sur la nature des éléments abymés, notamment parce que c'est là que réside un second intérêt majeur des dispositifs spéculaires. En plus de leur impact esthétique et cognitif lié à ce que, métaleptiques et paradoxaux, les dispositifs spéculaires tendent à jouer aux frontières de l'infini, ceux-ci possèdent une « netteté schématique » leur permettant de « révéle[r] certains aspects majeurs de la fiction en laquelle [ils] figure[nt][2] », tels que « le contenu thématique du texte qui les englobe, ses structures narratives, figurales, énonciatives, syntaxiques ou isotopiques, les rapports qu'il entretient avec son contexte référentiel ou bien les préceptes (esthétiques, compositionnels, philosophiques...) qui ont présidé à son élaboration[3] ».

La dimension heuristique de la mise en abyme

On l'a vu, il en va de la mise en abyme comme de toute élaboration de signes : une telle élaboration produit un objet (sémiotique) distinct de l'« objet » à quoi il réfère. Rien n'interdit toutefois de considérer la conversion sémiotique en art non comme un défaut – option platonicienne défendue dans *La République* –, mais – option aristotélicienne exposée dans la *Poétique* – comme une forme de plus-value : n'est-ce pas en vertu du principe de *généralité*, donc de réduction du divers sensible infini en ses particularisations à l'unité schématique du concept, que la

1. « *[C]e qui préside à l'instauration des types et au passage du type I* (dédoublement simple) *au type II* (dédoublement à l'infini) *et au type III* (dédoublement paradoxal) *n'est rien d'autre que le degré d'analogie existant entre la mise en abyme de l'énoncé et l'objet qu'elle réfléchit.* Plus précisément, que *c'est selon qu'elle reflète une même œuvre (similitude), la même œuvre (mimétisme) ou l'œuvre même (identité) que la réflexion basale engendre les types I, II, ou III.* » L. Dällenbach, *Le Récit spéculaire, op. cit.*, p. 142, italiques de l'auteur.

2. Ricardou, *Le Nouveau Roman, op. cit.*, p. 65.

3. Ilias Yocaris, *Style et semiosis littéraire*, Paris, Classiques Garnier, « Investigations stylistiques », 2016, p. 99.

poésie serait « plus philosophique et plus noble que l'Histoire[1] » ? Si pour Aristote une telle affirmation concerne avant tout les structures narratives des fictions littéraires, en ce qu'elles rendent intelligibles des vérités ordinairement noyées dans une réalité par trop incohérente et complexe, on est tenté de la généraliser à la totalité des structures textuelles. Dans cette optique, les mises en abyme se démarquent en fait comme mode particulier non seulement de modélisation verbale, mais encore d'intelligibilité scripturale au sens où ce à quoi elles renvoient notamment – mais non exclusivement –, c'est le texte (ou une dimension du texte) littéraire lui-même. De là leur « importance capitale sur le plan stylistique » dans la mesure où « elles guident souvent le lecteur, en lui fournissant des indications précieuses sur les agencements stylistiques observables dans le texte qu'il a sous les yeux[2] ».

C'est ce que montre, par exemple, le catalogue des « beaux livres de la librairie de Sainct Victor » au septième chapitre du *Pantagruel* de François Rabelais. Ce catalogue, en effet, n'est pas à lire comme un travestissement systématique de titres réels, comme on a pu le croire jadis, mais comme une liste largement fantaisiste[3] dont la constitution fut méditée, et ce pour des raisons bien précises[4]. Il témoigne de ce que l'esthétique « cornucopienne[5] » de l'amplification verbale et de l'accumulation de références n'a rien de gratuit. En l'occurrence, ce catalogue qui feint l'exhaustivité se révèle une sorte de condensé thématique et stylistique de l'œuvre rabelaisienne non seulement dans son contenu, mais aussi dans sa forme même.

Composant le contenu du catalogue, les titres des ouvrages synthétisent (entre autres) un large éventail des manifestations du comique rabelaisien, de la référence farcesque (et intertextuelle) au type du moine stupide avec le « *Reverendi Patris Fratris Lubini, Provincialis Bavardie, De croquendis lardonibus libri tres*[6] », au jeu de mots paronomastique avec « Le Limasson des Rimasseurs », en passant par l'anticléricalisme carnavalesque, avec « Le Vietdazouer des Abbez ». Les titres d'ouvrage qui brocardent la vénalité des ecclésiastiques (*La Profiterolle des indulgences*), moquent la futilité des causes débattues en procès (*La Complainte des*

1. « La différence entre l'historien et le poète [...] vient de ce fait que l'un dit ce qui a eu lieu, l'autre ce à quoi l'on peut s'attendre. Voilà pourquoi la poésie est une chose plus philosophique et plus noble que l'histoire : la poésie dit plutôt le général, l'histoire le particulier. » Aristote, *Poétique*, Paris, Le Livre de Poche, 1990, 1451b, p. 98. Comme le commente Michel Magnien, traducteur de l'édition citée, il s'agit d'un « [p]assage polémique où l'ancien disciple contredit le maître. Platon avait en effet, au livre III de sa *République*, banni la poésie de sa cité (et l'avait interdite aux gardiens-philosophes chargés de l'administrer) sous prétexte que la mimèsis ne donne qu'un reflet déformé de la réalité sensible. Aristote voit au contraire en la poésie un moyen d'atteindre le général [...] et donc de fournir des modèles ». Aristote, *Poétique, op. cit.*, p. 162.

2. I. Yocaris, *Style et semiosis littéraire, op. cit.*, p. 99.

3. « A la vérité, la plupart des œuvres citées dans le chapitre qui nous occupe sont de pure imagination, mis à part quelques titres d'ouvrages réels qui ont été repris par Rabelais, par exemple le premier (1. 43) : *Bigua salutis* (d'après les commentateurs, un recueil de sermons publié pour la première fois en 1498 portait ce nom). » François Moreau, « La bibliothèque de Saint-Victor (*Pantagruel*, chap. VII) », *Littératures 19*, automne 1988, p. 38.

4. F. Moreau, « La bibliothèque de Saint-Victor (*Pantagruel*, chap. VII) », art. cité, p. 37.

5. Voir Terence Cave, *The Cornucopian Text. Problems of Writing in the French Renaissance*, Oxford, Oxford University Press, 1979.

6. Le prologue de *Gargantua* présente en effet le frère Lubin comme « vray croquelardon ».

advocatz sur la réformation des dragées), ainsi que l'énumération chaotique de tous ces titres miniaturisent quant à eux l'orientation satirique globale du *Pantagruel*. Pour peu que l'on veuille, comme y invite François Moreau citant le prologue de *Gargantua*, « rompre l'os et sugcer la sustantificque mouelle » du catalogue de Saint-Victor, apparaissent en effet maints enjeux globaux du cycle rabelaisien.

Au niveau de la forme maintenant, le désordre même de cette compilation de titres saugrenus donne à lire la plaisante satire humaniste d'un savoir pédant et périmé, qu'elle flétrit notamment pour son défaut complet de systématicité ou l'absence de toute hiérarchie entre les différents objets du savoir, tous ici plus triviaux les uns que les autres : plusieurs titres suggèrent en effet qu'à la *libido sciendi* a présidé la *libido* tout court[1]. Mais surtout, la liste rabelaisienne prend place dans une poétique de l'excès. Appliqué au champ des savoirs, le procédé stylistique de la liste figure-t-il autre chose que « l'abisme de encyclopédie » évoqué au chapitre XX de *Pantagruel* ? Sous la forme quintessenciée d'un catalogue de bibliothèque, Rabelais réduit ainsi l'espace encyclopédique à la verticalité d'une liste qui peut-être, pour reprendre la formule de Eco, n'est pas sans « vertige[2] ».

Figure précieuse puisqu'elle « crée une redondance informationnelle qui rapproche considérablement (dans certains cas de figure) l'analyse stylistique d'une forme d'objectivité[3] », la mise en abyme permet entre autres de suppléer à un discours explicatif parcellaire, voire manquant, de l'auteur sur son texte. Cette explication, cet exposé de certains principes esthétiques « abymés » dans l'œuvre même constituerait l'équivalent implicite et métaphorique d'une poétique distincte de l'œuvre et extérieure à elle. Pour peu que l'on considère qu'« [u]ne œuvre où il y a des théories est comme un objet sur lequel on laisse la marque du prix[4] », on voit que la mise en abyme remplace avantageusement un indélicat prêche esthético-philosophique trop voyant par une figure aussi suggestive que discrète qui, en même temps qu'elle s'offre à une lecture métapoétique, semble ne pas fondamentalement différer des autres secteurs du texte où elle s'inscrit. En elle s'unissent en effet signification métaleptique et signification diégétique : la source où se mire Narcisse ou la bibliothèque Saint-Victor continuent d'appartenir au monde fictionnel auquel elles se rattachent tout en ouvrant, en même temps, sur l'univers extratextuel. A un texte qui délimite ostensiblement des passages de statuts différents, les uns ressortissant à la fiction, les autres au discours théorique, la mise en abyme opposerait une esthétique plus homogène où la théorie, loin d'être absente, serait en fait (partiellement ou presque) invisible. Aussi n'est-ce ainsi pas un hasard si, comme cela a déjà été remarqué[5], la mise en abyme est particulièrement active

1. Voir, par exemple, les titres « Bragueta juris », « La couillebarine des preux », ou « Les hanebanes des evesques ».
2. Voir Umberto Eco, *Vertigine de la lista*, Milan, Bompiani, 2009, notamment le chapitre sur Rabelais p. 244-275.
3. I. Yocaris, *Style et semiosis littéraire*, *op. cit.*, p. 99, note 1.
4. Marcel Proust, *A la recherche du temps perdu*, Paris, Gallimard, « Bibliothèque de la Pléiade » t. III, 1954, p. 882.
5. « [La mise en abyme] s'est trouvée associée dès l'origine au Nouveau Roman dont elle est apparue d'emblée comme l'une des marques distinctives », in L. Dällenbach, *Le Récit spéculaire*, *op. cit.*, p. 152.

dans le Nouveau Roman, courant qui s'élève avec force contre le roman à thèse illustré au premier chef par Sartre, Malraux ou Camus.

Si l'on récapitule les aspects de la mise en abyme qui ont été examinés, on dira ceci. D'abord, et conformément au sémantisme premier du terme « abyme » (ou « abîme »), le dispositif a à voir avec l'idée d'infini. Pris à la lettre, tout dispositif spéculaire reflétant la structure qui l'enclave doit nécessairement se refléter lui-même, sauf en quelque sorte à tricher avec sa propre spécularité. Nous avons vu toutefois qu'il était impossible pour une mise en abyme de ne pas tricher de la sorte, en raison du caractère intrinsèquement fini de tout assemblage sémiotique. La seule manière pour un texte littéraire de relever le défi du miroitement total et d'inscrire l'infini dans son tissu verbal consiste donc non à dupliquer à l'infini comme le ferait une mise en abyme pleinement « abyssale », mais à exprimer cet infini sous forme de signe, rompant du même coup la chaîne de spécularité et le coulissement de palier mimétique en palier mimétique.

Ce problème que pose l'hypothèse de mises en abyme infinies s'intègre en fait à une problématique plus générale qui est celle de l'équivalence que créent les systèmes verbaux entre les signes et leurs référents. Cette équivalence sémiotique ne peut toutefois dissimuler que sont incommensurables les signes et les choses qu'ils dénotent, les premiers opérant cette schématisation des secondes qui seule permet de les appréhender par le discours[1].

Il importait alors de préciser que la transformation qu'implique la modélisation verbale des référents (les « choses » dénotées) permettait non uniquement de discourir de ceux-ci, mais plus fondamentalement de les rendre intelligibles, notamment lorsque cette modélisation verbale manifeste une élaboration stylistique particulièrement poussée. Ainsi, la « rime » dans un slogan politique non littéraire et en apparence aussi élémentaire que *I like Ike*, en ce qu'elle apparaît comme l'« image paronomastique d'un sentiment qui enveloppe totalement son objet[2] », nous donne à voir (et à connaître) le sentiment d'adhésion politique 1) sous le rapport d'une adhésion inconditionnelle, 2) sous le rapport d'une identification entre un électeur et un représentant que le slogan unit phonétiquement grâce au « noyau /ay/[3] ». En droit, il semble donc pertinent d'étendre à tout énoncé stylisé ce qu'affirme Dällenbach de la mise en abyme : « [e]n stylisant ce qu'elle copie, la maquette fait le départ entre ce qui est essentiel et ce qui n'est qu'accessoire : elle *in-forme* [...] et par là même accroît notre pouvoir de *com-prendre*[4] ». Cette

1. Rappelons ceci pour clarifier la distinction entre *signification* et *dénotation* : la *signification* est le rapport qui unit un signifiant et un signifié, la *dénotation* est le rapport qui unit un signe et un référent. Voir Oswald Ducrot et Tzvetan Todorov, *Dictionnaire encyclopédique des sciences du langage*, Paris, éd. du Seuil, 1977, p. 133.

2. Roman Jakobson, *Essais de linguistique générale. 1. Les fondations du langage*, traduit et préfacé par Nicolas Ruwet, Paris, éd. de Minuit, « Reprise », 2003 [1963], p. 219.

3. *Ibid.*

4. L. Dällenbach, *Le Récit spéculaire, op. cit.*, p. 78.

propriété cognitive du langage en général trouve, avec la mise en abyme, un espace d'application inappréciable puisqu'il touche directement au texte littéraire : c'est le texte littéraire lui-même qui, dans tous ses aspects imaginables, est le *référent* de la mise en abyme. Mieux vaudrait dire, pour être exact, qu'il en est le référent métadiscursif, puisque le principe de la mise en abyme est bien souvent de jouer sur – au moins – deux tableaux et de dénoter littéralement un objet « concret » et métaphoriquement telle ou telle structure textuelle. Comme on l'a vu, cette double référence permet de tirer des mises en abyme de précieuses informations qui, mises au service d'une analyse des textes, la rendent pour partie objectivable.

Un ultime exemple de mise en abyme nous permettra d'illustrer tout cela. Il provient du roman de Claude Simon intitulé *Le Vent* :

> Ou bien la réalité est douée d'une vie propre, superbe, indépendante de nos perceptions et par conséquent de notre connaissance et surtout de notre appétit de logique – et alors essayer de la trouver, de la découvrir, de la débusquer, peut-être est-ce aussi vain, aussi décevant que ces jeux d'enfants, ces poupées gigognes d'Europe centrale emboîtées les unes dans les autres, chacune contenant, révélant une plus petite, jusqu'à quelque chose d'infime, de minuscule, insignifiant : rien du tout[1].

Pour Lucien Dällenbach, le premier à signaler l'intérêt de cet extrait, la « matriochka ukrainienne » constitue un « symbole classique du *regressus ad infinitum*[2] ». Comment cela ? Afin de clarifier la brève allusion de Dällenbach, posons d'abord que les poupées gigognes abyment le roman à de multiples niveaux : niveau énonciatif puisque l'énonciation s'y trouve complexifiée par un constant recours aux discours emboîtés, niveau thématique puisque l'ouverture des poupées renvoie aux dimensions heuristique et psychologique d'une fiction tenant pour partie de l'enquête policière, niveau syntaxique puisque ce sont les phrases elles-mêmes qui se présentent comme d'interminables concaténations verbales. En d'autres termes, l'énonciation et la syntaxe exemplifient le prédicat /emboîtement/ tandis que la composition de l'intrigue exemplifie le prédicat /dévoilement/, prédicats qui peuvent tous deux s'appliquer aux poupées gigognes[3]. La mise en abyme objectifie et confirme donc ici l'inventaire de certains traits stylistiques dominants.

Mais surtout cette mise en abyme « symbolise », comme le dit Dällenbach, la dynamique spéculaire elle-même, ou plus précisément cette mise en abyme *particulière* reflète le fonctionnement de la mise en abyme *en général* tel qu'on l'a corrigé à partir de l'impossible modèle infini. Elle modélise, en quelque sorte, son propre

1. Claude Simon, *Le Vent. Tentative de restitution d'un retable baroque*, Paris, éd. de Minuit, coll. « Double », p. 10.
2. L. Dällenbach, « La question primordiale », dans *Sur Claude Simon*, Paris, éd. de Minuit, 1987, p. 74.
3. « Prédicat » est à entendre ici au sens goodmanien, comme la verbalisation d'une propriété que l'on peut extraire par « échantillonnage » parmi l'ensemble des propriétés attribuables à une chose. Une chose exemplifie une propriété quand cette propriété peut lui être attribuée. On peut en raccourci parler d'exemplification d'un *prédicat* puisque c'est à travers un prédicat qu'une *propriété* accède à la sphère du discours. Voir Nelson Goodman, *Langages de l'art. Une approche de la théorie des symboles*, Nîmes, Chambon, « Rayon art », 1990, p. 33-35 et 84-88.

fonctionnement en même temps que celui de toute mise en abyme. Autrement dit, si les poupées illustrent le processus de récursivité à l'identique de palier mimétique en palier mimétique, elles marquent aussi le cran d'arrêt du dispositif avec la dernière, et la plus petite, des poupées gigognes de la série. Nous n'avons donc pas affaire exactement au dispositif schématisé par la Figure 2, qui ne serait au fond qu'une mise en abyme « simple » dont le palier abymant exprimerait par un signe (schématique) l'idée d'infini ; nous avons un troisième dispositif distinct. La mise en abyme ne s'y présente pas comme reflet du roman et image de l'infini – nous aurions alors une description comme « emboîtées les unes dans les autres, chacune contenant, révélant une plus petite, *encore et encore, à l'infini*[1]... » qui correspondrait à la Figure 2 –, mais comme reflet du roman en même temps qu'image de l'amenuisement et d'un auto-enchâssement fini. Si les véritables propriétés de la mise en abyme sont la réduction et la finitude, voilà bien ce que modélisent les poupées gigognes sous la forme : « Texte abymé > segment abymant », et « segment abymant $\in$ Texte abymé »[2]. Le schéma ci-dessous associe à chaque segment verbal du dispositif spéculaire le palier mimétique qui lui correspond :

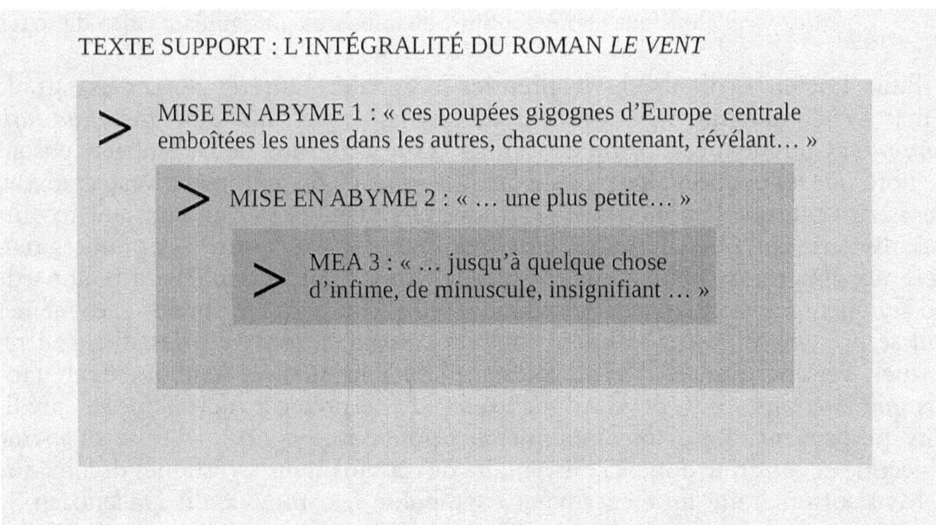

Figure 3. Schéma de mise en abyme autoréflexive.

Comme on le voit, la rupture est patente avec le deuxième schéma : celui-ci rendait compte des mises en abyme « pseudo-infinies » compensant par un signe de l'infini leurs propres limites sémiotiques. Au lieu, comme ces dernières, de

1. Avec éventuellement la figure rhétorique de l'aposiopèse et des points de suspension servant à symboliser l'infini tout en marquant son caractère irreprésentable.

2. Les deux notations signifient simplement que « Texte abymé est supérieur (en extension) à segment abymant » et que « segment abymant appartient à Texte abymé ». La notation « > » est ici utilisée pour légender la Figure 3.

feindre un quelconque rapport avec une infinité matériellement inatteignable, les matriochkas simoniennes mettent à nu les contraintes de tout emboîtement spéculaire réel, à savoir l'arrêt qu'impose toute existence matérielle au déploiement de l'infini[1].

Cette mise en abyme résume donc les limites, voire les apories du dispositif abyssal, analogues à celles du langage en général[2] : la réduction nécessaire de ce que le dispositif modélise ainsi que la nécessité matérielle pour la chaîne signifiante de marquer un arrêt dans la mesure où, au terme du processus, le mouvement herméneutique ne débouche plus, comme l'indique la magnifique syllepse de sens finale, que sur l'« insignifiant ».

En fin de compte, les matriochkas symbolisant le « corps » scriptural font apparaître la limite au-delà de laquelle le texte ne peut plus creuser davantage en lui-même, ce « rien du tout » par quoi Simon parachève sa métaphore et acquiesce à la leçon thomiste citée en épigraphe : « [p]arle-t-on du corps physique, il est évident qu'il ne peut être infini [...] ».

Université Côte d'Azur

1. Que l'infini relève d'un autre domaine que celui de la matière, c'est déjà ce qu'affirme avec force, dans la lignée d'Aristote, saint Thomas d'Aquin. Reprenant l'hypothèse hylémorphique selon laquelle forme et matière se limitent mutuellement, le penseur dominicain sépare irrévocablement les notions d'infini et d'étendue (voir *Somme théologique*, partie I, question 7, article 3).

2. La nécessité de marquer un arrêt n'est pas liée aux mêmes contraintes dans un énoncé disons standard et dans une mise en abyme. Ici, elle résulte de la miniaturisation croissante de l'espace de la représentation, qui finit par rendre toute représentation impossible, là à des impératifs pragmatiques, notamment de durée (puisqu'on ne peut produire infiniment du discours) et d'intelligibilité. C'est bien *dans* l'espace-temps et à partir des contraintes de l'espace-temps – du moins le nôtre – que l'infini défie nos possibilités de mise en forme sémiotique.

Maxime Cartron

« Un être vivant et unique »

Enjeux disciplinaires de la genèse du baroque roussetien

L'idée de l'autonomie de la littérature repose sur la conviction, étudiée par Mathilde Bombart, que la « valeur littéraire obéit à des critères propres détachés de formes extérieures de reconnaissance[1] », ce qui engage régulièrement, chez les critiques qui y sont favorables, une tension entre approche autarcique et dialogue entre les disciplines. S'il est un historien de la littérature qui semble de prime abord pleinement épouser cette croyance en une véritable autarcie axiologique et dans le même temps incarner cette ambivalence, c'est bien Jean Rousset, comme peut en témoigner la déclaration suivante :

> Qu'est-ce que la littérature ? Pour moi, c'est presque un absolu. Et pourtant je sais que j'ai tort de dire que c'est un absolu : l'absolu est ailleurs. Mais est-ce qu'on peut lire et aimer la littérature si on la considère comme un chemin qui conduit en dehors d'elle[2] ?

De manière très tranchée, Rousset s'attache à préserver la littérature de toute influence extérieure, qui risquerait selon lui de la dénaturer en supprimant l'injonction à entrer en sympathie avec les textes qu'il défend, ce concept clé s'apparentant à une phénoménologie du littéraire, c'est-à-dire à un engagement existentiel en face à face avec l'œuvre[3]. Et pourtant, les choses sont loin d'être aussi simples si l'on envisage cette question de l'autonomie du littéraire à partir du développement progressif, dans l'œuvre de Rousset, du concept de baroque littéraire, auquel son nom est resté tout spécialement attaché. Le baroque roussetien interroge en effet ce schème de pensée faisant évoluer la littérature

1. Mathilde Bombart, « Retour sur une croyance : l'autonomie littéraire, images, usages, intérêts », dans Marine Roussillon, Sylvaine Guyot, Dominic Glynn et Marie-Madeleine Fragonard (dir.), *Littéraire. Pour Alain Viala*, t. 1, Arras, Artois Presses Université, « Etudes littéraires. *Manières de critiquer* », 2018, p. 160.

2. Jean Rousset, « Débat après l'exposé de Bernard Böschenstein », Pierre Grotzer (dir.), *Albert Béguin et Marcel Raymond. Colloque de Cartigny*, Paris, José Corti, 1979, p. 104.

3. Naturellement, son appartenance à l'« Ecole de Genève » a beaucoup à voir avec cet état d'esprit, que son maître Marcel Raymond a contribué à lui transmettre, mais que partagent aussi Georges Poulet, Albert Béguin et Jean Starobinski. Sur la dénomination d'« Ecole de Genève » et ses enjeux, voir Marta Sabado Novau, *L'Ecole de Genève : histoire, geste et imagination critiques*, Paris, Hermann, « Savoir Lettres », 2021. Voir aussi l'ouvrage toujours pertinent de Sarah Lawall, *Critics of Consciousness : the Existential Structures of Literature*, Cambridge, Harvard University Press, 1968.

en vase clos, puisqu'on sait qu'il se fonde sur l'histoire de l'art et les critères wölffliniens, dans la lignée de son maître Marcel Raymond, traducteur de l'esthéticien suisse et l'un des premiers à avoir tenté d'appliquer, dans la continuité des romanistes Oskar Walzel et Fritz Strich, les critères de l'œuvre d'art baroque tirés des *Principes fondamentaux de l'histoire de l'art* à l'œuvre littéraire baroque[1]. Guidés chemin faisant par les informations de première importance que contiennent les archives de Rousset, conservées à la Bibliothèque de Genève[2], il s'agira par conséquent de nuancer cette thèse de l'autonomie du littéraire, que le baroque, concept par essence transdisciplinaire, vient redéfinir de part en part dans *La Littérature de l'âge baroque en France*, sa thèse de doctorat, soutenue et parue en 1953.

Quand on prend connaissance du discours de soutenance et des « épithèses[3] » traitant des « questions de méthode » que le critique genevois y a glissées, on se trouve en premier lieu face à un rejet catégorique de toutes les approches non consacrées à l'œuvre littéraire dans sa clôture essentielle :

> Pour sauver l'autonomie de l'œuvre d'art (encore une fois menacée) : l'histoire et la sociologie ne nous apprennent rien d'essentiel sur l'œuvre d'art. Le poète n'est pas sa biographie. Le poète est d'abord ce qu'est sa poésie[4].

Ces trois approches externalistes que sont l'histoire, la sociologie et la lecture biographique sont reléguées au rang de méthodes accessoires risquant de mettre en péril la valeur, ou plutôt, comme l'écrit Mathilde Bombart, la « croyance en

1. « Il fut l'un des tout premiers, dans le domaine des lettres françaises, à proposer la nouvelle catégorie, à en essayer l'application. Il traduisit ensuite, en collaboration avec Claire Raymond, l'ouvrage capital de Wölfflin, les Principes fondamentaux de l'histoire de l'art, qui est à l'origine du débat contemporain sur le baroque » (Bibliothèque de Genève, Ms. Rousset 135). Voir également le discours de soutenance de Rousset, qui retrace son itinéraire de très près : « I – Naissance de cet ouvrage, ne fût sans doute pas né sans un séjour en 39 en Allemagne, sans la découverte à Dresde puis en Bavière et Autriche de l'architecture bar. me proposant un monde nouveau, des formes qui provoquent un bonheur inconnu [ici, un mot illisible] que confirmera plus tard la Rome du Bernin et Borromini d'autre part, je constate en Allemagne que l'hist. litt. fait depuis une génération usage de l'idée de baroque l'appliquant à toutes les productions de l'esprit nées ds une période qui couvre 17ᵉ s. et svt une bonne partie du 18ᵉ – jusqu'au "classicisme" goethéen (un bar. qui précède un class.) ce qui posait à mes yeux la question du Bar. litt. et m'en offrait en même temps une solution contestable. Enfin me mets à lire – puis traduire – poètes de cette époque dits baroques : Ang. Silesius, Gryphius, Weckherlin, Spee ce qui resserre les liens sentimentaux déjà noués avec l'archit. bar. Rentré à Genève, j'en parlai à M. Raymond qui avait lui aussi trouvé sur sa route le problème du Bar. litt. dont il était l'un des pionniers en France ; il l'avait abordé déjà à propos d'A. d'Aubigné, il allait bientôt tenter d'appliquer à Ronsard cette catégorie toute neuve en France, d'autres essais devaient suivre ; à tous je suis fortement redevable » (Bibliothèque de Genève, Ms. Rousset 147).
2. J'ai eu la chance, à l'occasion d'un séjour de recherche postdoctoral à l'Université de Fribourg en 2021, de passer beaucoup de temps dans ces archives, où j'ai pu bénéficier grâce à Mme Barbara Prout et à son équipe de conditions de travail optimales. Je les en remercie très chaleureusement ici. J'ai tiré deux ouvrages de ces explorations des papiers de l'auteur de *Forme et signification : Jean Rousset. Traduire et compiler le baroque*, préface de Thomas Hunkeler, Genève, Droz, « Courant critique », 2023 ; *« Au seuil d'une présence nue ». Phénoménologies baroques*, Genève, Droz, « Courant critique », à paraître.
3. Le mot est de Rousset lui-même, je le comprends comme un synonyme d'« adjonctions ».
4. Bibliothèque de Genève, Ms. Rousset 147.

la valeur littéraire et en la valeur de cette valeur[1] ». Ce « dédain » que manifeste Rousset « pour les critiques qui tournent autour des textes et qui se servent de la littérature pour des fins extérieures à elle-même », selon les mots de son biographe Roger Francillon[2], est cependant tempéré par certains passages de *La Littérature de l'âge baroque* elle-même, dont la dérivation *via* l'histoire de l'art vient mettre à mal cette revendication. C'est que Rousset base explicitement sa recherche sur les « nombreux et insistants rapprochements » des œuvres littéraires « avec les œuvres plastiques contemporaines », cette mise en rapport permettant au critique de « retrouver dans l'art baroque une même vision du monde et de la vie à travers d'analogues tendances formelles[3] ». Plus encore qu'un échange et un éclairage réciproque en vue d'une anthropologie générale, qui est certes présente, il y a dans ce geste, dès l'origine, une subordination du littéraire au visuel[4], Rousset avouant dans *Dernier Regard sur le Baroque* en 1998 : « la catégorie de baroque avant d'être historique et littéraire, était pour moi plastique et formelle[5] ». Tous ces éléments nous éloignent de l'autonomie du littéraire, qui se trouve comme aspirée par cette inféodation à l'histoire de l'art, au point que Bernard Chédozeau a pu écrire à ce sujet qu'« en lisant les œuvres baroques à travers les catégories wölffliniennes, même apprivoisées », puisque c'est de cela qu'il s'agit ici, Rousset « irrite des lecteurs qui exaltent la littérature dans son originalité et son autonomie, fondements d'une forme de l'identité culturelle française du temps »[6]. S'il est bien établi que le baroque roussetien a été une machine de guerre contre le classico-centrisme de la tradition française et de son rejet du baroque au nom de la fameuse « exception classique », il est intéressant que Chédozeau accuse les tenants de cette pensée d'être des adeptes de l'autonomie du littéraire et qu'il en exonère Rousset, au nom de son développement de l'étude des rapports du visible et du lisible : l'éloignement du critique genevois, pour ce qui concerne ses écrits sur le baroque, d'une telle pensée est renforcé dans l'historiographie par ce

1. M. Bombart, « Retour sur une croyance : l'autonomie littéraire, images, usages, intérêts », art. cité, p. 157.

2. Roger Francillon, *Jean Rousset : ou la passion de la lecture*, Carouge-Genève, Zoé, 2001, p. 43. Rousset, ajoute-t-il, « récuse toute une tradition critique qui juge la littérature en fonction de critères extérieurs (moraux, idéologiques, esthétiques), la figeant ainsi dans des moules préétablis » (*ibid.*, p. 38).

3. J. Rousset, *La Littérature de l'âge baroque en France. Circé et le Paon* [1953], Paris, José Corti, 2002, p. 231.

4. A cet égard, la remarque d'André Chastel, qui veut dans son compte rendu très critique que « le sujet caché » du livre de Rousset soit « une confrontation délicate des prestiges poétiques et des formes de l'architecture », est inexacte : non seulement le sujet est ouvertement exposé comme tel, mais il s'agit en fait d'une subordination et non d'une « confrontation » (André Chastel, « *La Littérature de l'âge baroque en France. Circé et le Paon* par Jean Rousset », *Bibliothèque d'Humanisme et Renaissance*, t. 15, n° 3, 1953, p. 401).

5. J. Rousset, *Dernier Regard sur le Baroque. Petite autobiographie d'une aventure passée*, Paris, José Corti, « Les Essais », 1998, p. 14.

6. B. Chédozeau, *Le Baroque*, Paris, Nathan, « Université », 1989, p. 50. Chédozeau insiste sur le caractère positif de cette démarche : « pourtant le point de vue de J. Rousset est parfaitement conforme à l'esprit du baroque, qui ne sait pas considérer les arts indépendamment les uns des autres » (*ibid.*). Christophe Bourgeois parle pour sa part de « ce que d'autres pourraient dénoncer comme une contradiction interne », à quoi Rousset « ne veut pas renoncer » (« Le baroque ou l'impossible adieu : regards rétrospectifs sur l'aventure de Jean Rousset », *GEMCA : Papers in Progress*, t. 1, 2012, p. 71, URL : http://gemca.fltr.ucl.ac.be/docs/pp/GEMCA_PP_1_2012.pdf).

qui est présenté comme un geste d'ouverture, le repli sur l'autonomie du littéraire étant considéré comme le symptôme d'une conception étriquée des grands textes classiques, qui pourraient se passer de toute relation avec les autres arts.

Or, autre fait surprenant, Chédozeau, qui n'a pourtant pas eu connaissance des documents d'archive que je vais évoquer à présent, semble avoir visé juste quant à l'absence concrète d'autonomisation du littéraire qu'engage la subordination à l'histoire de l'art dans le système roussetien du baroque. En effet, à examiner ces documents, on s'avise que, loin de suivre sans discussion Wölfflin, Rousset se livre à une lecture critique de son œuvre, qui relativise notablement la volonté autarcique pourtant prônée dans les épithèses de *La Littérature de l'âge baroque en France* :

> Wölfflin lui-même, lorsqu'il veut montrer comment le cycle classique-baroque s'achève et retourne à un nouveau commencement, est obligé de recourir à quelque catastrophe historique, à un évènement extérieur qui vient rompre le développement autonome du style ; sans s'expliquer sur ~~l'action q~~ la manière dont deux réalités hétérogènes communiquent, il fait appel à l'histoire[1].

Cette analyse est destinée à montrer que, même chez un historien de l'art jugé aussi formaliste que Wölfflin[2], le recours aux déterminations externes et extérieures de l'œuvre impose sa nécessité, de sorte que

> si l'art plastique, littéraire ou musical se développe sur un plan qui n'est pas celui de l'histoire – pas plus que celui de la psychologie – ; si l'œuvre d'art est un évènement d'une tout autre nature que l'évènement historique ; s'il est bon de ne pas perdre de vue cette transcendance de l'art à l'histoire, trop souvent oubliée, il est vrai aussi que les formes peuvent signifier autre chose qu'elles-mêmes par l'histoire littéraire ; et que l'art et l'histoire ont des portes de communication[3].

Tout en prenant le soin de marquer la spécificité irréductible de l'œuvre d'art et de l'œuvre littéraire, leur autonomisation étant qualifiée ici de « transcendance de l'art à l'histoire » pour signifier leur noblesse irréductible, Rousset la nuance en laissant entrer, sans mauvais jeu de mots, l'histoire par la fenêtre. Il est particulièrement intéressant, à cet égard, que la phrase suivante, « le style déborde le monde des formes », soit barrée de son manuscrit[4] : ce remords traduit l'hésitation de Rousset devant le potentiel transhistorique du baroque, dont j'ai exposé ailleurs les enjeux idéologiques[5], et que transcrit l'ouverture au baroque éternel

1. Bibliothèque de Genève, Ms. Rousset 102.
2. Cette question, immense, ne saurait être abordée ici. Je me bornerai par conséquent à dire que la portée phénoménologique de l'écriture wölfflinienne remet en question la lecture formaliste de son œuvre.
3. Bibliothèque de Genève, Ms. Rousset 102.
4. *Ibid.*
5. Maxime Cartron, « Le Baroque et l'Histoire : politiques d'une catégorie esthétique d'Eugenio d'Ors à Jean Rousset », *Etre de son siècle (Moyen Age-XVIIIe s.)*, Mathilde Bernard, Carole Boidin, Flavie Kerautret et Florence Tanniou (dir.), *Fabula/Les Colloques en ligne*, 2023 (URL : https://www.fabula.org/colloques/document10329.php).

défendu par Eugenio d'Ors comme style, opposé au « monde des formes » historicisé. On retrouve d'ailleurs la formule réénoncée et modalisée autrement un peu plus loin :

> le ba. plastique, comme tout style déborde le monde des formes s'il n'est qu'un moment de l'histoire de l'œil et un état de la vie des formes poursuivant une existence autonome, pas de raison pour que nous le retrouvions dans d'autres branches de l'activité spirituelle[1].

Devant ce qu'il appréhende comme un péril, Rousset distingue le « monde des formes », nécessairement tributaire des « autres branches de l'activité spirituelle », c'est-à-dire qu'il est partie prenante d'une culture sensible, tandis que le « style », par essence, le subsume pour essaimer dans toute période historique. A ce titre, Chastel fait fausse route en affirmant que le critique genevois ne « tire aucun parti » des écrits du « maître des *Kunstgeschichtliche Grundbegriffe*[2] ». Selon l'historien de l'art français, chez Rousset « on n'arrive qu'à cerner le contenu psychologique du monde baroque, nullement à le caractériser dans les formes[3] », alors qu'en réalité, réussite ou échec, le projet de Rousset est justement de faire primer l'histoire de l'imagination sur l'histoire des formes, qui est à ses yeux suspecte, chez Wölfflin, de « retombe (r) ds [sic] un sociologisme – de la forme pure[4] », lequel vient paradoxalement servir la théorie de l'« autonomie de l'art[5] ». Là où Chastel ne manque pas tout à fait sa cible cependant, c'est lorsqu'il remarque que l'« inspiration » de Rousset « vient plutôt de la "méta-histoire" d'Eugenio d'Ors[6] ». Cette tendance est effectivement présente chez Rousset, mais elle est en réalité combattue et dépassée par la perspective herméneutique d'ensemble, attachée avant tout à justifier le système de rapprochement entre texte et image qui est à la source de sa démarche, le recours aux déterminations extérieures à la forme permettant de confirmer que, « dès lors que l'art et l'histoire communiquent, les arts d'expressions diverses communiquent aussi entre eux[7] ». Ce fait conduit Francillon à écrire que chez Rousset l'« âme baroque » est inscrite dans

1. Bibliothèque de Genève, Ms. Rousset 102.
2. A. Chastel, « *La Littérature de l'âge baroque en France. Circé et le Paon* par Jean Rousset », art. cité, p. 402.
3. *Ibid.*, p. 401-402.
4. Bibliothèque de Genève, Ms. Rousset 105.
5. *Ibid.*
6. A. Chastel, « *La Littérature de l'âge baroque en France. Circé et le Paon* par Jean Rousset », art. cité, p. 402.
7. Bibliothèque de Genève, Ms. Rousset 102. Ce propos justifie la mise au point de Michel Jeanneret : « on répète trop souvent que l'Ecole de Genève se définit par le mépris de l'histoire, ou l'indifférence. Qu'elle ait rejeté l'historicisme et le positivisme, que ce rejet ait resserré les liens au sein du groupe, c'est certain. Mais ce qui a été dit ici de Raymond, ce que l'on connaît de Jean Starobinski et de Jean Rousset prouve qu'une histoire sensible aux enjeux intellectuels et aux créations de l'imaginaire y a sa place. L'histoire culturelle, l'histoire des mentalités, l'histoire des représentations symboliques nous paraissent aujourd'hui aller de soi. Revendiquer ce champ d'investigation à l'époque même où étaient créées les *Annales*, c'est l'une des audaces de l'Ecole de Genève qu'on oublie un peu vite » (« L'Ecole de Genève ? », *RHLF*, n° 6, 1995 : « L'Histoire littéraire hier, aujourd'hui et demain, ici et ailleurs », p. 63).

un « contexte sociohistorique », l'échange du texte et de l'image le confirmant, tandis que Rousset « dans ses études postérieures [...] se montre plus réticent face à toute interprétation sociocritique[1] ». *La Littérature de l'âge baroque en France* constitue ainsi un *hapax* dans la carrière du critique genevois, dont la question de l'iconotextualité rend raison. De ce fait, les « nombreux et insistants rapprochements[2] » du verbal et du visuel sont fondus au sens d'une même culture du sensible, Rousset les désignant comme des « états de sensibilité[3] ». C'est sur l'élucidation de ce syntagme et sur son rapport avec le lien entre histoire de l'art et histoire littéraire qu'il convient pour finir de se pencher.

Dans ses notes, Rousset évoque la possibilité de reconstituer une « sensibilité baroque » qui serait celle de l'« homme baroque[4] ». Cette démarche fait affleurer ce qu'il appelle un « symptôme », caractérisé comme étant « de nature psychol. [sic], relevant de la vie intérieure[5] ». Loin, comme le pensait Chastel, d'être l'unique ligne interprétative, qui risquerait effectivement de faire basculer le baroque dans la dimension transhistorique, celle-ci est complétée par un autre type de symptôme, « de nature plastique et visuelle », la définition de « l'œuvre bar. » passant par la « convergence nécessaire de ces deux ordres de symptômes[6] ». On peut par conséquent avancer l'idée que le baroque roussetien est né de la réunion de « l'ordre du style et de la représentation[7] » (Wölfflin) et de celui de « l'esprit et du sentiment[8] » (d'Ors), ces deux dimensions concourant à former ce que le discours de soutenance appelle un « état de sensibilité général[9] », tributaire de cette double détermination. La forme wölfflinienne est chargée de l'intensité orsienne qui est elle-même recadrée par celle-ci, de sorte que les « relations entre arts hétérogènes » sont chez Rousset l'apparition d'une « convergence de signes semblables dans des domaines différents de la culture » qui « témoigne d'une unité profonde à l'intérieur de cette culture ; une même sensibilité, une même vision du monde commandent la recherche de formes apparentées dans le domaine de l'expression artistique »[10]. Le fait que Rousset ait amorcé l'écriture du mot « identique », que l'on trouve ainsi dans le manuscrit : « ~~identi~~ », montre assez que loin de vouloir fondre le texte et l'image, il s'ingénie à maintenir leur distinction tout en leur conférant une portée anthropologique générale qui devient, en fin de compte, le cœur de son propos. La place capitale accordée par Rousset à l'histoire de l'art, notamment dans le primat qu'elle revêt à l'origine vis-à-vis de l'histoire littéraire, n'est donc, quand on considère la réalisation finale lancée par cette subordination

1. R. Francillon, *Jean Rousset ou la passion de la lecture, op. cit.*, p. 33.
2. J. Rousset, *La Littérature de l'âge baroque en France..., op. cit.*
3. Bibliothèque de Genève, Ms. Rousset 102. Dans *La Littérature de l'âge baroque en France*, c'est au singulier que cette formule apparaît (*op. cit.*, p. 253).
4. Bibliothèque de Genève, Ms. Rousset 102.
5. *Ibid.*
6. *Ibid.*
7. A. Chastel, « *La Littérature de l'âge baroque en France. Circé et le Paon* par Jean Rousset », art. cité, p. 402.
8. *Ibid.*
9. Bibliothèque de Genève, Ms. Rousset 147.
10. Bibliothèque de Genève, Ms. Rousset 102.

initiale, plus si névralgique que cela, de sorte qu'on peut plutôt la voir comme un tremplin pour l'anthropologie concrètement développée par ce dualisme orsien et wölfflinien[1].

La genèse du baroque roussetien, qui part de l'histoire de l'art avant de coupler celle-ci avec la métahistoire orsienne pour parvenir à une anthropologie du baroque littéraire, expose le cas unique, dans l'œuvre de l'auteur de *Forme et signification*, d'une perception nuancée, ou en tout cas moins univoque, de l'autonomisation du littéraire qui est habituellement celle des critiques de l'Ecole de Genève. Si l'objet baroque en tant que tel a évidemment à voir avec cet *hapax* critique, on a pu observer que la réflexion roussetienne visait en fait à développer une approche unitaire du phénomène, qui a certainement contribué à le rendre fondateur de discipline, au point que la proclamation des « adieux à l'hypothèse baroque[2] » appelait presque automatiquement, cette réalisation accomplie, une volonté de se « replier sur l'objet littéraire dans sa clôture, l'œuvre singulière, indépendamment de son inscription dans l'histoire[3] ». Ayant travaillé à réunir deux *médias* dissemblables afin de donner naissance au baroque littéraire, Rousset finit par accomplir son désir de contact direct et immédiat avec l'« œuvre d'art, c'est-à-dire un être vivant et unique[4] ».

FNRS, UCLouvain (GEMCA)

1. C'était déjà l'hypothèse de Jean-Pierre Maquerlot, à laquelle j'apporte ici de nouveaux éléments : « d'un côté, Rousset n'imagine pas pouvoir se passer de la référence plastique, mais, de l'autre, il organise la confrontation entre beaux-arts et littérature sur un mode qui suggère déjà, en 1954, un secret désir de s'affranchir du primat méthodologique énoncé plus haut » (« Baroque et maniérisme : pertinence d'une approche par les arts visuels ? L'itinéraire de Jean Rousset », *Etudes Epistémè*, n° 9, 2006, URL : https://journals.openedition.org/episteme/2527, § 5).

2. Bibliothèque de Genève, Ms. Rousset 89.

3. *Ibid.* On notera cependant chez Rousset une hésitation entre cette approche et une perspective héritée de son travail sur le baroque que je viens d'exposer, qui repose sur le battement entre les dimensions historique et anhistorique de l'œuvre : « qu'est-ce qui est historique dans une œuvre littéraire ? elle est historique ds la mesure où elle se rattache à un mouvement de pensée, un style, un genre, à un courant de ~~style~~ sensibilité relevant justement de l'histoire des idées ; mais une œuvre échappe aux méthodes historiques ds la mesure – décisive – où elle exprime un sujet créateur singulier, un univers mental, une conscience qui oit et voit le monde à travers son prisme singulier bref, où elle est un acte de l'esprit, une activité de l'imagination » (Bibliothèque de Genève, Ms. Rousset 116).

4. Bibliothèque de Genève, Ms. Rousset 135.

Alain Vaillant, Orane Dufour,
Iris Eshkol-Taravella

Les sons du poème

Pour une poétique du vers syllabique (2)

De la syllabe au phonème

Cet article est la deuxième étape d'une réflexion théorique sur la poésie syllabique qui est engagée depuis une vingtaine d'années et dont les premiers résultats ont été publiés en 2005 dans cette même revue[1]. Née d'une interrogation sur l'organisation métrique et rythmique du vers français, elle trouve ici son prolongement logique dans l'étude des sons du poème – ou, plus exactement, de son matériel phonématique –, à la croisée de la poétique historique et de la linguistique, aidée des outils des humanités numériques et du traitement automatisé des langues (TAL)[2].

Depuis le début, il s'agissait en fait de répondre à cette question aussi rudimentaire qu'essentielle, dont on peut s'étonner qu'elle soit le plus souvent esquivée par tous ceux qui étudient la poésie française – soit qu'ils la trouvent inconvenante, soit que, comme on peut le craindre, elle ne leur soit pas venue à l'esprit : quelle peut bien être la raison d'être artistique d'une poésie dont, jusqu'au début du XXe siècle, la forme matricielle, le vers, a reposé presque exclusivement sur le nombre de syllabes –, sinon de montrer que l'on sait compter au moins jusqu'à douze (les douze syllabes de l'alexandrin, « joyau définitif[3] » de notre poésie nationale, selon la formule de Mallarmé), ce qui, on l'avouera, est d'une portée esthétique bien limitée ? D'ailleurs, c'est probablement parce qu'ils ne croient plus du tout à cette raison d'être que les spécialistes les plus inspirés de poésie ont déserté en masse cette poésie régulière pour se tourner vers les formes non syllabiques de notre modernité poétique (le poème en prose, le vers libre, etc.). Quant aux autres, ils continuent imperturbablement à décrire les règles et le fonctionnement

1. Voir Alain Vaillant, « Pour une poétique du vers syllabique », *Poétique*, n° 143, septembre 2005, p. 259-281.

2. Pour sa partie TAL, cet article est le résultat d'une recherche menée par Orane Dufour dans le cadre du laboratoire MoDyCo (UMR 7114), sous la supervision d'Iris Eshkol-Taravella.

3. Stéphane Mallarmé, « Crise de vers », dans *Œuvres complètes*, t. 2, Bertrand Marchal (éd.), Paris, Gallimard, « Bibliothèque de la Pléiade », 2003, p. 206.

du syllabisme traditionnel, voire à en repérer les variations historiques avec une exactitude scrupuleuse – en se gardant bien de trop s'inquiéter de son intérêt littéraire, qui paraît si problématique.

La raison d'être historique de ce syllabisme exclusif est bien connue. Toutes les autres poésies – du moins celles reposant sur un système d'écriture alphabétique – prennent appui sur une architecture rythmique qui, faite d'une alternance mesurable de syllabes (soit longues ou brèves, soit accentuées ou inaccentuées), les distingue formellement du discours ordinaire. Le vers français, du fait de la faiblesse de la structure accentuelle de la langue française elle-même, ne dispose pas de ce support rythmique ; par défaut, il se définit seulement par le nombre de ses syllabes, qui lui donne son allure de prose rimée et, pour ses détracteurs, une monotonie désespérante de métronome. Le constat, qui en a été fait dès le XVIIe siècle, est d'ailleurs devenu un lieu commun universellement partagé dont Gilles Philippe a fait l'histoire – même si, en linguiste prudent, il se garde d'inférer la réalité à partir du lieu commun[1]. Mieux vaudrait donc se résoudre à la prose et se passer du syllabisme, où Fontenelle voyait déjà un « système absolument faux et ridicule » et une « puérilité[2] ». C'est d'ailleurs pour endiguer cet esprit de révolte, qui risquait d'abattre tout l'édifice classique de la poésie française, que, jadis, les spécialistes de poétique (dans la pratique, des professeurs, naturellement attachés aux principes légitimant leur compétence) ont imaginé toute sorte de théories prêtant au vers français une musique ou une harmonie qu'ils étaient bien en peine de prouver. Ce fut l'immense mérite de la nouvelle métrique initiée par Benoît de Cornulier de tourner le dos à ces conjectures esthétiques et de s'en tenir aux réalités scientifiquement observables – qu'il s'agisse des contraintes linguistiques découlant du syllabisme ou de l'organisation strophique ou rimique[3]. Aujourd'hui, toutes les analyses un tant soit peu rigoureuses du vers français reposent sur les outils forgés par cette métrique distributionnelle. Pour autant, Cornulier n'avait pas répondu – et n'avait d'ailleurs pas à répondre, en tant que linguiste – à la question qui restait toujours aussi lancinante : à quoi bon se contraindre à un compte syllabique pour faire de la poésie ?

C'est donc à cette interrogation qu'a répondu, en 2005, l'idée d'une « poétique du vers syllabique », justifiant la scansion métrique par un principe non plus rythmique, mais purement énonciatif ou, plus précisément, prédicatif. Elle partait d'un double constat très simple : d'une part, le français parlé ne connaît qu'un seul type d'accent, l'accent terminal, portant sur la dernière syllabe prononcée avant une pause ; d'autre part, on accentue naturellement le mot ou la syllabe dont la signification importe le plus au locuteur – ou, pour le dire en des termes plus linguistiques,

1. Voir Gilles Philippe, *Le Français, dernière des langues. Histoire d'un procès littéraire*, Paris, PUF, 2010. Prudemment, il conclut en ces termes : « Nul ne songera bien sûr, au terme de cet essai, qu'il y ait lieu d'accorder un quelconque crédit aux discours qui soutinrent que le français manquait de mots, de rythme ou de souplesse. La question n'est évidemment pas là » (p. 291-292). Disons que pour nous, au moins sur la question du rythme qui nous occupe ici, la question est bien là.

2. Bernard Le Bouyer de Fontenelle, « Sur la poésie en général », cité par Jean-Marie Gleize, *La Poésie. Textes critiques, XIVe-XXe siècle*, Paris, Larousse, 1998, p. 206.

3. Voir notamment Benoît de Cornulier, *Art poëtique. Notions et problèmes de métrique*, Lyon, Presses universitaires de Lyon, 1995.

qui contient un prédicat. L'alexandrin, constitué de deux segments métriques de six syllabes, comporte donc deux accents et, par voie de conséquence, deux prédicats potentiels. En outre, si l'on y ajoute les pauses syntaxiques, ou les pauses secondaires liées aux diverses intonations que, de façon scalaire, il est possible de faire entendre dans la diction du vers, presque toutes les syllabes deviennent accentuables et porteuses d'un acte de prédication : au poète, bien entendu, d'utiliser le plus efficacement cette potentialité prédicative du vers syllabique. Autrement dit, la versification syllabique n'a aucune valeur rythmique ; en revanche, elle intensifie la signification que porte le langage. Elle fait dire au langage, par la seule vertu du compte syllabique, plus qu'il ne semble dire dans son usage ordinaire. Soit, pour illustrer le phénomène par un exemple presque caricatural, ce vers célèbre emprunté à « Une charogne », poème éminemment scandaleux de Baudelaire :

« Les jambes / en l'air/, comme // une femme / lubrique [...] »

Tout le poème repose sur la comparaison choquante entre une charogne en décomposition (les pattes ou jambes en l'air) et une femme saisie pendant l'acte sexuel, le grouillement des vers dans le ventre déjà putréfié étant ensuite assimilé aux épanchements liquides émis pendant l'accouplement. Or Baudelaire, en plaçant ici la césure médiane juste après l'adverbe « comme » sur lequel il fait donc porter un accent terminal, attire l'attention non pas sur le comparant substitué au comparé (comme ce serait le cas avec une métaphore), mais sur l'acte même de comparaison : et, de fait, le sens profond du poème réside dans la signification même que le lecteur prêtera à cette comparaison, au-delà de l'intention provocatrice[1]. De surcroît, si l'on ajoute aux deux coupes métriques des pauses secondaires (donc autant d'accents) après « jambes », « air » et « femme », on y lira deux autres prédications implicites. D'une part, cette charogne est bien une « femme », puisqu'elle a des « jambes » : même si le terme de « jambes » est ici très correctement employé pour désigner les « jambes » d'un cheval (les cadavres de chevaux, abandonnés sur le bord des chemins, sont une triste mais banale réalité du XIXe siècle), la connotation humaine qu'il induit est inévitable. D'autre part, montrer les jambes « en l'air » de cette femme-cheval dénonce par avance sa lubricité. A la limite, selon la bonne volonté du lecteur (ou de la lectrice) qui décide, ou non, de suspendre sa voix, tous les mots sont accentuables en fonction de l'intention prédicatrice qu'il lui prête : en fait, nous retrouvons ainsi l'intention fondamentale d'Henri Meschonnic, pour qui le rythme n'est qu'« une organisation du sujet dans et par son discours[2] ».

C'était d'ailleurs déjà le sens de la formule géniale de Victor Hugo, dans la Préface de *Cromwell*, appelant de ses vœux un vers qui soit « aussi beau que de la prose[3] ». Autrement dit, le vers n'est ni meilleur ni différent de la prose, du langage

1. Pour une analyse plus développée de ce poème, voir Alain Vaillant, *Baudelaire poète comique*, Rennes, Presses universitaires de Rennes, 2007, p. 117-121.

2. Gérard Dessons et Henri Meschonnic, *Traité du rythme. Des vers et des proses*, Paris, Nathan Université, 2003 (1re éd. 1998), p. 75. Voir aussi de H. Meschonnic, *Critique du rythme*, Lagrasse, Verdier, 1982.

3. Victor Hugo, Préface de *Cromwell*, cité d'après le volume « Critique » des *Œuvres complètes* de la collection « Bouquins » (Jean-Pierre Reynaud [éd.], Paris, Laffont, 1985, p. 29).

parlé par tous les hommes ; mais il fait entendre cette parole ordinaire avec une intensité signifiante que lui seul, par la manipulation artistique que doit en faire un bon poète, est capable de lui donner. Techniquement, cela impliquait, pour Hugo, de découpler le vers et la syntaxe, de « disloqu[er] ce grand niais d'alexandrin[1] » en faisant porter les accents métriques ailleurs qu'aux articulations syntaxiques, pour dérouter la diction routinière du lecteur et éveiller son attention. Et Mallarmé signifiait à peu près la même chose, lorsqu'il disait, dans *Crise de vers*, que « vers il y a sitôt que s'accentue la diction » et que le vers « philosophiquement rémunère le défaut des langues, complément supérieur[2] ». Il s'ensuivait pour Mallarmé, dans sa pratique hermétique de la poésie syllabique, une versification où le lecteur, faute de comprendre le sens des vocables ou même la syntaxe de la phrase, était pour ainsi dire obligé de suspendre sa diction à chaque mot voire à chaque syllabe, comme pour faire entendre l'indétermination mystérieuse dont le poète veillait à entourer son texte. Cette sorte de mise en tension de la voix, liée à un effet de soulignement du sens, n'est d'ailleurs pas propre à la poésie régulière : que le verbe poétique soit un exhausseur de sens, tout vers-libriste le sait bien, et c'est pourquoi il fragmente sa parole en multipliant à volonté les passages à la ligne, enveloppe de blanc ses vers elliptiques pour mieux faire comprendre ce qu'il veut signifier. Cependant, tout l'art délicat du poète syllabique vient justement du fait que la signification ne procède pas, de façon redondante, du découpage arbitraire des vers, mais de la contrainte numérique qui, elle, préexiste à sa parole singulière et se surajoute à elle.

Mais la question du rythme accentuel et du compte syllabique laissait de côté un problème encore plus délicat, celui de l'effet poétique produit par les sonorités, ou plus exactement par le matériau phonématique du poème. D'une part, toute analyse d'un texte poétique en vient inéluctablement, à un moment ou à un autre, à repérer des récurrences remarquables de voyelles ou de consonnes, voire à commenter la valeur expressive de tel ou tel son : Mallarmé, encore lui, note par exemple que paradoxalement le son /u/ du mot « jour » est « obscur » alors que le /i/ de « nuit » est « clair[3] ». D'autre part, tout diseur de vers un tant soit peu expérimenté se rend bien compte que, indépendamment de la nature acoustique des sons, le mécanisme articulatoire et la mobilisation différenciée des différents organes de la phonation (le larynx, le nez, la gorge, le palais, la langue, les lèvres, les dents) produisent des effets sensoriels et il est donc amené à penser, comme l'a suggéré André Spire, que le plaisir poétique est d'abord un « plaisir musculaire[4] ». Mais comment dépasser la simple intuition, entachée d'un impressionnisme rédhibitoire, ou des effets expressifs très limités, lorsqu'ils ne tombent pas dans l'arbitraire le plus total ? Au début de l'enregistrement sonore, à la fin du XIXe siècle, on en vint même à imaginer que l'on pourrait trouver, dans la diction poétique, des phénomènes de fréquence comparables aux harmoniques repérés dans

1. V. Hugo, « Quelques mots à un autre », *Les Contemplations*, I, I, 26, v. 84.
2. S. Mallarmé, « Crise de vers », dans *Œuvres complètes*, *op. cit.*, p. 208.
3. *Ibid.*
4. Voir André Spire, *Plaisir poétique et plaisir musculaire*, Paris, Corti, 1949.

les sons musicaux. On a abandonné bien vite cette piste ; puis la linguistique structurale mit rapidement fin à ces tentatives, en démontrant que, dans la communication langagière, le son ne valait que par la fonction distinctive du phonème : à supposer même que le son /u/ ait en lui-même une valeur en soi, il ne sert, dans le mot « jour », qu'à distinguer ce dernier, par exemple, du mot « jarre », si bien que sa nature expressive, si elle est avérée, n'est tout simplement pas perçue par les locuteurs. On se contenta donc, faute de mieux, de repérer les phénomènes de répétition (allitérations ou assonances), qui peuvent induire un sentiment de régularité ou de soulignement rythmique, le cas le plus évident étant celui de la rime. Tout cela ne paraissait ni très convaincant ni très passionnant, et ce repérage phonétique est devenu, comme tant de procédés d'analyse littéraire, une sorte de rituel scolaire dont on ne savait pas bien quoi faire sans oser s'en débarrasser totalement.

D'autant qu'il restait toujours un doute lancinant. Car il semblait bien tout de même, à tout familier de la poésie, qu'il était possible de repérer, chez tel ou tel poète, une dilection particulière pour tel ou tel son. Par exemple, chez Hugo, la bilabiale /p/, /b/ ou /m/ dont le volume semble remplir la bouche – ainsi dans « Mugitusque boum », dont les cinq bilabiales, dans le dernier vers, imitent jouissivement le mugissement bovin du titre :

« L'ho*mm*e… Ô nature ! a*b*î*m*e ! i*mm*ensité de l'om*b*re[1] ! »

Ou au contraire, chez Baudelaire, la rudesse désagréable de la consonne vélaire (/k/) qui, volontiers placée à la rime, concentre la malignité mélancolique du poète des *Fleurs du Mal*, comme dans cette strophe de « Bénédiction » :

> Je sais que la douleur est la noblesse un*ique*
> Où ne mordront jamais la terre et les enfers,
> Et qu'il faut pour tresser ma couronne myst*ique*
> Imposer tous les temps et tous les univers[2].

Et si les poètes, justement, étaient les seuls qui, par un privilège extraordinaire accordé à leur nature d'artistes, ne se pliaient pas à la règle universelle de l'arbitraire du signe et pour qui le signifiant phonique avait une valeur spécifique ? On en vient alors naturellement à imaginer qu'un poète, plus ou moins consciemment (on parierait de fait sur un processus largement inconscient), choisit les mots de son poème non seulement pour leur signification, mais pour leurs sonorités qui trouveraient un mystérieux écho en lui. On avait déjà deviné que les suites allitératives résultaient souvent d'un mécanisme de mémoire involontaire, un mot en entraînant un autre par une sorte d'effet paronomastique, mais nous avions peut-être affaire à un phénomène de bien plus grande ampleur, qui irait au-delà des suites de phonèmes répétés. Le linguiste Paul Delbouille avait déjà reconnu, en 1961, que le poète « tient sans doute compte, parfois, de certaines valeurs, de certains pouvoirs qu'il reconnaît ou

1. V. Hugo, « *Mugitusque boum* », *Les Contemplations*, II, V, 18, v. 38.
2. Charles Baudelaire, « Bénédiction », *Les Fleurs du Mal, I*, v. 65-68.

attribue aux sonorités[1] » – même si, faute d'indices probants, il se refusait de leur reconnaître une réalité effective. Et, il faut l'avouer, nous avions nous-mêmes suggéré l'existence, pour les poètes, de « palettes phonématiques[2] » comparables aux préférences chromatiques qu'il est facile d'observer chez les peintres ; puis, à force de le répéter et d'y rêver, nous avions presque fini par nous en convaincre.

On mesure l'importance capitale des enjeux mobilisés par cette hypothèse. D'une part, elle offrait enfin un moyen d'attribuer une fonction esthétique précise au matériau sonore du poème et de dépasser l'habituel bricolage de l'explication de texte scolaire ; surtout, elle justifiait spectaculairement la singularité présumée de la poésie par rapport à la prose – sans avoir besoin de recourir aux vertus vaguement magiques ou mystérieuses que la vulgate littéraire prêtait généreusement au lyrisme poétique. D'autre part, elle ouvrait une brèche spectaculaire dans le dogme de l'arbitraire du signe et de la valeur distinctive des phonèmes, en suggérant qu'il était possible, du moins dans le cadre d'un usage proprement artistique du langage, de retrouver derrière le phonème toutes les potentialités du son. Mais encore fallait-il vérifier scientifiquement cette hypothèse, ou au contraire la réfuter, avec les outils qu'offre en linguistique le traitement automatisé des langues (TAL). Il reste maintenant à rendre compte de cette mise à l'épreuve expérimentale.

Entre poétique et linguistique : questions de méthode

Concrètement, l'enquête qui fut alors menée se donnait pour objectifs de répondre à ces deux questions complémentaires : 1) peut-on repérer chez les poètes, dans la fréquence d'emploi des phonèmes, des variations significatives, qu'il serait possible d'interpréter en termes de préférence sonore (d'ordre acoustique ou articulatoire) ? 2) plus généralement, y a-t-il des différences perceptibles, toujours dans la fréquence des phonèmes, entre la poésie et la prose (non contrainte par le compte syllabique, donc plus proche de l'usage ordinaire du langage) ?

Il fallait ensuite choisir un corpus poétique. Comme type de vers, l'alexandrin, forme standard de la poésie régulière, s'est naturellement imposé : il est d'ailleurs le champ d'observation le plus usuel des recherches métriques. Le choix du XIXe s'est fait aussi assez vite : alors que, depuis le XVIIe siècle, la poétique n'apparaissait plus que comme une annexe de la rhétorique, à laquelle s'ajoutaient seulement la contrainte du nombre syllabique et l'emploi d'un lexique spécifique, le romantisme français s'est notamment signalé par la prise de conscience de la valeur proprement artistique du vers et, juste avant sa brusque éviction par le vers libre au début du XXe siècle, par une véritable renaissance de la versification – au point

1. Paul Delbouille, *Poésie et sonorités*, Paris, Les Belles Lettres, 1961, p. 9.
2. Voir A. Vaillant, « Entre texte et voix : l'alchimie poétique des sons », dans *L'Art de la littérature*, Paris, Classiques Garnier, 2016, p. 49-61.

que Mallarmé, encore lui, en parlera comme d'« un des orgiaques excès périodiques de presque un siècle comparable à l'unique Renaissance[1] ». A l'intérieur de cet emballement collectif de métromanie poétique, nous nous sommes arrêtés, pour ce travail exploratoire, à quatre poètes dont les poétiques respectives offraient des caractéristiques connues et clairement distinctes : Lamartine (avec sa poésie réputée harmonieuse et musicale), Hugo (le poète de la dislocation du vers, ayant « sur les bataillons d'alexandrins carrés, / [fait] souffler un vent révolutionnaire[2] »), Musset (dont la poésie a le charme curieux d'un élégant bavardage), Baudelaire (aux vers au contraire pétrifiés et figés dans une raideur volontaire)[3]. Nous pouvions donc espérer, en mettant en regard des poétiques aux caractères à la fois nettement spécifiques et identifiés comme tels, repérer des différences statistiquement notables. Au demeurant, nous aurions pu choisir d'autres poètes (Leconte de Lisle, Rimbaud ou Mallarmé, par exemple) : il ne s'agissait que d'arrêter un échantillon assez représentatif et volumineux. Concrètement, à partir du corpus Malherbe[4], nous avons procédé à l'analyse phonématique des 31 188 alexandrins de quatre recueils de Victor Hugo (*Les Feuilles d'automne*, *Les Rayons et les Ombres*, *Les Contemplations*, *La Légende des siècles*), des 16 915 alexandrins des *Méditations poétiques*, des *Harmonies poétiques et religieuses* et de *Jocelyn* de Lamartine, des 7 811 alexandrins des *Premières Poésies* et des *Nouvelles Poésies* de Musset, des 2 938 alexandrins des *Fleurs du Mal* de Baudelaire. Parallèlement, nous avons analysé pour chacun de ces quatre auteurs une prose témoin, choisie à simple titre de spécimen : la Préface à l'édition de 1834 des *Méditations* poétiques de Lamartine, intitulée « Des destinées de la poésie », le chapitre des *Misérables* de Victor Hugo « *Quot libras un duce* » (II, I, 16), la « Quatrième lettre de Dupuis et Cotonet » de Musset, l'article de Baudelaire sur « L'Ecole païenne ».

Il reste, avant d'en venir à la présentation des résultats, à donner quelques détails liés à la procédure de dépouillement automatisé. La difficulté consistait non seulement à identifier les phonèmes à partir du mot écrit, mais à tenir compte des singularités liées au compte syllabique de vers français (en particulier, les diérèses et les synérèses, ainsi que l'emploi, spécifique à la langue poétique, du « e » post-tonique non élidé, appelé usuellement « e muet »). Concrètement, une fois le corpus d'étude extrait de la base Malherbe, il a fallu, au moyen de scripts écrits en python, effectuer la transcription phonétique de chaque vers, ajouter un certain nombre de règles permettant d'ajouter les liaisons, les diérèses et les « e » post-toniques, compter les syllabes de manière à repérer la césure. Pour les textes en prose, le processus a été le même (à l'exception, bien entendu, des règles concernant les « e » post-toniques et les diérèses).

1. S. Mallarmé, « Crise de vers », dans *Œuvres complètes*, *op. cit.*, p. 205-206.

2. V. Hugo, « Réponse à un acte d'accusation », *Les Contemplations*, I, VII, v. 65-66.

3. Sur les poétiques respectives de Musset et de Baudelaire, voir Alain Vaillant, « Les *Poésies* de Musset : pour une poétique de la parole versifiée », dans *Musset*, Paris, SEDES/CDU, 1995, p. 127-140 ; *id.*, *Baudelaire poète comique*, *op. cit.*

4. Le corpus Malherbe est un corpus de textes versifiés au format XML-TEI, disponible sur le site du CRISCO (Centre de recherches inter-langues sur la signification en contexte) de l'université de Caen Normandie.

En outre, afin de ne pas présenter des résultats trop éparpillés donc mal interprétables, nous avons procédé à quelques regroupements entre des phonèmes qui nous paraissaient proches. Pour les voyelles, nous avons donc réuni les nasales /õ/ et /ã/ ainsi que les antérieures /i/ et /e/ : en effet, pour ces dernières, nous avions à plusieurs reprises repéré, à l'échelle locale d'un poème, une recherche significative de contraste entre ces voyelles antérieures, souvent qualifiées de « claires » et, en particulier, les voyelles postérieures fermées (/u/ et /o/), censées être plus « sombres ». Pour les consonnes, nous avons logiquement réuni et traité comme un phonème unique chaque paire de consonnes sourde et sonore (les vélaires /k/ et /g/, les labio-dentales /f/ et /v/, les dentales /t/ et /d/ ainsi que /s/ et /z/, les bilabiales /p/ et /b/, les alvéolaires /ʃ/ (*ch*ou) et /ʒ/ (*j*oue). Par ailleurs, nous avons aussi traité comme un seul phonème, mais seulement parce que le programme utilisé ne faisait pas automatiquement la différence entre les deux sons, les paires formées par le /a/ ouvert et le /ɑ/ fermé, le /ɔ/ ouvert et le /o/ fermé, le /ɛ̃/ (f*aim*) et le /œ̃/ (br*un*), ainsi que le /ø/ (f*eu*) et le /œ/ (s*eu*l). Il en résultera évidemment une perte d'information qui, comme nous le verrons sur pièces, ne nous semble pas de nature à fausser les principaux résultats. Enfin, pour ceux qui ne seraient pas familiers des symboles de l'alphabet phonétique international (API) que nous utilisons, nous les rappelons dans le tableau ci-dessous :

consonnes	voyelles
/p/	/i/
/b/	/e/ (dé)
/m/	/ɛ/ (fait)
/t/	/a/ (salle)
/d/	/y/ (vu)
/n/	/ø/ (feu)
/f/	/ə/ (m*e*ner)
/v/	/œ/ (seul)
/s/	/u/ (fou)
/z/	/o/ (b*eau*)
/k/	/ɔ/ (note)
/g/	/ɑ/ (pâle)
/ʃ / (*ch*ou)	/ɛ̃/ (f*aim*)
/ʒ/ (*j*oue)	/ œ̃/ (br*un*)
/l/	/õ/ (b*on*)
/w/ (*ou*i)	/ã/ (bl*anc*)
/ɥ/ (huile)	
/j/ (*i*on)	
/ʀ/	

L'indifférence phonématique du vers

Comme on s'en doute, le verdict de la statistique a été attendu avec impatience au terme du long travail de traitement du corpus et d'exploitation des données. Or il s'est vite montré sans appel, ainsi que nous allons le voir en les présentant successivement, avant d'en proposer une brève synthèse.

Commençons par les voyelles. La figure 1 et le tableau 1 présentent, respectivement sous forme de graphique et de tableau statistique, la proportion (exprimée en pourcentages) des voyelles dans les quatre corpus poétiques choisis (Hugo, Baudelaire, Musset, Lamartine).

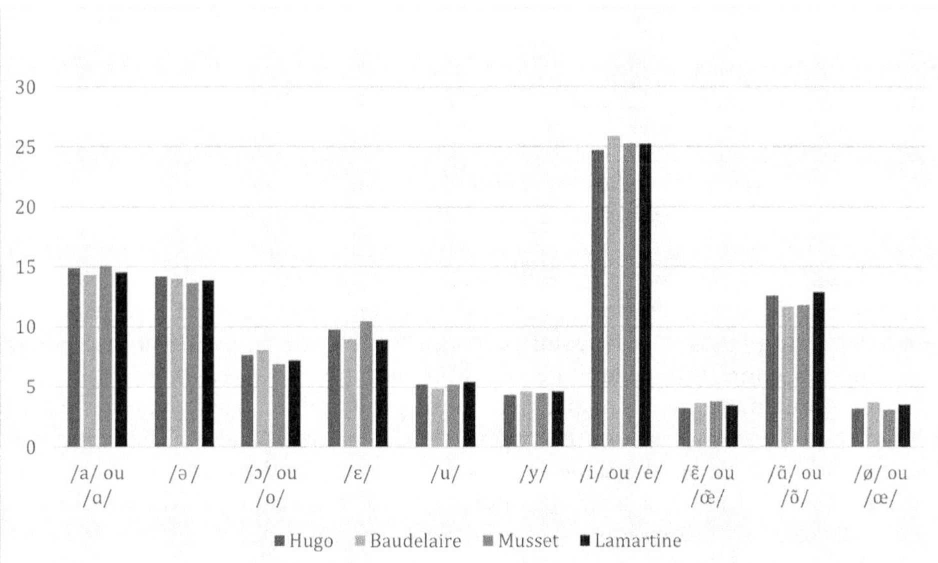

Figure 1 – fréquence des voyelles (en pourcentages) chez les quatre poètes du corpus

	/a/ ou /ɑ/	/ə/	/ɔ/ ou /o/	/ɛ/	/u/	/y/	/i/ ou /e/	/ɛ̃/ ou / œ̃/	/ɑ̃/ ou /õ/	/ø/ ou /œ/
Hugo	14,92	14,22	7,69	9,78	5,26	4,35	24,72	3,23	12,62	3,22
Baudelaire	14,33	14,03	8,1	9,0	4,9	4,65	25,89	3,68	11,68	3,74
Musset	15,09	13,67	6,93	10,49	5,24	4,52	25,28	3,82	11,85	3,12
Lamartine	14,57	13,91	7,24	8,95	5,46	4,66	25,26	3,47	12,93	3,56

Tableau 1 – fréquence des voyelles (en pourcentages) chez les quatre poètes du corpus

La leçon principale saute immédiatement aux yeux et elle sera toujours la même au cours de cette étude : les chiffres sont remarquablement proches d'un auteur à l'autre. Malgré l'intuition qui était la nôtre au commencement de cette enquête, les palettes vocaliques des quatre poètes, choisis précisément pour la singularité présumée de leurs esthétiques, sont en fait très semblables. D'un auteur à l'autre, l'écart ne dépasse jamais 1 %. La singularité la plus notable, qui reste cependant très limitée, concerne la fréquence d'usage du /ɛ/, qui va de 8,95 % (chez Lamartine) à 10,49 % (chez Musset). Comme nous l'avons déjà noté, la poétique de Musset est très proche du mode conversationnel et l'on y retrouvera donc, appliquée au vers, la loi du moindre effort articulatoire : en ce cas, on le vérifie avec l'emploi, un peu plus fréquent que chez les trois autres poètes, de la voyelle antérieure ouverte /ɛ/ ; mais on se gardera d'interpréter au-delà du raisonnable une variation statistique si faible.

	/a/ ou /ɑ/	/ə/	/ɔ/ ou /o/	/ɛ/	/u/	/y/	/i/ ou /e/	/ɛ̃/ ou / œ̃ /	/ã/ ou /õ/	/ø/ ou /œ/
poésie	14,73	13,96	7,49	9,55	5,21	4,54	25,29	3,55	12,27	3,41
prose	16,3	10,59	8,36	9,98	4,49	4,94	27,91	3,58	11,54	2,3w

Tableau 2 – fréquence globale des voyelles (en pourcentages) dans le corpus poétique et dans le corpus en prose

Le tableau 2, qui permet cette fois de comparer la fréquence des voyelles entre le corpus poétique et le corpus des quatre textes en prose témoins, confirme pour l'essentiel cette première conclusion. La similitude entre la poésie et la prose est frappante : la contrainte syllabique n'a donc aucune conséquence notable sur le matériau phonématique, alors que l'on aurait pu imaginer que le resserrement de la syntaxe et l'exclusion d'une bonne partie du lexique usuel auraient pu avoir des effets plus tangibles. La seule variation vraiment significative (10,59 % pour la prose, 13,96 % pour la poésie) concerne le /ə/ post-tonique (dit usuellement « muet ») ; mais elle s'explique sans peine par les règles particulières à la poésie, qui maintiennent la présence de ce /ə/ pour le compte syllabique, là où la langue parlée ordinaire l'élide.

Les conclusions seront exactement les mêmes si l'on passe à l'examen des consonnes (figure 2 et tableaux 3 et 4).

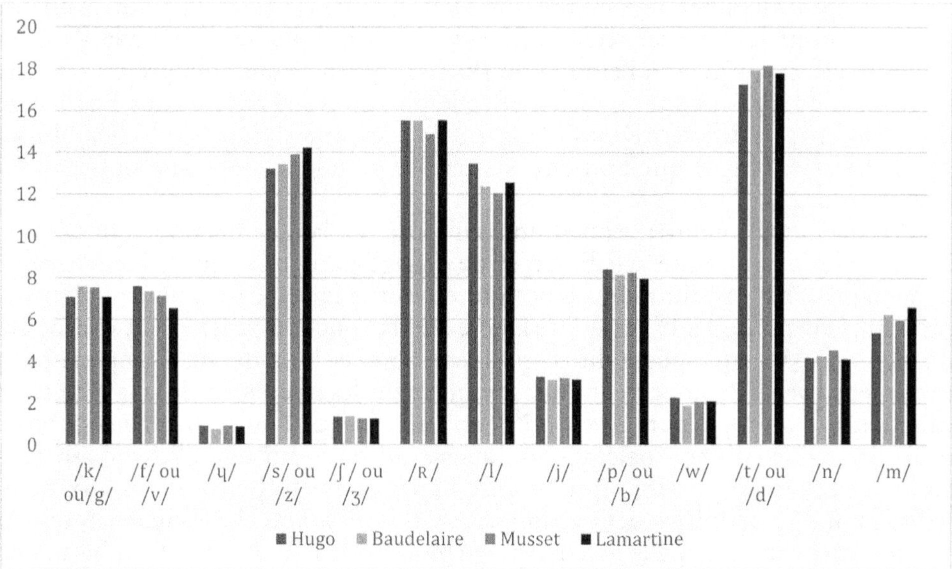

Figure 2 – fréquence des consonnes (en pourcentages) chez les quatre poètes du corpus

	/k/ ou/g/	/f/ ou /v/	/ɥ/	/s/ ou /z/	/ʃ/ ou /ʒ/	/ʀ/	/l/	/j/	/p/ ou /b/	/w/	/t/ ou /d/	/n/	/m/
Hugo	7,07	7,6	0,91	13,24	1,37	15,55	13,47	3,28	8,44	2,28	17,27	4,18	5,39
Baudelaire	7,57	7,35	0,75	13,44	1,39	15,53	12,37	3,12	8,16	1,89	17,94	4,26	6,24
Musset	7,53	7,12	0,91	13,92	1,28	14,89	12,06	3,22	8,27	2,08	18,16	4,56	5,97
Lamartine	7,09	6,55	0,88	14,25	1,28	15,57	12,57	3,16	7,99	2,12	17,82	4,13	6,6

Tableau 3 – fréquence des consonnes (en pourcentages) chez les quatre poètes du corpus

	/k/ ou/g/	/f/ ou /v/	/ɥ/	/s/ ou /z/	/ʃ/ ou /ʒ/	/ʀ/	/l/	/j/	/p/ ou /b/	/w/	/t/ ou /d/	/n/	/m/
poésie	7,32	7,16	0,86	13,71	1,33	15,38	12,62	3,2	8,21	2,09	17,78	4,28	6,05
prose	8,14	6,07	0,74	14,51	0,98	14,53	11,95	3,52	8,75	1,58	18,7	5,27	5,26

Tableau 4 – fréquence globale des consonnes (en pourcentages)
dans le corpus poétique et dans le corpus en prose

Dans le détail, la similitude des résultats, à la fois entre les poètes et entre poésie et prose, est encore plus frappante et, là encore, la singularité concerne

Musset, pour sa préférence marquée pour les dentales /t/ et /d/, qui confirme son goût pour les sons articulés vers l'avant de la bouche et pour la « loi du moindre effort ». Quant à l'emploi du /k/ (ou /g/), où nous voyions *a priori* une singularité baudelairienne, il est en effet le plus souvent attesté chez Baudelaire (7,57 %), mais la différence est si dérisoire avec les autres (de 7,53 % chez Musset à 7,07 % chez Hugo) que l'on doit s'interdire de lui accorder une signification trop marquée.

À ce stade, une première conclusion s'impose. La langue poétique qui découle à la fois de la contrainte syllabique et de l'usage particulier qu'en ferait chaque poète n'infléchit pas, du moins en ce qui concerne le matériau phonématique, le principe général de l'arbitraire du signe et de la fonction strictement distinctive du signifiant. Chaque poète dit ce qu'il veut dire, et les mots qu'il emploie pour exprimer sa pensée comportent donc logiquement les phonèmes de la langue française dans une proportion à peu près égale à celle que l'on trouve dans la prose ordinaire. L'idée d'une « palette phonique », qui révélerait une idiosyncrasie sensorielle, cognitive ou esthétique propre à chaque poète (en tout cas aux meilleurs), doit être définitivement abandonnée. Il est vrai que des lecteurs en ont eu l'impression : on se rappelle le témoignage réticent de Paul Delbouille. Elle a donc une sorte de réalité phénoménale du point de vue de la réception ; du fait d'un processus cognitif involontaire, les lecteurs reportent sur le signifiant des mots du poète l'impression et l'émotion qu'ils ont tirées du signifié, si bien qu'ils les écoutent et les éprouvent avec une attention particulière. Cette illusion cognitive est bien, en quelque sorte, un effet artistique du poème, même si elle n'a aucune justification linguistique.

Entre phonétique et métrique

Il restait cependant une dernière vérification à faire. Il est logique, somme toute, qu'un poète ne puisse choisir son lexique, en fonction de ses préférences phonétiques, pour les douze syllabes de ses alexandrins, d'autant qu'elles n'ont pas à la lecture le même poids, variable selon la signification et la position syntaxique du mot qui les contient. Il est notamment évident, dans le prolongement de notre thèse sur la prédication poétique, que les syllabes accentuées, c'est-à-dire suivies d'une pause qui déclenche nécessairement sur elles un accent terminal, ont une valeur particulière. C'est surtout vrai des syllabes précédant une coupe métrique, c'est-à-dire placées en position 6 et 12, à la fin de chaque hémistiche (avant la césure médiane ou la fin du vers). Il restait donc à analyser spécifiquement la composition phonématique de ces syllabes 6 et 12, en escomptant peut-être repérer cette fois des différences significatives entre les auteurs. Ce qu'un poète ne peut faire pour le vers entier est sans doute plus facilement réalisable pour une ou deux syllabes – singulièrement pour la syllabe 12, qui porte la rime : on sait bien que, dans la pratique, les mots à la rime sont souvent choisis prioritairement par le poète.

Les figures 3-4 et les tableaux 6-7 présentent synthétiquement les résultats obtenus, successivement, pour les voyelles et les consonnes. Bien sûr, il ne serait pas pertinent de comparer ces données avec notre échantillon en prose : les syllabes 6 et 12 figurant nécessairement à la fin d'un mot et, presque toujours, à une articulation syntaxique nettement délimitée, on devine que ces contraintes ont des conséquences statistiques sur la nature des phonèmes constituant ces syllabes.

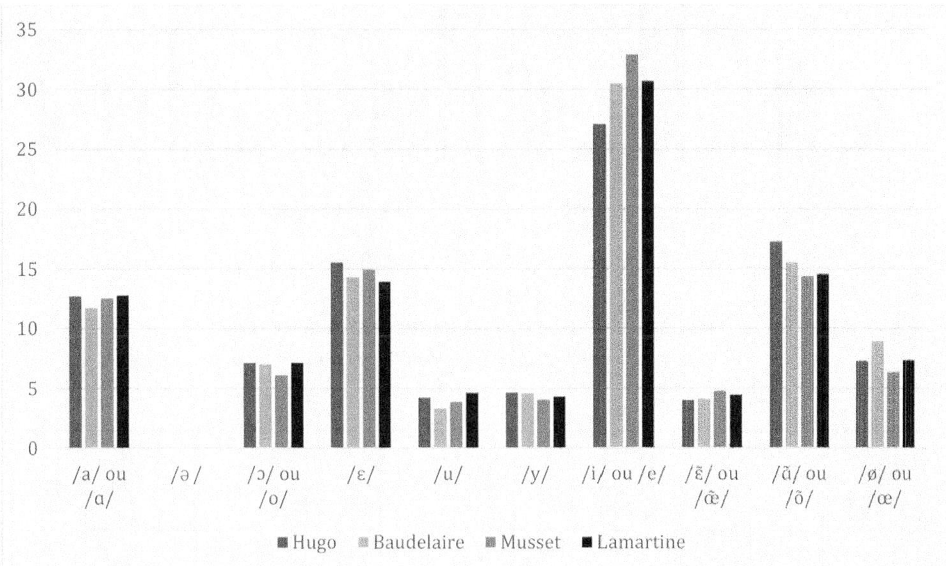

Figure 3 – fréquence des voyelles (en pourcentages) en position 6 et 12 chez les quatre poètes du corpus

	/a/ ou /ɑ/	/ə/	/ɔ/ ou /o/	/ɛ/	/u/	/y/	/i/ ou /e/	/ɛ̃/ ou / œ̃/	/ɑ̃/ ou /ɔ̃/	/ø/ ou /œ/
Hugo	12,69	0,06	7,14	15,54	4,23	4,66	27,11	4,02	17,27	7,28
Baudelaire	11,71	0,04	6,99	14,3	3,33	4,59	30,48	4,12	15,52	8,92
Musset	12,53	0,09	6,1	14,95	3,87	4,06	32,89	4,78	14,37	6,35
Lamartine	12,79	0,04	7,15	13,93	4,65	4,33	30,69	4,48	14,56	7,37

Tableau 6 – fréquence des voyelles (en pourcentages) en position 6 et 12 chez les quatre poètes du corpus

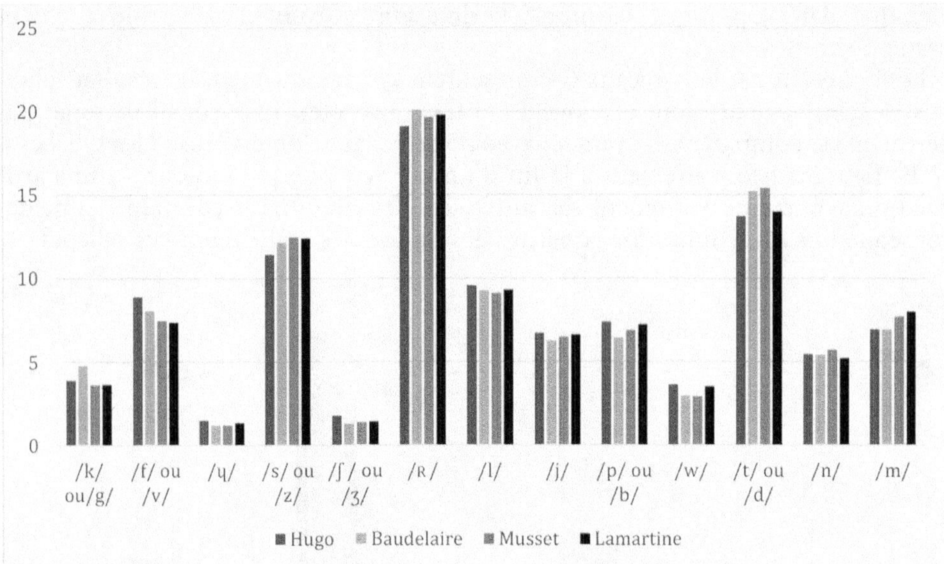

Figure 4 – fréquence des consonnes (en pourcentages) en position 6 et 12 chez les quatre poètes du corpus

	/k/ ou/g/	/f/ ou /v/	/ɥ/	/s/ ou /z/	/ʃ/ ou /ʒ/	/ʀ/	/l/	/j/	/p/ ou /b/	/w/	/t/ ou /d/	/n/	/m/
Hugo	3,89	8,87	1,5	11,43	1,79	19,11	9,58	6,7	7,38	3,63	13,72	5,45	6,94
Baudelaire	4,77	8,03	1,2	12,15	1,31	20,09	9,26	6,24	6,43	2,98	15,21	5,42	6,91
Musset	3,62	7,46	1,21	12,47	1,38	19,66	9,12	6,48	6,88	2,92	15,41	5,71	7,69
Lamartine	3,65	7,37	1,37	12,41	1,44	19,82	9,33	6,63	7,24	3,53	14,0	5,21	8,01

Tableau 7 – fréquence des consonnes (en pourcentages) en position 6 et 12 chez les quatre poètes du corpus

Signalons d'abord, pour ne pas y revenir, la présence marginale (de 0,04 % à 0,09 %) d'/ə/ post-toniques (« e » dits muets). En fait, il est rigoureusement impossible, du moins avant Rimbaud, qu'un /ə/, par nature inaccentuable, soit placé dans une syllabe par position nécessairement accentuée (puisque placée juste avant une coupe). Après vérification, il s'agit en effet toujours d'une erreur d'identification des syllabes dans le traitement automatique du corpus. Nous avons cependant maintenu l'anomalie, qui permet de mesurer la marge d'erreur de notre analyse automatisée, insignifiante comme on peut le constater. Pour le reste, trois observations s'imposent. La première, de loin la plus importante, est la confirmation globale des conclusions précédentes. Les chiffres présentent de très faibles variations d'un auteur à l'autre, ce qui prouve, une nouvelle fois, le caractère très peu discriminant des sonorités pour le choix des mots avant la coupe métrique. C'est bien le sens qui importe, à quoi s'ajoute, pour la syllabe 12, la contrainte supplémentaire de trouver deux mots à la fois rimant ensemble et satisfaisant pour le sens : les paires de mots ne sont pas infinies et, dans la pratique, il est fréquent de retrouver les mêmes associations lexicales d'un poète à l'autre – d'autant que l'on ne doit pas écarter, même chez les versificateurs les plus chevronnés, le recours à un dictionnaire de rimes. La deuxième leçon concerne la spécificité de certains phonèmes en 6-12 (donc, rappelons-le, placés à la fois à la fin d'un mot et juste avant une articulation syntaxique nette, les enjambements restant très minoritaires, même chez les auteurs les plus transgressifs à l'égard des règles usuelles de versification). A comparer les tableaux 2, 4 et 8, la surreprésentation remarquable de quelques phonèmes saute aux yeux : d'une part, la consonne /ʀ/ (19,67 % en position 6-12, contre 15,38 % dans le corpus poétique global), particulièrement sonore, dont les familiers de la poésie syllabique connaissent par expérience la fréquence à la fin de la rime (donc après la dernière voyelle accentuée) ; d'autre part, les trois voyelles antérieures /i/, /e/ et /ɛ/ (44,97 % en 6-12 contre 34,84 % au total), qui semblent jouer pour les voyelles le même rôle que la consonne /ʀ/ : faire résonner, avec la force particulière que lui confère le choix des phonèmes, la dernière syllabe avant la coupe métrique. Enfin, la troisième conclusion porte sur des différences, cette fois plus notables, entre les auteurs du corpus. Pour les consonnes, il s'agit surtout, chez Musset, d'une prédilection relativement marquée pour les occlusives dentales /t/ et /d/ (15,41 % pour 13,72 % chez Hugo), alors qu'au contraire, pour Hugo, la préférence va pour les constrictives labio-dentales /f/ et /v/ (8,87 % pour 7,46 % chez Musset). Les constrictives, qui n'impliquent pas une fermeture totale au point d'articulation de la consonne, peuvent être prononcées avec plus d'intensité et de durée que les occlusives : on retrouverait ici la prédilection hugolienne pour une poésie à la matière sonore plus dense que chez un Musset. Cependant, assez logiquement, les écarts les plus tranchés portent sur les voyelles. En effet, on sait bien que la perception acoustique d'une consonne, qui implique la fermeture plus ou moins soutenue du canal d'articulation, dépend beaucoup de la force donnée par le locuteur à sa réalisation ; la prononciation de la voyelle, en revanche, est relativement stable, aux variations sociales ou régionales près. L'opposition la plus nette, en l'occurrence, porte d'un côté sur la fréquence chez Musset des voyelles /i/ et /e/ (32,89 % pour 27,11 % chez Hugo), de l'autre sur l'emploi notable par Hugo des voyelles nasales /ɑ̃/ et /ɔ̃/ (17,27 % pour 14,37 % chez Musset). Nous voyons ici s'esquisser une distribution scalaire de nos quatre poètes, qui aurait à ses deux extrêmes la palette phonématique de Victor Hugo (avec une plus forte proportion de certaines constrictives et des voyelles postérieures nasales) et, à l'opposé, la palette de Musset privilégiant, selon la loi du moindre effort qui le caractérise, les dentales et les voyelles antérieures. Mais, il faut y insister, les variations restent dans tous les cas très faibles et ne contredisent pas notre observation principale, à savoir l'uniformité globale des résultats, qui prouvent une très faible motivation acoustique ou articulatoire dans l'emploi des phonèmes – en dehors de leur fonction distinctive. Surtout, tous les lecteurs habitués à la compacité ostensible et à la densité presque agressive des *Fleurs du Mal* ne peuvent qu'être étonnés par la banalité des fréquences phonématiques de Baudelaire, qui se situent presque toujours dans des valeurs moyennes : là encore, l'impression sensorielle résulte en réalité de l'effet produit par l'univers thématique du poème – en l'occurrence, par l'*aura* de sulfureuse modernité que Baudelaire a méthodiquement diffusée autour de son œuvre, dès ses années de bohème –, à l'exception de la paire /k/ et /g/ qui apparaît bien, malgré des proportions modestes, comme une signature baudelairienne.

Donc, il faut s'y résoudre : rien de remarquable dans l'emploi des phonèmes dans le vers, rien encore (ou à peine) dans les syllabes accentuées. On pouvait encore imaginer que, du moins à la rime (pour cette syllabe si singulière résonnant par deux fois à la fin des vers), les poètes y aient placé une sorte de signature phonématique. Les figures 5-6 et les tableaux 8-9 présentent donc les résultats obtenus à la syllabe 12, respectivement pour les consonnes et les voyelles.

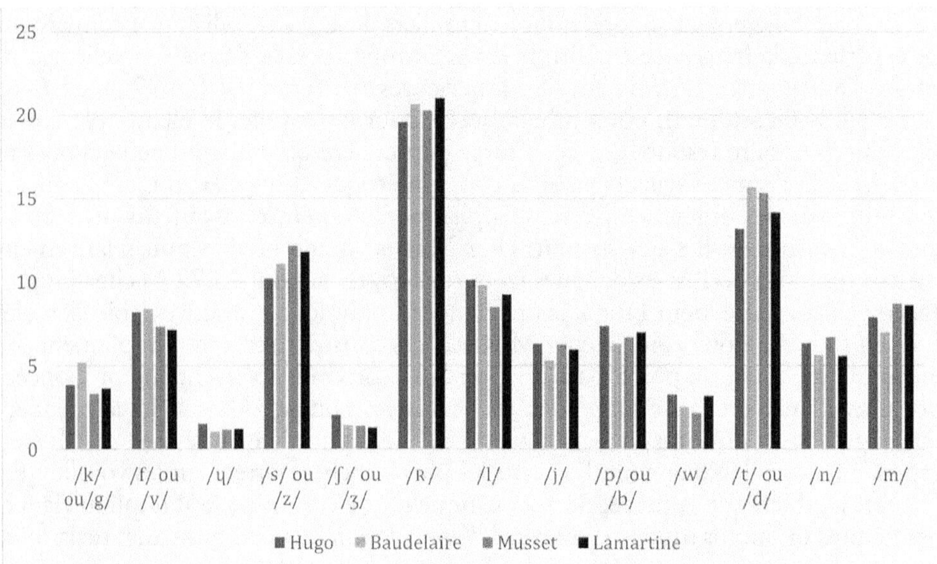

Figure 5 – fréquence des consonnes (en pourcentages) en position 12 chez les quatre poètes du corpus

	/k/ ou/g/	/f/ ou /v/	/ɥ/	/s/ ou /z/	/ʃ/ ou /ʒ/	/ʀ/	/l/	/j/	/p/ ou /b/	/w/	/t/ ou /d/	/n/	/m/
Hugo	3,86	8,22	1,52	10,21	2,04	19,58	10,14	6,3	7,39	3,27	13,19	6,35	7,92
Baudelaire	5,17	8,41	1,06	11,09	1,43	20,64	9,81	5,3	6,29	2,53	15,69	5,62	6,98
Musset	3,32	7,34	1,17	12,15	1,4	20,27	8,52	6,26	6,67	2,15	15,33	6,71	8,72
Baudelaire	3,66	7,16	1,23	11,82	1,31	21,01	9,27	5,96	6,99	3,2	14,17	5,57	8,64

Tableau 8 – fréquence des consonnes (en pourcentages) en position 12 chez les quatre poètes du corpus

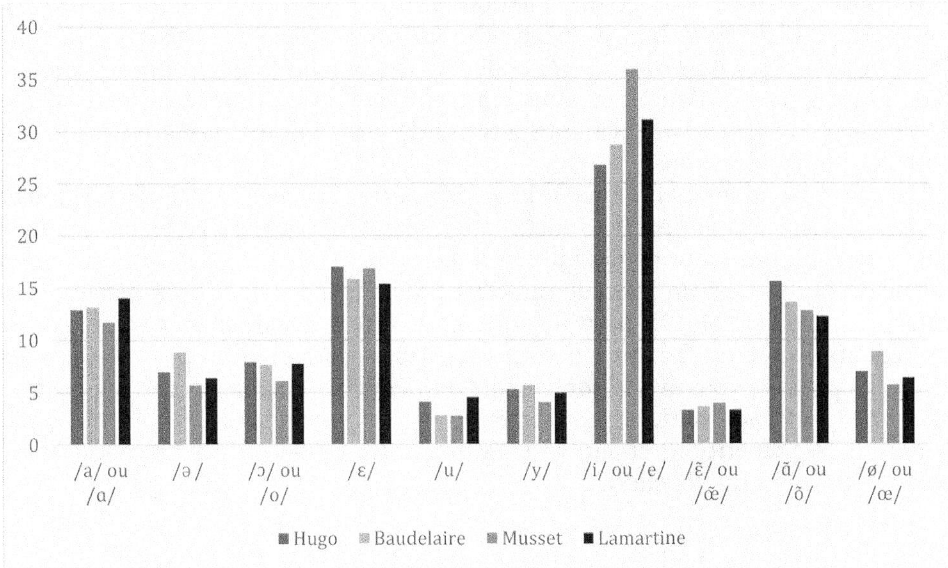

Figure 6 – fréquence des voyelles (en pourcentages) en position 12 chez les quatre poètes du corpus

	/a/ ou /ɑ/	/ə/	/ɔ/ ou /o/	/ɛ/	/u/	/y/	/i/ ou /e/	/ɛ̃/ ou /œ̃/	/ɑ̃/ ou /ɔ̃/	/ø/ ou /œ/
Hugo	12,92	6,98	7,91	17,08	4,12	5,31	26,77	3,27	15,64	6,97
Baudelaire	13,16	8,87	7,67	15,9	2,82	5,68	28,72	3,61	13,57	8,87
Musset	11,74	5,73	6,12	16,91	2,76	4,07	35,93	3,95	12,79	5,7
Lamartine	14,08	6,44	7,78	15,42	4,58	4,99	31,14	3,32	12,26	6,44

Tableau 9 – fréquence des voyelles (en pourcentages) en position 12 chez les quatre poètes du corpus

Il faut ici distinguer les consonnes et les voyelles. Pour les consonnes, les résultats sont confus et peu probants ; ils invalident même parfois ceux que nous croyions avoir obtenus : ainsi, pour les labio-dentales /f/ et /v/ et les dentales /t/ et /d/, ce ne sont plus respectivement Hugo et Musset qui arrivent en tête, mais Lamartine. Manifestement, comme nous avions commencé à le soupçonner, la consonne, à la réalisation acoustique si fluctuante, ne fait l'objet d'aucun investissement particulièrement significatif des poètes. Il n'en va pas tout à fait de même pour les voyelles, pour lesquelles les singularités déjà constatées sont ici nettement accentuées – ressortant très clairement des chiffres du tableau 8 : la prédilection très marquée de Musset pour les voyelles antérieures /i/ et /e/, ainsi que, à l'inverse, la préférence notable de Hugo pour les « sombres » voyelles postérieures (/ã/ et /õ/, auxquelles il est possible d'adjoindre le /u/). En somme, seule l'assonance vocalique constituant tout ou partie de la rime échappe à la règle linguistique générale, selon laquelle le phonème n'a qu'une fonction distinctive dans la chaîne des signifiés. Cette leçon minimaliste, qui ne fait que confirmer une évidence admise depuis toujours par la tradition, est pour le moins décevante.

Il restait cependant à faire une ultime vérification. Même si la fréquence globale des phonèmes ne fait apparaître aucun phénomène très remarquable, on sait aussi que la répétition des phonèmes (allitération ou assonance), ne serait-ce que par sa valeur rythmique, est un procédé caractéristique de la poésie (à commencer, bien entendu, par la rime). On pouvait donc s'attendre à ce que, par la fréquence de ces répétitions ou par la nature des sons répétés, on puisse enfin parvenir à caractériser les poètes. Nous avons donc voulu vérifier statistiquement cette hypothèse : les figures 7-10 montrent, respectivement pour les consonnes et les voyelles, la fréquence de ces répétitions et leur distribution entre les phonèmes de chaque catégorie (consonnes ou voyelles).

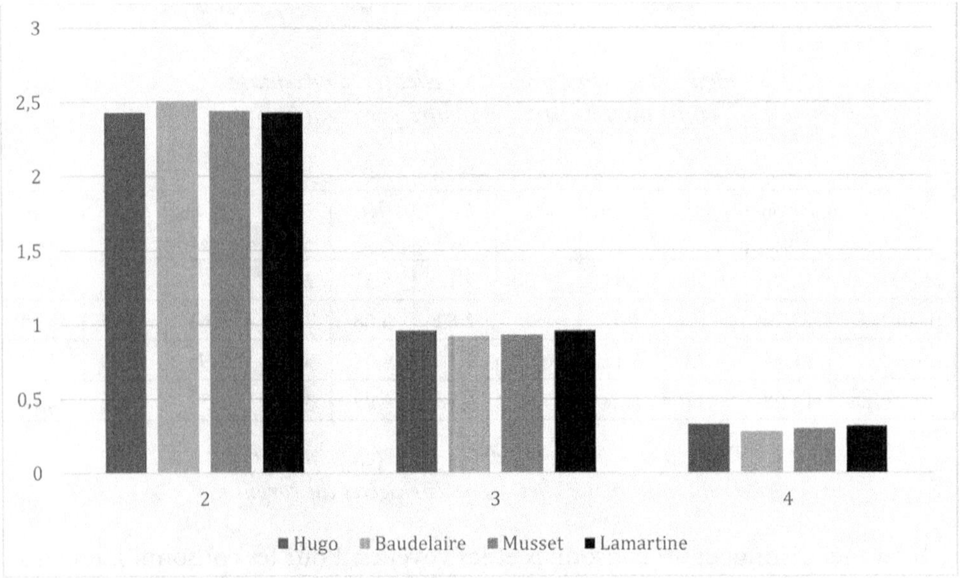

Figure 7 – nombre d'allitérations (consonne répétée 2, 3 ou 4 fois) par vers chez les quatre poètes du corpus

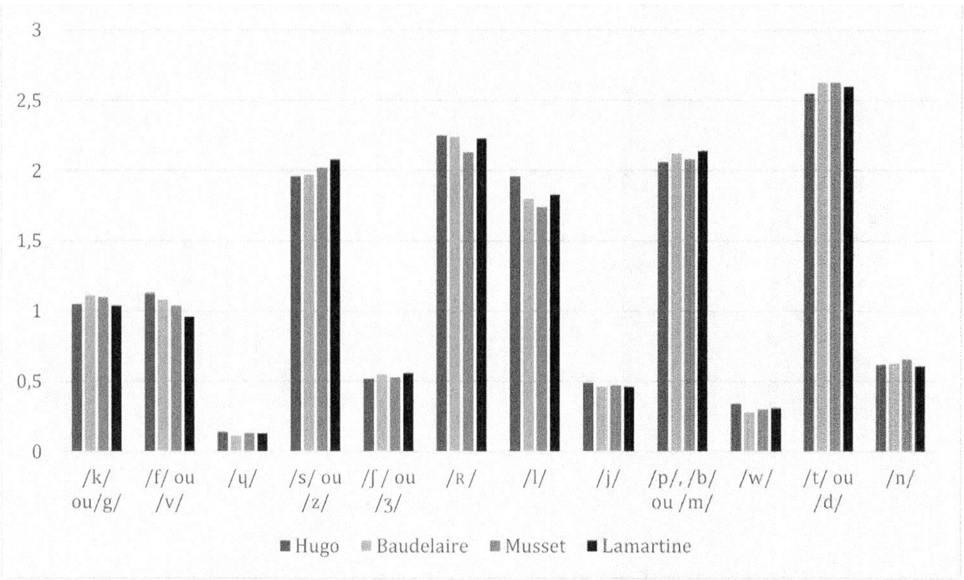

Figure 8 – fréquence des consonnes par vers chez les quatre poètes du corpus

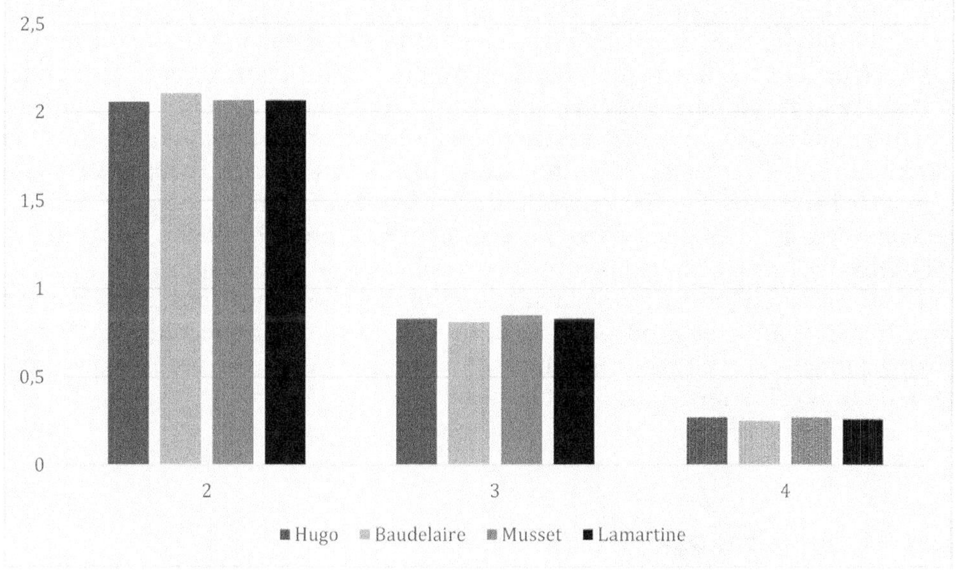

Figure 9 – nombre d'assonances (voyelle répétée 2, 3 ou 4 fois)
par vers chez les quatre poètes du corpus

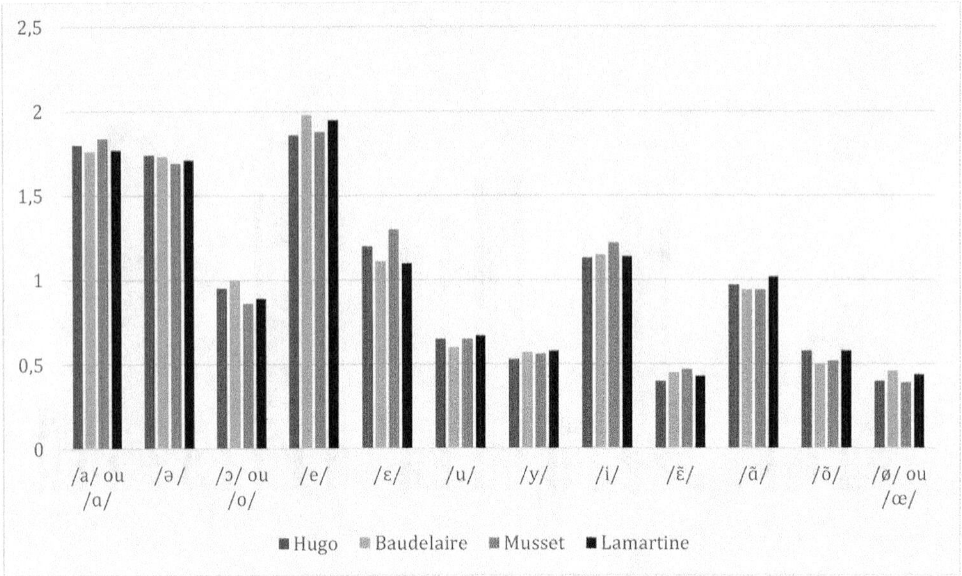

Figure 10 – fréquence des voyelles par vers chez les quatre poètes du corpus

De nouveau, le résultat est très clair. D'une part, le nombre de répétitions est à peu près le même chez les quatre poètes : une consonne ou une voyelle est redoublée plus de deux fois par vers, triplé un peu moins d'une fois, quadruplé une seule fois tous les trois ou quatre vers. Les chiffres sont d'ailleurs sensiblement plus élevés pour les consonnes que pour les voyelles, ce qui peut *a priori* surprendre compte tenu du nombre supérieur de consonnes ; mais cela tient à la fréquence très inégale des consonnes et à la surreprésentation, en particulier, du /R/, du /l/ et des paires /s/-/z/ et /t/-/d/. D'autre part, la nature des phonèmes répétés est globalement identique pour les quatre poètes. Manifestement, la poésie ne fait que refléter l'état de la langue : dans toute séquence en prose ordinaire, on trouvera inévitablement une certaine quantité d'assonances ou d'allitérations involontaires, reflétant mécaniquement l'inégale distribution des phonèmes dans le lexique. Au niveau statistique global où nous nous situons, la poésie ne recourt sans doute pas plus intensément à ces répétitions (du moins, pas dans des proportions repérables), mais elle y rend plus sensible.

Les leçons paradoxales d'un échec

Car il faut bien parler d'échec, au moins pour nous qui avons tenté la vérification expérimentale d'une intuition que nous avions eue de longue date, d'ailleurs avec d'autres : l'impression que les poètes, du moins ceux qui auraient eu la conscience la plus aiguë des implications artistiques du travail de composition poétique, avaient une perception autonome du matériau phonématique de leurs textes, indépendamment de sa fonction sémantique dans le cadre des langues naturelles. En somme, de même que, en peinture, on distingue le trait et la couleur (et l'on sait combien, dans l'art contemporain, la couleur s'est libérée du trait), il y aurait, en poésie, le signifiant phonétique et le signifié lexical, le premier ayant conquis une autonomie partielle à l'égard du second. Au terme de notre enquête, menée avec le souci d'explorer méthodiquement les différentes pistes que nous offrait l'outil numérique, nous avons invariablement abouti au même constat : si on laisse de côté des nuances, réelles mais secondaires, sur lesquelles il est inutile de revenir en ce moment conclusif, nous n'avons trouvé aucune singularité vraiment marquée, ni entre les quatre poètes dont nous avions choisi d'explorer les œuvres ni entre la poésie et la prose. Nous étions brutalement ramenés à la loi commune de la linguistique.

On dira que nous avons dépensé beaucoup d'énergie pour vérifier une règle générale, qui n'avait pas à souffrir d'exception. Mais la dépense n'était pas inutile. Tout d'abord, on sait bien, depuis Karl Popper, que la réfutabilité est le critère fondamental de la scientificité : nous avons donc pu définitivement réfuter un doute, ou un soupçon, qui restait en arrière-plan de très nombreuses analyses poétiques. Surtout, il ne faut pas en conclure que cette intuition acoustique n'était qu'une illusion. Si nous entendons davantage telle sonorité chez tel poète, c'est que sa poésie nous prédestine à les entendre. Il vaut la peine de citer à nouveau la formule géniale qui servit à Mallarmé pour qualifier l'effet de l'écriture hugolienne, « vers il y a sitôt que s'accentue la diction ». Nous entendons mieux, chez Hugo, les bilabiales /b/, /p/ ou /m/ et les labiodentales /f/ ou /v/, parce que nous croyons y reconnaître la voix distinctive du poète lui-même, ainsi que la force concentrée qui émane de ses vers : lorsque nous prononçons nous-mêmes ses vers, physiquement ou en imagination, nous insufflons nous-mêmes à ces sonorités une intensité anormalement soutenue. En d'autres termes, le phonème poétique a une double fonction distinctive : d'une part, dans la chaîne des signifiés, il permet de distinguer un vocable d'un autre ; d'autre part, il joue le rôle d'une signature auctoriale, singularisant le style d'un poète au milieu de tous les autres. Et, dans ce cas, il n'a pas besoin d'être mobilisé plus souvent que tout autre pour être pleinement efficace ; mais il s'agit alors d'un phénomène de perception esthétique pour lequel il n'y a aucun moyen de vérification objective.

Cette enquête confirme donc la loi générale de prédication poétique. L'effet de la versification syllabique est, jusque dans ses aspects les plus techniques, essentiellement pragmatique. Il éveille l'attention du diseur-lecteur par l'impression de surtension qu'il suscite, du fait même des contraintes spécifiques au vers syllabique (non rythmique), et qui confère ainsi aux mots du poème une puissance de signification qui ne réside ni dans le signifiant phonématique ni dans le signifié sémantique, mais qui est pourtant bien présente, puisqu'elle est perçue comme telle, grâce au resserrement rigoureusement calibré qui découle de l'isosyllabisme et de la contrainte numérique.

Mais si le vers syllabique n'a qu'un effet pragmatique et ne répond à aucune logique esthétique (qu'elle soit harmonique ou rythmique), pourquoi continuer à se plier à l'arbitraire du nombre ? Le vers libre, découpé en fonction des effets de sens attendus, joue exactement le même rôle de surlignage à la fois énonciatif et sémantique. De fait, depuis le surréalisme, il a largement remplacé l'alexandrin comme vers standard de la poésie française. Au moins pour la poésie *dite*, car, pour la poésie chantée, qui, en réalité, occupe dans l'espace social une place comparable à celle que tenait l'ancienne poésie syllabique et qui devrait donc, en toute logique historique, lui être comparée en priorité, les règles traditionnelles concernant la régularité métrique et la rime sont encore globalement respectées – il est vrai, avec la souplesse que permet le support de la musique. Cette passation de pouvoir, entre le vers syllabique et le vers libre, est sans doute inéluctable. Cependant, il vaut la peine de comprendre pourquoi un Mallarmé, si novateur à bien des égards (par exemple avec son célèbre *Un coup de dés jamais n'abolira le hasard*), a décidé, tout bien considéré, de rester fidèle au syllabisme, convaincu qu'« une régularité durera parce que l'acte poétique consiste à voir soudain qu'une idée se fractionne en un nombre de motifs égaux par valeur et à les grouper[1] ».

Tout d'abord, il n'est nullement indifférent que l'unité métrique, dans une poésie syllabique et non accentuelle, soit non pas le mot (comme dans le cadre d'une poésie rythmique prenant appui sur l'accent de mot), mais la syllabe, c'est-à-dire un élément infralexical n'ayant pas de signification propre. Car le compte syllabique conduit naturellement à « découper » le mot en syllabes : le lecteur-diseur y est prédisposé à porter son attention sur un matériau en lui-même non signifiant et sur ses composants acoustiques. Le syllabisme ramène pour ainsi dire le phonème à sa nature primitive de son, invite à une écoute particulière, voire à une forme d'émotion esthétique allant au-delà de la réalité linguistique et la contredisant.

Mais, aussi, le syllabisme fait entendre excessivement les sons du poème par son artificialité même, parce qu'il fonctionne à la manière d'un rituel – de même que le fidèle d'une religion quelconque accorde une valeur supérieure aux formules sacramentelles, pourtant usées jusqu'à la corde, précisément parce qu'elles sont fixées par le rite. En l'occurrence, le rite est ici le syllabisme : celui-ci invite le diseur-lecteur à une sorte d'écoute augmentée qui l'engage dans un univers virtuel et qui est très proche du contrat de lecture fictionnel. Il existe, pour le pouvoir que l'on est prêt à accorder aux sons et aux mots de la poésie, une « suspension volontaire de l'incrédulité » très comparable à celle que Coleridge suggérait pour le roman : de façon générale, il serait parfaitement possible d'appliquer à la poésie tout l'éventail des théories de la fiction ou du jeu contemporaines.

Les mots, voire les sons du poème sont ainsi dotés d'une puissance de signification extraordinaire non pas du fait d'une supériorité ontologique qui relèverait de la magie ou de la mystique (la poésie contemporaine n'a pourtant pas manqué de leur emprunter leur vocabulaire), mais de la confiance qu'il convient d'apporter au rituel poétique – ou à la règle du jeu poétique, dans sa version plus ludique. Le vers libre ne signifie pas le renoncement au rite, mais simplement

1. S. Mallarmé, « Crise de vers », dans *Œuvres complètes*, *op. cit.*, p. 209.

sa modernisation. Or pourquoi moderniser un rituel, puisqu'il tire précisément son efficacité de sa permanence ? Il vaut la peine d'entendre une dernière fois la leçon de Mallarmé, rappelant que le poète ne s'inventait pas un langage qui lui fût propre, mais employait « les mots de la tribu[1] », c'est-à-dire le langage ordinaire. Or le vers syllabique était la forme ordinaire qu'adoptait la tribu lorsque, avec ses mots ordinaires, elle voulait faire de la poésie. C'était donc pour Mallarmé, toute autre considération accessoire laissée de côté, une simple question de cohérence intellectuelle (et même, ajouterait le Victor Hugo révolutionnaire de la « Réponse à un acte d'accusation », d'esprit démocratique) que de perpétuer le rite poétique en respectant la forme ordinaire du rituel.

Université Paris Nanterre

1. *Id.*, « Le Tombeau d'Edgar Poe » (*Poésies*), v. 6.

Filip Kekus

« Ils rendirent la césure mobile... »

Paradoxes de l'alexandrin à césure « mobile » à l'époque romantique [1]

Il n'est pas rare aujourd'hui d'oublier combien la révolution romantique, dans sa composante poétique, fut également une révolution métrique, puissamment ressentie par les contemporains. Sainte-Beuve en avait très tôt fixé le projet autant que les principales caractéristiques :

> Un des premiers soins de l'école d'André Chénier a été de retremper le vers flasque du XVIIIe siècle, et d'assouplir le vers un peu roide et symétrique du XVIIe ; c'est de l'alexandrin surtout qu'il s'agit. Avec la rime riche, la césure mobile et le libre enjambement, elle a pourvu à tout, et s'est créé un instrument à la fois puissant et souple[2].

Dans la hâte du siècle à enregistrer les progrès, y compris artistiques, dont il aurait été le témoin, le propos fut inlassablement repris au point de devenir un lieu commun critique, avant que l'histoire littéraire n'en nuance la portée au cours du siècle suivant. Un certain Antonin Roche chantait dès 1849 l'héroïque « réforme de l'alexandrin » commencée par André Chénier en ces termes :

> Victor Hugo, Alfred de Vigny et les autres poètes romantiques perfectionnèrent ces innovations. Ils rendirent la césure mobile et pratiquèrent l'enjambement, pour obtenir un vers plus souple, plus familier, et pour varier l'harmonie. Ils firent sentir la mesure par le son éclatant de la rime, qui, mieux qu'un repos, indique la fin du vers[3].

1. Nous remercions Jean-Michel Gouvard pour la bienveillante relecture de cet article.

2. Charles-Augustin Sainte-Beuve, *Vie, poésies et pensées de Joseph Delorme* [1829], Jean-Pierre Bertrand et Anthony Glinoer (éd.), Paris, Bartillat, 2004, p. 193.

3. Antonin Roche, *Les Poëtes français. Recueil de morceaux choisis dans les meilleurs poëtes, depuis l'origine de la littérature française jusqu'au XIXe siècle* (2e éd.), Londres-Bruxelles-Paris, Rolandi-Méline et Cans-Didot, 1849, t. II, p. II. Le passage est absent de la première édition de cet ouvrage se destinant au cadre pédagogique anglais paru en 1844.

Parmi ces caractéristiques du vers romantique, hormis des travaux portant sur Hugo[1], cette notion d'alexandrin à césure « mobile[2] » – à laquelle Vigny préfère le terme « rompue[3] », cependant que Hugo parle volontiers de « vers brisé », expression synonyme à ses yeux de « vers moderne[4] » – a dernièrement peu intéressé les métriciens. Sans doute est-ce en partie imputable à une concentration de l'attention sur la seconde moitié du XIXe siècle au détriment de la première, mais aussi est-ce à mettre au compte, plus essentiellement, de la fragilité conceptuelle de la notion. L'expression de césure « mobile » consacrée par l'usage romantique se heurte, en effet, à la rigueur des études récentes en métrique, telles que Benoît de Cornulier les a initiées. La notion de césure, pour être métrique, comme Benoît de Cornulier le rappelle, doit être fixe, à moins de concéder l'existence d'« une coupe métrique qui ne soit pas métrique[5] ». Aussi faudrait-il plutôt parler de « coupe » que de « césure » dans le cas de la césure dite « mobile » afin d'éviter toute confusion.

Revenir à cette notion floue – ce que le terme « mobile » n'a jamais caché ! – autant qu'hybride, à mi-chemin entre la stylistique et la métrique, n'est toutefois pas inutile, peut-être en raison de la manière dont elle a violemment polarisé l'attention, au point d'avoir été, selon ses zélateurs, aux côtés de l'enjambement, l'une des terreurs des opposants au romantisme, quand bien même ce n'aurait été que brièvement si l'on en croit Gautier qui signale en 1838 que « les questions de césure et d'enjambement sont assoupies[6] ». Si dans la pratique romantique la césure « mobile » paraît moins fracassante que l'enjambement, elle n'en bouscule que plus profondément peut-être l'alexandrin classique, une fois contextualisée dans les discours critiques d'époque, et n'en éclaire que mieux la manière dont les romantiques entendaient réformer ce dernier, en théorie comme en pratique.

1. En plus des travaux fondateurs de Michel Grimaud (« Trimètre et rôle poétique de la césure chez Victor Hugo », *Romanic Review*, LXX, janvier 1979, p. 56-68 et « Bibliographie historique et critique pour l'étude du vers de Hugo », *Victor Hugo 2. Linguistique de la strophe et du vers*, Benoît de Cornulier, Joëlle Gardes-Tamine et Michel Grimaud [dir.], Paris, Minard, 1988, p. 191-210), voir par exemple Guy Rosa, « Hugo et l'alexandrin de théâtre aux années 30 : une question secondaire », *Cahiers de l'AIEF*, n° 52, mai 2000, p. 307-328 ; Michèle Aquien, « Victor Hugo et l'architecture du vers », *L'Information grammaticale*, n° 93, mars 2002, p. 33-38 ; Jean-Michel Gouvard, « L'alexandrin d'*Hernani*. Etude des procédés de dislocation du vers dans le théâtre de Victor Hugo », *Jean Bodel, Adam de la Halle, Des Périers, Viau, Voltaire, Hugo, Bernanos*, Christelle Reggiani, Claire Stolz et Laurent Susini (dir.), Paris, PUPS, 2008, p. 163-193, ou encore Alain Vaillant, « Victor Hugo, le vers et la scène », *Lectures du théâtre de Hugo. Hernani, Ruy Blas*, Judith Wulf (dir.), Rennes, PUR, 2008, p. 47-63.

2. Beaucoup plus marginalement, la notion de césure « mobile » put être appliquée au décasyllabe pour rendre compte de la possibilité de le rythmer en 5-5 plutôt qu'en 4-6.

3. Alfred de Vigny, *Le More de Venise*, *Œuvres complètes*, t. I, *Poésie. Théâtre*, François Germain et André Jarry (éd.), Paris, Gallimard, « Bibliothèque de la Pléiade », 1986, p. 487.

4. Victor Hugo, « Lettre à l'auteur », repris en préface à Wilhem Ténint, *Prosodie de l'école moderne*, Paris, Au Comptoir des imprimeurs unis, 1844, p. II-III.

5. Benoît de Cornulier, *Art poëtique. Notions et problèmes de métrique*, Lyon, Presses universitaires de Lyon, 1995, p. 58.

6. Théophile Gautier, « Feuilleton de la Presse », *La Presse*, 8 janvier 1838, p. 2.

Enfin Chénier vint...

Contexte théorique...

La notion de césure « mobile » apparaît dans le cadre d'un vaste mouvement de rénovation de la poésie française, lequel faisait consensus avant que la polémique entre classiques et romantiques ne le radicalisât à la fin des années 1820. Il s'agissait de répondre à un complexe d'infériorité de la métrique française par rapport à des métriques anciennes ou étrangères – celles du grec, du latin ou de l'italien par exemple –, renouvelant une vieille préoccupation qui avait agité les milieux lettrés au XVIe siècle, mais aggravée par des théories linguistiques récentes sur l'origine des langues qui tendaient à rapprocher ces dernières du chant. La langue des origines que l'on rêvait, à la suite de Rousseau, « chantante et passionnée[1] » n'était autre qu'une langue naturellement et essentiellement poétique. Et c'est en repoétisant le langage poétique, pour ainsi dire, en le remusicalisant selon la perspective de l'époque, que l'on espérait retrouver cette langue idéale perdue que l'on s'imaginait avoir été trahie par des « prosodistes de la vieille école », « plus arithméticiens que musiciens[2] », pour l'avoir rendue « flasque », « roide » ou « symétrique », selon les chefs d'inculpation retenus par Sainte-Beuve. Cette rénovation de la poésie empruntait un double mouvement d'essentialisation et de désartificialisation à la fois. D'une part, n'acceptant guère que la poésie, « langue des dieux » et nouvel absolu littéraire dont certains commençaient à envisager qu'il dépassât le vers, pût être le produit d'une simple opération arithmético-linguistique, on cherchait à lui découvrir « une autre harmonie que celle du nombre[3] ». D'autre part, il s'agissait de répondre à un besoin de naturel, dotant en particulier la « cadence nationale[4] » de l'alexandrin de plus de souplesse et de variété. Ces essais de rénovation n'allaient jamais sans une part de redéfinition du vers et de la poésie, mais aussi prenaient-ils un tour doublement comparatiste, en confrontant le vers français aux vers étrangers et en pensant la poésie au miroir de la musique.

C'est dans ce contexte que les efforts de théorisation d'Antonio Scoppa, en dépit de leurs faiblesses, rencontrèrent un écho durant l'Empire et qu'ils exercèrent une influence immense, comme Jean-Michel Gouvard l'a montré[5], auprès des théoriciens du XIXe siècle, qu'ils fussent esthétiquement conservateurs ou progressistes, en ouvrant la voie, par le biais d'une comparaison avec l'italien, à une approche non plus syllabique, mais accentuelle du vers français. La notion de

1. Voir Jean-Jacques Rousseau, *Essai sur l'origine des langues*, Catherine Klintzer (éd.), Paris, GF Flammarion, p. 62.
2. Wilhem Ténint, *Prosodie de l'école moderne*, *op. cit.*, p. 24.
3. *Ibid.*, p. 25.
4. Stéphane Mallarmé, *Œuvres complètes*, Bertrand Marchal (éd.), Paris, Gallimard, « Bibliothèque de la Pléiade », t. II, 2003, p. 207.
5. Voir Jean-Michel Gouvard, *Critique du vers*, Paris, Champion, 2000, p. 15-33.

césure « mobile » ne pouvait que profiter de cette première ébauche d'une théorie accentuelle, comme en témoigne, l'année suivant la mort de Scoppa, la manière dont Claude Roucher-Deratte louait « l'italien, inspiré du génie », d'avoir rendu la « césure mobile[1] ». Surtout apparaissait-elle sur fond d'une confusion durable entre mètre et prosodie[2], amenant à parler de « pied » plutôt que de « syllabe », voire d'« hexamètre » plutôt que d'« alexandrin », et permettant à Adolphe Boschot de soutenir, à l'aube d'un siècle nouveau :

> Il faut substituer à la notion incomplète, erronée, d'une césure fixe et graphique, la notion féconde et vivifiante d'une césure mobile et rythmique, ou, plus exactement, la notion de temps forts, de syllabes accentuées[3].

... et pratique

La pratique avait pourtant précédé, de peu certes, la théorie à en croire les romantiques, qui datèrent « la poésie moderne[4] » d'André Chénier, lorsqu'ils découvrirent son œuvre à titre posthume dans l'édition qu'en donna Henri de Latouche en 1819. L'œuvre de Chénier passa pour l'héroïque contrepartie de la Révolution en poésie, comme le rappelle Banville :

> Il fallait la Révolution pour balayer ce fumier tragique ; il fallut un être divin, fils d'une grecque, pour délivrer le vers de ses liens ignobles. [...] André Chénier avait reconquis le vers français[5].

Prenant le contrepied de Boileau qui renvoyait à l'enfance de l'art tout ce qui précédait la réforme malherbienne[6], les romantiques et leurs successeurs virent en Chénier celui qui vint sauver le vers de sa stagnation classique, celui qui, « par le sentiment et l'amour du vers antique », « revint au vers de Baïf et de Du Bellay[7] », et par l'entremise duquel, selon Gautier, « l'alexandrin apprit de l'hexamètre grec la césure mobile, les variétés de coupes, les suspensions, les rejets,

1. Claude Roucher-Deratte, *Petit Art poétique en six cent trente-six vers, Sous forme de placet, Sur les lois et le mécanisme des vers et de la césure*, nouvelle éd., Montpellier, J.-G. Tournel, 1818, p. 16. C'est la plus ancienne occurrence de l'expression que nous ayons repérée. Une première édition de l'ouvrage, considérablement plus courte, avait paru en 1816.

2. Voir J.-M. Gouvard, *Critique du vers*, *op. cit.*, p. 28.

3. Adolphe Boschot, « La réforme de la prosodie », *La Revue de Paris*, 15 août 1901, p. 859-894, p. 879.

4. Théophile Gautier, « Rapport sur les progrès de la poésie », *Recueil de rapports sur les progrès des lettres et des sciences en France. Rapport sur le progrès des lettres*, Paris, Imprimerie impériale, 1868, p. 68.

5. Théodore de Banville, *Petit Traité de poésie française*, Paris, Bibliothèque de l'écho de la Sorbonne, s.d. [1871], p. 94-95.

6. Voir Nicolas Boileau, *Art poétique*, chant I, Paris, GF Flammarion, 1969, p. 90, v. 113-134.

7. Charles Magnin, « Littérature. Précis d'un traité de poétique et de versification ; par M. Viollet-Leduc. (IIe et dernier article) », *Le Globe*, 11 novembre 1829, p. 714-717, p. 715 (repris dans *Causeries et méditations historiques et littéraires*, t. I, Paris, Benjamin Duprat, 1843, p. 77).

toute cette secrète harmonie et ce rythme intérieur[1] ». Un homme providentiel venait renouer la chaîne des temps que Malherbe aurait rompue, permettant à la poésie de renaître à elle-même par la redécouverte de ses racines, tout en offrant à l'argumentaire romantique la possibilité de retourner contre les classiques les critiques dont ils étaient l'objet en faisant de la modernité l'héritière spirituelle d'une tradition plus haute.

Dans les faits, toutefois, Chénier n'inventait pas à proprement parler la césure « mobile », mais accentuait plutôt un procédé connu de l'alexandrin classique, en ménageant, dans des contextes ne se prêtant pas à un vers trop sévère ou rigide, une discordance inhabituelle entre mètre et syntaxe, destinée à perturber le « repos » attendu et exigé par Boileau à l'hémistiche[2], mais à condition que la licence ne fût pas purement gratuite, que l'effet demeurât ponctuel et que la suite du vers apaisât la tension suscitée. Charles Magnin assure ainsi que l'on trouve dans Racine des vers « accentués par la passion même » et où « la césure est perpétuellement mobile[3] », mais « sans offrir un déplacement aussi marqué que celui-ci :

Il tend les bras ; il tombe – à genoux ; il lui crie[4]

Dans cet alexandrin tiré du « Mendiant » de Chénier, la césure s'invite au sein d'une expression dont elle perturbe l'intégrité et entrave d'autant plus le mouvement naturel d'une diction encline à épouser les pauses syntaxiques disposées selon un rythme 4-5-3 qu'un enjambement à venir[5] accroît la discordance entre structure métrique et structure syntaxique, dramatisant métriquement le mouvement du personnage pour accentuer le pathétique de la scène.

L'innovation, telle que Chénier l'exploite, bien qu'elle soit perçue à l'époque comme la manifestation d'un vers nouveau, distinct du vers racinien en raison du degré et de la fréquence de la perturbation, est alors sinon bien accueillie, du moins tolérée. La raison en est que le poète, dont la mort par ailleurs garantissait une certaine sérénité à l'étude de son legs poétique, en avait malgré tout usé avec mesure tout en ouvrant des perspectives nouvelles.

1. T. Gautier, « Rapport sur les progrès de la poésie », art. cité, p. 68.

2. Voir N. Boileau, *Art poétique*, *op. cit.*, p. 89, v. 105-106.

3. Charles Magnin illustre son propos en citant un extrait du monologue que Roxane prononce à la scène 4 de l'acte IV de *Bajazet* (v. 1209-1222).

4. Ch. Magnin, « Littérature. Précis d'un traité de poétique et de versification ; par M. Viollet-Leduc (IIe et dernier article) », art. cité, p. 715 (*Causeries et méditations historiques et littéraires*, *op. cit.*, t. I, p. 80).

5. « Il tend les bras, il tombe à genoux ; il lui crie / Qu'au nom de tous les dieux il la conjure, il prie » (André Chénier, *Œuvres complètes*, Gérard Walter [éd.], Paris, Gallimard, « Bibliothèque de la Pléiade », 1958, p. 34).

Dans le vif de la polémique

Scandales et provocations

Il en va autrement lorsque la critique aborde de jeunes et ambitieux poètes en exercice au cours d'une décennie durant laquelle le débat ne cesse de se tendre, jusqu'à ce que la césure « mobile » fasse polémique aux alentours de 1829, une fois que la machine médiatique était lancée, et que ce qui était à l'origine une question technique, réservée à des spécialistes, était devenue publique en s'invitant au théâtre. On pouvait reprocher à Lamartine des alexandrins comme « Tu n'aimais que le bruit – du fer, le cri d'alarmes », ou « Tu ne demandais rien – au monde que l'empire[1] » ; on pouvait s'agacer des « efforts un peu prétentieux » et des « manies de césure mobile[2] » de Vigny ; mais on ne tolère plus que Hugo, qui va polariser l'attention à partir de la création d'*Hernani* et presque incarner à lui seul l'alexandrin romantique, commette pareilles monstruosités :

> Je suis banni, je suis – proscrit ! je suis funeste !
> En attendant, je n'ai – reçu du ciel jaloux…
> Ne prenez que ce qui – peut être duc ou comte.
> Mais que veux-tu, ma pauvre – enfant ? quand on est vieux !
> C'est l'Allemagne, c'est – la France, c'est l'Espagne.
> Un édifice, avec – deux hommes au sommet[3].

Que reproche-t-on à ces alexandrins, dont on pourrait trouver de nombreux exemples analogues dans *Le More de Venise* de Vigny[4], auquel les innovations d'*Hernani* doivent beaucoup, ou ailleurs ? Tous présentent un effet de déphasage particulièrement marqué entre structure métrique et structure syntaxique provoqué par l'intrusion délibérée de la césure entre des « mots que la prononciation et la

1. Voir Camille Jordan, « Critique littéraire. Nouvelles méditations poétiques ; par M. de Lamartine », *Annales de la littérature et des arts,* t. XIII, 1823, p. 44-57, p. 55-56. Les deux alexandrins sont extraits du poème intitulé « Bonaparte » (respectivement v. 79 et 68) et présentent le cas d'une césure « insuffisante » selon Quicherat (voir Louis Quicherat, *Traité de versification française* [1re éd.], Paris, Hachette, 1838, p. 16).

2. « Poésie. Poèmes. Par M. le comte Alfred de Vigny, auteur de *Cinq-Mars* », *Le Globe,* 9 mai 1829, p. 294-296, p. 294.

3. *Hernani,* respectivement acte II, sc. 5, v. 655 ; acte I, sc. 2, v. 121 ; acte IV, sc. 4, v. 1439 ; acte III, sc. 1, v. 694 ; acte IV, sc. 4, v. 1487 ; acte IV, sc. 2, v. 1227. Nous citons les vers contre lesquels s'insurge Frédéric Vaultier (1772-1843), professeur de littérature française à la Faculté de Caen (voir Frédéric Vaultier, « Analyse rhythmique du vers alexandrin », *Mémoires de l'Académie royale des sciences, arts et belles-lettres de Caen,* Paris, A. Hardel, 1840, p. 85-110, p. 103).

4. Par exemple : « Noble Othello, je suis – blessé, je suis réduit » (acte II, sc. 14, v. 820) ; « Seigneur, ma mission – fatale est accomplie » (acte III, sc. 2, v. 1193) ; ou encore « S'accroître encore avec – le nombre de vos jours » (acte II, sc. 6, v. 580).

grammaire unissent[1] », en l'occurrence, sans que soient épuisées toutes les configurations possibles, en coupant un attribut du reste de la construction attributive, un participe de son auxiliaire, un verbe de son pronom relatif sujet, une épithète du terme qu'elle qualifie, ou un groupe nominal de la préposition qui l'introduit. Ces vers diversement « défectueux[2] », au regard de ce principe rappelé par Quicherat, transportent au sein même de l'alexandrin le procédé de l'enjambement romantique en donnant l'impression d'un « empiètement du premier hémistiche sur le second[3] ». Ils heurtent les habitudes en produisant une résistance à la lecture ou à l'audition, voire une impression de dissonance. Dans ces vers où est mise en évidence une tension constitutive du langage poétique entre naturel et artificiel, le lecteur ou l'auditeur hésite entre deux interprétations opposées du phénomène : la pente naturelle du rythme syntaxique invite à suivre une lecture qui efface la perception de la césure en déplaçant la pause en son amont ou en son aval, quitte à la doubler (dans cinq des six cas relevés ici, les vers pourront donner lieu à une scansion en trimètre, selon un rythme 4-4-4), mais la nature de l'alexandrin y oppose un rythme métrique divergent, contraignant à une lecture particulièrement antinaturelle ou artificielle dans le cas où le rythme 6-6 serait respecté.

Pareils alexandrins tendent à faire de l'exception la règle, mais, surtout, la « pause » produite à la césure en devient « toute de caprice, peu sensible, quelquefois même absolument impraticable[4] ». Le brouillage de la perception métrique est tel que la critique conservatrice doute que la rime, dont les théoriciens de l'alexandrin à césure « mobile » soulignaient la nécessité qu'elle fût « plus sévère[5] », puisse suffire à « indiquer les vers à l'audition[6] », *a fortiori* lorsqu'un enjambement surajoute au brouillage. La césure « mobile » altérerait le vers dans « ses principes essentiels[7] », et nombreux sont ceux qui avertissent qu'en pareils cas « il n'y a décidément aucune apparence d'*hémistiche* », qu'« il est difficile de recevoir » de tels vers « pour des *alexandrins*[8] ». Certains concluent même à la « destruction » de l'alexandrin[9]. La sanction est immédiate : on crie à la « prose rimée[10] », on raille,

1. Voir L. Quicherat, *Traité de versification française, op. cit.*, p. 14-15.
2. *Ibid.*
3. « Bulletin bibliographique. Analyses et comptes rendus. Prosodie de l'Ecole moderne ; par Wilhem Ténint », *Revue de l'instruction publique en France et dans les pays étrangers*, 19 juillet 1844, p. 505-507, p. 507.
4. F. Vaultier, « Analyse rhythmique du vers alexandrin », art. cité, p. 102-103.
5. « Sans doute l'alexandrin à césure mobile appelle une rime plus sévère », déclarait Charles Magnin (voir Charles Magnin, « Poésie. Vie, poésies et pensées de Joseph Delorme », *Le Globe*, 11 avril 1829, p. 227-229, p. 229, repris dans *Causeries et méditations historiques et littéraires, op. cit.*, t. I, p. 223).
6. Voir Décembre-Alonnier, « Bibliographie. Examen critique de la versification française classique et romantique par A. Ducondut », *Revue bibliographique, Journal des publications nouvelles*, 20 avril 1863, p. 524-526, p. 525.
7. F. Vaultier, « Analyse rhythmique du vers alexandrin », art. cité, p. 105.
8. *Ibid.*, p. 103. Voir Abel Ducondut, *Examen critique de la versification classique et romantique*, Paris, Librairie parisienne, 1863, p. 71-72.
9. Voir Bernard Jullien, *Thèses de critique et poésies*, Paris, Hachette, 1858, p. 269.
10. L'une des stratégies auxquelles les tenants d'un ordre classique du vers recourent pour attaquer les romantiques sur ce point est de donner à lire un échantillon d'alexandrins en le citant comme s'il s'agissait de prose, en supprimant les marques typographiques habituelles de présentation des vers : voir par

en parodiant[1] l'innovation après l'avoir comparée à des maladresses célèbres dans les milieux potaches, comme celles commises dans *Le Tremblement de terre de Lisbonne* par Maître André, qui au moins avait l'excuse de ne se prétendre que maître perruquier[2].

Ces réactions sont justifiées au regard de l'indéniable volonté de provocation que l'alexandrin à césure « mobile » acquiert dans *Hernani*, et que les Jeunes-France reprendront à leur compte. L'expression privilégiée par les hugoliens de « vers brisés », qui s'enracine dans la préface de *Cromwell*[3] et dont Hugo filera la métaphore dans un fragment poétique datant du début des années 1840, où il reprendra à son compte le terme préféré par Vigny et hasardera l'image d'un « vers coupé[4] », implique cette dimension dérégulatrice et attentatoire. Et ce n'est pas un hasard si le scandale provoqué par l'alexandrin à césure « mobile » devait atteindre son paroxysme au théâtre, tant la scène mettait plus que jamais la perception du vers à l'épreuve.

L'épreuve de l'oral

Si la césure « mobile » malmène l'alexandrin, c'est aussi en partie car elle met au jour un conflit, sinon un divorce entre des conceptions divergentes de sa nature. Les contemporains continuent à présumer que la poésie est un art destiné à être lue à voix haute, contrairement à la prose, et la césure « mobile » joue de cette dimension sonore tout en la mettant à l'épreuve. Les romantiques voulurent voir dans l'alexandrin une unité organique, ce qui autorisa Emile Deschamps à soutenir qu'à côté des « règles *grammaticales* de la versification » existeraient les règles de « son organisme intime » ignorées du plus grand nombre, et qu'un vers demeurerait lettre morte sans « la magie de sa diction », comparant la poésie écrite à ce qu'une partition serait pour la musique[5].

---

exemple *Revue de l'instruction publique en France et dans les pays étrangers*, 19 juillet 1844, *op. cit.*, p. 506 ou Décembre-Alonnier, « Bibliographie. Examen critique de la versification française classique et romantique par A. Ducondut », art. cité, p. 525, où sont respectivement incriminés un extrait de *Marion de Lorme* de Hugo (acte I, sc. 3, v. 110-117) et un extrait du « Mendiant » de Hugo (v. 11-17) placés entre deux extraits des futurs *Exilés* de Banville, « Hésiode » (v. 40-47) et « La Rose » (v. 1-8).

1. *Le Corsaire* du 18 avril 1829 caricature ainsi la manière romantique : « Le monde est couvert d'un – voile grand et plein d'é / Toiles, dont la main de – l'Eternité peut dé / Ployer toute l'éten – due avec ses doigts maigres / Et jaunes, en poussant des sons tristement aigres. »

2. Le *Grand Dictionnaire universel du XIXe siècle* de Larousse cite de mémoire (t. I, 1866, p. 335) : « Tout mon désir et ma – plus grande ambition » et « L'on t'en rendra un qui / sera beaucoup plus beau » (voir *Le Tremblement de terre de Lisbonne, par M. André, Me Perruquier*, Lisbonne, Imprimerie du Public, 1755, respectivement p. 24 et p. 67).

3. « Nous voudrions un vers libre, franc, loyal, osant tout dire sans pruderie, tout exprimer sans recherche ; [...] sachant briser à propos et déplacer la césure pour déguiser sa monotonie d'alexandrin [...] » (V. Hugo, préface de *Cromwell*, *Critique*, *Œuvres complètes*, Jacques Seebacher et Guy Rosa [dir.], Paris, Robert Laffont, « Bouquins », 1985, p. 29).

4. Voir V. Hugo, *Toute la lyre*, IV, XV, *Poésie IV*, *Œuvres complètes*, *op. cit.*, p. 321.

5. Voir Emile Deschamps, « De la forme dans les arts et particulièrement dans la poésie », repris en préface à W. Ténint, *Prosodie de l'école moderne*, *op. cit.*, p. V-XVI, p. VII-VIII.

Hugo partageait cette vision organique idéale du vers et insistait sur la dimension sonore particulière que l'alexandrin était appelé à prendre au théâtre en affirmant les affinités unissant étroitement le « vers brisé » à sa théorie du drame :

> Le vers brisé est en particulier un besoin du drame ; du moment où le naturel s'est fait jour dans le langage théâtral, il lui a fallu un vers qui pût se parler. Le vers brisé est admirablement fait pour recevoir la dose de prose que la poésie dramatique doit admettre[1].

Il suggère que le « vers brisé » serait réservé à un usage bien particulier, selon une répartition rappelant le contrepoint existant à l'opéra entre récitatif et chant. Le « vers brisé » serait pour ainsi dire un vers « prosaïque » dont l'invention était nécessaire pour contrebalancer, dans le cadre de l'esthétique du drame romantique, le vers essentiellement lyrique de la métrique traditionnelle. En parlant de « VERS PARLÉ » et de « VERS CHANTÉ[2] », Ténint reprend cette même répartition à laquelle Vigny avait fourni un embryon de théorisation dans *Le More de Venise*. N'ayant à sa disposition que l'outil de l'alexandrin, suivant les habitudes de la scène de son temps, pour traduire l'alternance entre vers et prose caractéristique d'*Othello*, dans laquelle il reconnaît la « différence du *récitatif* au *chant* », Vigny multiplia les enjambements et les césures « rompues » en cherchant à donner un équivalent dans le vers français à la prose shakespearienne, ce qui lui permettait d'autant plus aisément de donner l'impression d'« élever » le style lorsqu'il supprimait ces innovations et revenait à une stricte observance des principes de l'alexandrin classique[3].

Avec ce partage, les romantiques transposent en quelque sorte dans leur esthétique le principe classique du partage des genres. Charles Magnin souligne combien Molière ou La Fontaine surent maintenir contre Malherbe, dans des contextes particulièrement bouffons, l'alexandrin à césure « mobile » et les « libres enjambements de la bonne vieille poésie de Marot et de Régnier[4] ». Quicherat même rappelle que « dans les genres soutenus, l'on est bien plus exigeant pour la césure que dans les genres simples », et que « la comédie, l'épître familière, le conte, se contentent de césures que l'épopée, la tragédie, l'épître sérieuse, trouveraient insuffisantes »[5].

Le « vers parlé » ne pouvait par conséquent que rendre plus sensible l'écart entre conventions de la versification et besoins de l'illusion théâtrale. Dans les faits, l'épreuve de la scène perturbe la perception de l'alexandrin et la rend même impossible dans certains cas de figure. *Hernani* comme *Le More de Venise*, par exemple lorsqu'un « *e* » atone non élidable selon les principes de la versification

1. V. Hugo, « Lettre à l'auteur », *ibid.*, p. II-III. – C'est ce qui fait que le vers pourrait être « *aussi beau que de la prose* », comme Hugo le rêve dans sa préface de *Cromwell* (*op. cit.*, p. 29).
2. *Ibid.*, p. 56.
3. A. de Vigny, *Le More de Venise*, *op. cit.*, p. 487.
4. Ch. Magnin, « Littérature. Précis d'un traité de poétique et de versification ; par M. Viollet-Leduc (IIe et dernier article) », art. cité, p. 715 (*Causeries et méditations historiques et littéraires*, *op. cit.*, t. I, p. 76).
5. L. Quicherat, *Traité de versification française*, *op. cit.*, p. 19.

française est perdu lors de l'enchaînement entre répliques segmentant l'alexandrin, ou plus rarement à l'occasion d'un jeu de scène[1], manifestent combien l'alexandrin tend parfois à n'être plus non pas tant le « cache-sottise » dénoncé par Stendhal[2], qu'une entité métrique de pure convention, sans aucune réalité sonore. Pareilles licences passaient inaperçues auprès d'un public dont on a longtemps exagéré la conscience métrique. Le précieux exemplaire de son texte, que Hugo annota au cours de la « bataille » d'*Hernani* afin de faire état des réactions du public, invite à revoir la légende des sifflets qu'auraient causés ses provocations métriques les plus célèbres, comme celle de son enjambement inaugural (« Serait-ce déjà lui ? C'est bien à l'escalier / Dérobé »)[3]. Ces audaces n'ont fait scandale qu'une fois imprimées, autrement dit à la lecture et non à la représentation de la pièce. A l'inverse, on sait combien l'hostilité du public pouvait être grandement imputable à la responsabilité d'un acteur, soit qu'il manquât de familiarité avec l'alexandrin romantique, soit qu'il mît de la mauvaise volonté à le déclamer. Ce fut notamment le cas de Firmin, qui ridiculisa dès son premier vers le monologue sur lequel s'achevait le premier acte d'*Hernani* en déclamant d'une traite le second hémistiche de « Oui de ta suite, ô roi ! De ta suite ! – J'en suis », sans marquer la pause au tiret[4].

L'alexandrin à césure « mobile » présente ainsi un défi à la fois à l'audition et à la lecture, de sorte qu'il interroge sur les manières dont il était perçu par les contemporains. Nous pouvons certes regretter, nous qui avons une conscience nécessairement plus écrite ou textuelle de cette césure « mobile », de ne pouvoir entendre Hugo lire ses propres vers, lui qui avait la réputation de les lire magnifiquement, afin d'apprécier dans quelle mesure il pouvait rendre sensible et intelligible par sa lecture la richesse sémantique et poétique des dissonances qu'il avait ménagées lors de l'écriture de sa pièce. Pour ce qui est de l'immense majorité des contemporains, cependant, tout porte à croire que les alexandrins à césure « mobile » étaient lus suivant le rythme naturel de la syntaxe, comme nous en assure Becq de Fouquières :

> Lorsque le vers est décidément du mode romantique, la voix, qui opère le groupement des sons corrélativement aux divisions logiques de la pensée, se pose sur le premier accent rythmique, après lequel elle trouve éventuellement un léger temps de repos ; de là, au lieu de s'arrêter sur l'accent de l'hémistiche, qui n'a plus l'appui normal du repos fondamental et qui se trouve affaibli, la voix passe sur la sixième syllabe, tonique ou muette, mais non rythmique, et va se fixer sur

1. Voir « [Doña Sol :] Malheureuse ! : [Doña Josefa :] Mon Dieu ! L'inconnu ! Des épées ! » (*Hernani*, acte I, sc. 2, v. 209), « [Don Ruy Gomez :] Altesse ! *(Il appelle ses valets.)* Faites tous honneur au roi mon hôte » (*Hernani*, acte I, sc. 3, v. 373) ou encore « [Premier sénateur :] On ne m'annonce ici que cent galères. [Le Doge, *feuilletant aussi ses lettres* :] Moi » (*Le More de Venise*, acte I, sc. 8, v. 193).

2. Stendhal, *Racine et Shakespeare* [1823], Paris, Kimé, 2005, p. 19.

3. Voir V. Hugo, *Hernani*, Florence Naugrette (éd.), Paris, GF Flammarion, 2012, n. 1, p. 38. Voir sur ce point Jean Gaudon, *Victor Hugo et le théâtre. Stratégie et dramaturgie* [1955], Paris, Suger-Pauvert, 1985, p. 169-170.

4. *Hernani*, acte I, sc. 4, v. 383 (voir *op. cit.*, n. 2, p. 66).

> l'accent rythmique suivant, après lequel elle peut encore en certains cas retrouver un léger temps de repos, puis enfin remonte à l'accent final du vers et fait sonner la rime[1].

Le passage tend à corroborer le fait que les lecteurs de l'époque, aux premiers rangs desquels les partisans du romantisme, eurent tendance à interpréter une pause syntaxique survenant en cours d'hémistiche, et tout particulièrement en cours du premier semblerait-il, marquée par une virgule par exemple, comme une césure « mobile ». La chose est particulièrement frappante dans la manière que certains critiques eurent d'analyser de façon anachronique des vers classiques à l'aune d'une notion métrique moderne. Le fait que Ténint ait pu interpréter un vers de La Fontaine comme « Disant ces mots, – il fait connaissance avec elle[2] » selon une scansion en 4-8, ou, plus encore, qu'Alfred Bougeault se soit plu à lire un alexandrin de Racine comme « Qu'on tremble – en comparant l'offense et le supplice[3] » selon une improbable scansion en 2-10, interroge sur la part d'arbitraire dans la reconnaissance d'une césure « mobile », mais aussi pose la question de la conscience métrique même de critiques que l'on ne saurait pourtant tenir pour des amateurs. Dans ces deux exemples, Ténint comme Bougeault ont été conduits à effacer des césures classiques pourtant loin d'entraver la diction en procédant à une interprétation moins naturelle peut-être que la scansion en 6-6, tout en imposant à l'alexandrin une lecture qui le rapproche de la prose, comme s'ils lisaient de la « prose rimée » pour ainsi dire. Plus profondément, cette lecture efface ce que le choix de placer tel mot à l'hémistiche pouvait avoir de signifiant. En effet, mettre en valeur « il fait » peut laisser entendre dans le vers de La Fontaine ce que l'intérêt que le seigneur manifeste pour la fille de son jardinier cache de portée érotique, de même que la marche nettement articulée de l'alexandrin de Racine, rythmé par les nasales « *on* » et « *an* », insiste sur la comparaison tout en faisant sentir la jouissance qu'Aman imagine trouver dans une vengeance à travers laquelle il réduirait son ennemi à ployer sous son impitoyable pouvoir.

Ces divergences de vues nous confrontent à une perception de l'alexandrin en partie étrangère à celle qui serait globalement la nôtre, ce qui rend la compréhension de la notion de césure « mobile » d'autant plus difficile aujourd'hui. Si l'on ne peut nier qu'elle ait pu être en partie le fait de certains novateurs quelque peu excentriques, ou qu'elle ait subi l'influence d'une ardeur polémique ayant donné lieu à des interprétations excessives, la notion signale une évolution profonde de la conscience métrique au XIXe siècle tout en ayant partie liée avec les plus fascinantes créations poétiques du siècle.

1. Louis Becq de Fouquières, *Traité général de versification française*, Paris, G. Charpentier, 1879, p. 124.
2. Voir W. Ténint, *Prosodie de l'école moderne*, *op. cit.*, p. 57. L'alexandrin est tiré de « Le jardinier et son seigneur » (*Fables*, IV, 4, v. 25).
3. Voir Alfred Bougeault, *Principes de composition et de style, suivis d'une étude des genres de littérature en vers et en prose* (2e éd.), Paris, Hachette, 1853, p. 252. L'alexandrin est tiré d'*Esther*, acte II, sc. 1, v. 474.

Une évolution profonde de la conscience métrique

Dialogues théoriques de sourds

C'est pourquoi l'alexandrin à césure « mobile » perturbe la perception du vers à son audition ou à sa lecture tout autant que les repères théoriques qui sous-tendent cette perception. Toutefois, s'il semble assez vite s'imposer avec une certaine évidence dans la pratique, il n'en va pas de même en ce qui concerne les efforts entrepris pour lui trouver une assise théorique fondée en raison.

Aussi intéressant que soit l'effort de Ténint, en raison de sa précocité mais aussi de son engagement romantique dans un paysage théorique largement dominé par des milieux académiques par nature conservateurs, aussi séduisantes que soient, à première vue, les douze combinaisons d'alexandrins « brisés » qu'il propose[1] et qui ne manqueront pas de faire des émules[2], la confusion entre mètre et prosodie sur laquelle s'appuie sa *Prosodie de l'école moderne* fut immédiatement relevée par ceux qui en rendirent compte, telle la *Revue de l'instruction publique* du 19 juillet 1844 :

> Ce que M. W. Ténint appelle des vers de six, de sept pieds, est communément appelé vers de six, de sept syllabes. Mais une bourde bien autrement grave, c'est de prendre le mot césure pour le mot accent, et de faire perpétuellement cette confusion[3].

Néanmoins, le censeur invalide davantage la terminologie que le fond de la démarche de Ténint puisqu'il appuie sa critique sur la théorie accentuelle du vers français développée par Quicherat dans son *Traité de versification française*, ouvrage qui contiendrait, « dans une rédaction plus exacte, toutes les prétendues découvertes de M. W. Ténint relativement à l'accent des vers français, et notamment à l'accent mobile de l'alexandrin[4] ». L'erreur de Ténint autant que des romantiques aurait été, en somme, de parler de « césure mobile » au lieu d'« accent mobile ». Mais, à lire son ouvrage de plus près, Ténint avait lui-même grandement relativisé le caractère révolutionnaire de son propos en confirmant la nécessité qu'une césure « immobile » continuât d'exister, à titre résiduel ou fantôme, y compris dans les alexandrins à césure « mobile » :

> Dans le vers parlé, la césure du milieu, césure classique, venant après les six premières syllabes, est [...] très souvent supprimée, mais il en reste toujours quelque chose, ou du moins il faut que le premier hémistiche se termine par un son plein[5].

1. Voir W. Ténint, *Prosodie de l'école moderne, op. cit.*, p. 60 *sq.*
2. Voir par exemple Louis Becq de Fouquières, *Traité général de versification française, op. cit.*, p. 103 *sq.*
3. *Revue de l'instruction publique en France et dans les pays étrangers*, 19 juillet 1844, *op. cit.*, p. 505-506.
4. *Ibid.*
5. W. Ténint, *Prosodie de l'école moderne, op. cit.*, p. 76-77.

Et Ténint de rappeler :

> Le vers par excellence est le vers lyrique à césure immobile ; il conserve donc toujours une sorte d'empire, une prérogative royale, pour ainsi dire. Lors même qu'on le brise et qu'on y déplace la césure, on tient encore compte de sa césure primitive, on l'indique imperceptiblement, et c'est là une règle qu'il n'est pas loisible de violer[1].

La discussion montre qu'en dépit de désaccords nombreux un consensus existe entre modernistes et conservateurs sur la manière qu'ils ont de superposer au principe d'une césure métrique une approche accentuelle de l'alexandrin. Les romantiques divergent des classiques sur le plan pratique avant tout, en donnant la possibilité à une approche accentuelle de l'alexandrin de primer à la lecture, afin de proposer une scansion nouvelle de l'alexandrin en « complément[2] » de la scansion classique en 6-6. Pour le dire autrement, les romantiques défendent l'idée d'une non-coïncidence paradoxale entre théorie et pratique : l'alexandrin à césure « mobile » continue à observer le principe d'une césure classique, mais sans nécessairement l'actualiser, en donnant la possibilité de l'effacer effectivement. Les romantiques légitiment de cette manière un certain usage de la dissonance.

De fait, tout contribue à faire de cette césure « mobile » une coupe de rechange dont l'effet, à la lecture comme à l'audition, est comparable à celui d'une dissonance en musique, une dissonance rythmique s'entend : à la manière d'un contretemps ou d'une syncope, la césure « mobile » surprend et perturbe le sens de la mesure, sans toutefois remettre en cause le cadre de référence avec lequel elle paraît entrer en conflit, cadre dans lequel elle s'enracine, et en dehors duquel elle ne saurait exister. Elle n'est pas « négation de l'art », comme le profane le croit trop souvent, prévient Hugo, mais seulement « prétendue violation de la règle[3] ». Gautier parle de « chute irrégulière[4] » pour qualifier cet effet de la césure « mobile », ce que l'analogie qu'il établit entre les innovations dans lesquelles Berlioz et Hugo étaient passés maîtres rend sensible :

> M. Hector Berlioz, réformateur musical, a de grands rapports avec Victor Hugo, réformateur littéraire. Leur première pensée à tous deux a été de se soustraire au vieux rythme classique avec son ronron perpétuel, ses chutes obligées et ses repos prévus d'avance ; de même que Victor Hugo déplace ses césures, enjambe d'un vers sur l'autre et varie, par toutes sortes d'artifices, la monotonie de la période poétique, Hector Berlioz change de temps, trompe l'oreille qui attendait un retour symétrique et ponctue à son gré la phrase musicale [...][5].

1. *Ibid.*, p. 78.
2. V. Hugo, « Lettre à l'auteur », *ibid.*, p. II.
3. *Ibid.*
4. Théophile Gautier, *Les Grotesques*, Paris, Desessart, 1844, t. I, p. 259. Le propos reprend un article paru dans *La France littéraire* d'octobre 1834.
5. *Id.*, « Feuilleton de la Presse. Académie royale de musique. Première représentation de *Benvenuto Cellini* », *La Presse*, 17 septembre 1838, p. 1.

Vers des cas de césures « mobiles » quasi métriques ?

Toutefois, si elle n'était à l'origine envisagée que comme un effet ponctuel, par ses zélateurs comme par ses détracteurs[1], cette notion de césure « mobile » ouvre indéniablement la voie à des phénomènes qui iront se multipliant et s'accentuant, notamment à partir des années 1850. Elle contribue à lancer la « dynamique » qui invita les poètes à « penser l'alexandrin autrement[2] », mais à une époque probablement plus précoce que celle que l'on propose couramment ; les romantiques, qui avançaient l'idée d'une césure paradoxalement « mobile », vont être pris au mot.

Avec la césure « mobile », l'alexandrin prend en particulier le pli d'une lecture en 4-8, qui a pu s'inspirer du rythme 4-6 du décasyllabe, et où la coupe est parfois doublée comme dans le cas du trimètre. Benoît de Cornulier et Jean-Michel Gouvard, entre autres, ont signalé à quel point cette option a été une des premières coupes de substitution au 6-6 traditionnel[3]. On aura remarqué combien une pause syntaxique soulignée par la ponctuation en cours de premier hémistiche pouvait être déstabilisante pour le sens de la mesure, jusqu'à usurper le rôle traditionnellement assigné à la césure, que le poète prenne un malin plaisir à rendre la pause difficilement praticable à la césure ou non. La fréquence de ces pauses en quatrième position tend à suggérer que l'oreille s'y est progressivement faite, jusqu'à rendre le rythme 4-8 reconnaissable et lui conférer une existence métrique ou quasi métrique. Concurrencée dans ses prérogatives, la césure traditionnelle pouvait n'être plus ressentie comme vitale à l'existence de l'alexandrin et il devenait possible d'accueillir des termes jusqu'alors proscrits à une place désacralisée.

L'époque romantique donne l'exemple particulièrement précoce de pareilles infractions aux règles de la versification classique, d'autant plus remarquables qu'elles ne se plient pas à une scansion en trimètre, selon un rythme 4-4-4. Hugo, dans *Marion de Lorme* déjà, avec des vers grinçants de sous-entendus macabres, burlesques ou non, tel « Entre les côtes, par – le poumon, jusqu'au foie », ou « Lui, voyez déjà comme – en litière on le traîne »[4], plaçait une préposition monosyllabique ou un comparatif en sixième position, où Nerval, dès les années 1830 peut-être, aventurait un proclitique, dans un vers exprimant la trivialité du quotidien comme « Dit la mère. Et quand on – a bien, aux Tuileries[5] ». Une fois ces options explorées et en passe de se démocratiser, on pouvait oser donner à l'effacement oral de la césure sa contrepartie écrite. Banville s'essaiera à le faire dans un célèbre alexandrin, avant de curieusement se raviser dès la seconde édition en

1. Voir par exemple Ch.-A. Sainte-Beuve, *Vie, poésies et pensées de Joseph Delorme*, *op. cit.*, p. 198 ou A. Ducondut, *Examen critique de la versification classique et romantique*, *op. cit.*, p. 73.
2. J.-M. Gouvard, *Critique du mètre*, *op. cit.*, p. 172.
3. Voir respectivement B. de Cornulier, *Art poëtique*, *op. cit.*, p. 90 et J.-M. Gouvard, *Critique du mètre*, *op. cit.*, p. 202.
4. V. Hugo, *Marion de Lorme*, *op. cit.*, respectivement p. 727 (acte III, sc. 1, v. 548) et p. 789 (acte IV, sc. 8, v. 1506).
5. « La cousine », à laquelle ce vers appartient, ne fut publiée qu'en 1852, mais se rattache à la veine explorée par Nerval au début des années 1830.

volume du poème, remplaçant « Où je filais pensiv – ement la laine blanche[1] » par « Où je filais d'un doigt – pensif la blanche laine[2] ». Dans les deux cas l'alexandrin est coulé dans le moule rythmique d'un trimètre et est passible de la même interprétation stylistique où le « je », accaparé par ses pensées, en oublie la césure classique, mais il est assez piquant de constater que le poète a préféré revenir à un degré de hardiesse métrique fort modeste en 1875, en l'occurrence à la formule d'un alexandrin à césure « mobile » ménageant une tension entre une épithète et le nom qu'elle qualifie. Lui qui paraissait être résolu dans son *Petit Traité de poésie française* à accomplir ce que Ténint n'aurait fait que promettre (« Osons proclamer la liberté complète et dire qu'en ces questions complexes l'oreille décide seule. On périt toujours, non pour avoir été trop hardi, mais pour n'avoir pas été assez hardi[3] ») manifeste par ce repentir combien la pratique peut également ne pas se résoudre à ce que clame la théorie.

La notion d'alexandrin à césure « mobile » en sortira-t-elle mieux comprise ? Il est certain que les nombreux paradoxes et malentendus auxquels elle a donné lieu depuis l'époque romantique ont empêché d'apprécier à sa juste valeur sa dimension révolutionnaire. Le recours aux discours d'époque, qui abordaient souvent autrement ces questions, permet d'éclairer certaines de ses contradictions en mettant en avant combien la notion avait contribué à une évolution profonde du sens du vers. Des témoignages convergents indiquent que de nombreux alexandrins, y compris des alexandrins d'apparence classique, pouvaient ne plus être lus selon un rythme 6-6, au théâtre principalement, mais aussi dans la poésie lyrique, quoique de manière plus discrète, profitant d'un jeu entre pratique et théorie. Certains indices invitent même à penser que le fait pourrait être plus ancien et il serait nécessaire d'interroger plus avant l'influence que purent avoir les habitudes prises par certains acteurs sur ce point[4]. Il est certain toutefois que l'élan romantique encouragea et chercha à théoriser ce qui put n'être à l'origine qu'idiosyncrasies d'acteurs ou de lecteurs. L'expérimentation pratique et la réflexion théorique qui accompagnent la notion de césure « mobile » invitent également à mieux penser l'opposition entre romantiques et classiques, plus complexe qu'on ne le croit. La part des exagérations polémiques étant faite, on constate que romantiques et classiques partagent certaines intuitions, notamment cristallisées par la séduction exercée par les théories accentuelles du vers qui ont proliféré durant le siècle. Ils diffèrent néanmoins par la manière qu'ils ont d'user de ces théories. Là où les classiques recourent aux théories accentuelles pour montrer combien la versification

1. Théodore de Banville, *Les Exilés*, Paris, Alphonse Lemerre, 1867, p. 38. Le poème porte la date de 1861.
2. *Id.*, *Poésies. Les Exilés. Les Princesses*, Paris, Alphonse Lemerre, 1875, p. 42.
3. *Id.*, *Petite Traité de poésie française*, *op. cit.*, p. 97.
4. Voir Georges Lote, *Histoire du vers français*, t. VI, « Le XVIe et le XVIIe siècles ; les genres poétiques ; les vers et la langue ; la réforme de la déclamation dans la seconde moitié du XVIIe siècle », Aix-en-Provence, Université de Provence, 1991, p. 388-389. Voir par ailleurs l'article « Hémistiche » du *Dictionnaire philosophique* de Voltaire (*Œuvres complètes*, Paris, Imprimerie de la Société littéraire typographique, t. XLI, 1784, p. 10).

traditionnelle aurait toujours été compatible avec une recherche de variété et de souplesse, les romantiques en usent pour explorer de nouvelles voies expressives. Rompre ou briser l'alexandrin libère du sens, enrichit la palette des effets poétiques et des potentialités sémantiques du vers. La césure « mobile » n'est par principe jamais gratuite entre les mains de virtuoses qui ont souligné combien elle était moins la marque d'une déficience que d'un surcroît de maîtrise : la césure « mobile » produit un choc esthétique qui se veut la pulsation même de la vie. Cette quête d'une souplesse organique du vers, où son élasticité est la condition d'une concentration inédite[1], traduit une esthétique nouvelle exigeant du vers qu'il se plie aux moindres accidents de la vie, en devenant un miroir plus juste du monde comme de l'être – être du poète comme du lecteur –, dans la voie d'une personnalisation qui est celle déjà d'un premier « vers libre[2] ».

Université de Haute-Alsace – ILLE (UR 4363)

1. Vigny rêvait d'un vers « plus élastique » dans sa préface au *More de Venise* (*op. cit.*, p. 409).
2. Voir n. 3, p. 266.

Maxence Bonin

Alain face à Meschonnic

Réponse à un acte d'accusation

Seul théoricien et critique à s'être proprement penché sur les réflexions d'Alain en matière de poésie, Henri Meschonnic, dans son importante *Critique du rythme*[1], fait preuve d'une rare virulence à l'égard du philosophe. Accusé de perpétuer un discours traditionnel qui assimile le rythme à une régularité métrique, Alain va jusqu'à passer, sous la plume sans ménagement de Meschonnic, pour le dernier des « imbéciles » : « la métrique est la théorie du rythme des imbéciles[2] ». Sans ignorer complètement le rôle disciplinaire qu'Alain prête au mètre sur les passions, Meschonnic n'y voit toutefois que les remuements d'une « vulgate » qui « insiste sur la gorge, le corps[3] », menant parfois Alain, semblerait-il, à dégoiser des « clichés [qui] lui sortent comme les vipères et les crapauds de la bouche dans le conte des *Fées* de Perrault[4] ». Mais une telle force polémique, suffisant sans doute à jeter le discrédit sur la position alinienne dans les limites de la *Critique* et pour les besoins de la théorie du rythme qui s'y développe, parvient-elle pour autant à en saper rigoureusement les fondements, sans manquer par ailleurs d'en saisir et d'en restituer proprement la portée sur le plan philosophique ? En l'occurrence, bien souvent, et de l'aveu même du théoricien, « rien ne [lui] permet d'avoir plus qu'une opinion, formée, comme toutes, par l'expérience[5] », sur le discours alinien. Lucie Bourassa souligne d'ailleurs l'humeur[6] de Meschonnic qui préside souvent aux piques qu'il lance, comme dans le passage suivant – que d'aucuns qualifieraient de bougonnerie : « Discours ancien, pas périmé. On l'entend. On en est. C'est la vulgate[7]. » Ne sommes-nous pas non plus en droit, au vu de cette prégnance polémique, de nous étonner en découvrant la dette que Meschonnic semble reconnaître envers Alain dans les ultimes pages de sa *Critique* ? L'idée d'« épopée »,

1. Henri Meschonnic, *Critique du rythme : Anthropologie historique du langage*, Paris, Verdier, 2009 (désigné *CR* dans les pages qui suivent).
2. *Ibid.*, p. 143.
3. *Ibid.*, p. 686.
4. *Ibid.*, p. 439.
5. *Ibid.*, p. 657.
6. Lucie Bourassa, *Henri Meschonnic, pour une poétique du rythme*, Rhuthmos, Paris, 2015, p. 87 : « On ne peut nier le caractère de provocation – avec son humeur, mais aussi, son humour – d'énoncés polémiques comme celui-là. [...] Il s'agit, encore une fois, de secouer le cocotier de la "théorie traditionnelle" qui "laisse les choses en l'état". »
7. H. Meschonnic, *CR*, p. 656.

par laquelle Meschonnic ponctue son ouvrage, paraît en effet soutenue par celle d'« épique », nodale dans la réflexion d'Alain et que le théoricien lui emprunte. Si nous avons l'occasion d'examiner cette dernière plus avant, il apparaît indispensable de relever d'emblée un paradoxe chez Meschonnic, lequel achève son ouvrage sur une idée conséquente à la « vulgate » dont il s'était attaché jusqu'alors à montrer l'« imbécillité ». De fait, chez Alain, l'« épique » découle directement de sa conception métrique du rythme : cet élan inflexible qui emporte le poète et le lecteur, c'est à la règle du mètre que le poème le doit.

Ainsi, c'est devant le ton polémique parfois presque écrasant de la *CR* mais aussi devant l'étonnant recours *in extremis* aux idées aliniennes que se situe l'ambition de notre article : offrir un contrepoint au réquisitoire meschonnicien, en tentant de restituer, par touches, l'épaisseur de la pensée d'Alain à l'égard de la poésie, aux endroits précis où Henri Meschonnic l'attaque ou la mobilise. Cette tâche, aucun des confidentiels travaux menés en matière de poésie chez Alain ne s'y est encore attelé. De fait, de l'unique publication universitaire parue et des rares interventions tenues pour les Associations des Amis d'Alain et du Musée Alain, postérieures à la parution de la *CR* et abordant la question de la poésie, aucune n'a encore fait mention des objections meschonniciennes. La tâche nous incombe donc.

Un obstacle majeur se dresse toutefois devant nous, en ceci qu'on ne trouve chez Alain aucune théorie poétique proprement constituée, du moins réunie et exposée en un seul lieu. Même le *Système des Beaux-Arts*[1], qui pourrait sembler constituer l'ouvrage crucial en la matière, n'est qu'une épure qu'Alain continue d'interroger jusqu'à sa mort – que ce soit à travers les Propos qu'il fait paraître dans sa revue des *Libres Propos* (1921-1936), qu'il réunit dans des recueils thématiques comme les *Propos de littérature* (1934) ou les *Préliminaires à l'esthétique* (1939), à travers les leçons qu'il donne au collège Sévigné[2], à travers les préfaces et commentaires des recueils de Valéry[3], ses ouvrages autobiographiques[4], ou encore à travers quelques articles de revues littéraires[5]. De surcroît, la réflexion d'Alain en matière de poésie est marquée par un bouleversement radical de positions et qui semble s'entamer justement à partir du *Système des Beaux-Arts*. S'il est une chose que les travaux sur le rapport d'Alain à la poésie ont bien mis en lumière, c'est le passage d'un rejet en bloc de la poésie avant la guerre à une profonde admiration pour cette dernière après la guerre. La préparation de cet article a donc exigé un effort de cartographie, de généalogie et de synthèse des idées d'Alain au sujet la poésie, avec le souci constant de restituer le mouvement de sa réflexion en la

1. Alain, *Système des Beaux-Arts*, dans *Les Arts et les dieux*, Paris, Gallimard, « Bibliothèque de la Pléiade », 1958 [1920].
2. *Id.*, *Vingt Leçons sur les Beaux-Arts*, dans *Les Arts et les dieux*, *op. cit.*, 1958 [1931].
3. P. Valéry, *Charmes – Poème de Paul Valéry commentés par Alain*, Paris, Gallimard, 1929 ; *La Jeune Parque – Poème de Paul Valéry commenté par Alain*, Paris, Gallimard, 1936.
4. Alain, *Histoire de mes pensées*, dans *Les Arts et les dieux*, *op. cit.*, 1958 [1936] ; *Journal d'Alain inédit, 1937-1950*, E. Blondel (éd.), Editions des Equateurs, Paris, 2018.
5. *Id.*, « Hommage à Victor Hugo », *Humanités*, 1960 [*Europe*, 1935] ; « La Naissance de la poésie », *Marianne*, 1939 ; « Hommage à la poésie », *Humanités*, 1960 [Mercure de France, 1947].

matière : un mouvement de tâtonnement, de fluctuation, de digression, bien plus erratique que linéaire ou progressif.

Après un bref examen de la notion de « rythme » au nom de laquelle Meschonnic tente de discréditer les idées aliniennes, nous proposerons de regrouper les reproches que Meschonnic adresse à Alain autour de trois traits principaux, et nous tenterons d'offrir la réponse qu'Alain pourrait apporter à chacun d'eux : 1) la réduction du rythme au mètre ; 2) l'approche physiologiste du rythme – dans la foulée de quoi nous aborderons la notion d'« épique », chère à Alain, afin de comprendre l'interprétation qu'en fait Meschonnic ; 3) la séparation de la poésie et de la pensée.

Les rythmes chez Meschonnic et Alain

Pour comprendre les objections meschonniciennes selon lesquelles, dans ses écrits sur la poésie, Alain ferait erreur, il nous faut d'abord saisir au nom de quelles idées et depuis quel cadre Meschonnic les formule. Sans nous risquer, dans les limites de cet article, à restituer la thèse de la *CR* dans toute sa complexité – ce que du reste Lucie Bourassa a rigoureusement mené avant nous dans ses travaux, sur lesquels nous nous appuyons largement –, nous procéderons bien plutôt ponctuellement, pour chaque reproche adressé à Alain, au rappel de la notion précise au regard de laquelle Meschonnic dénonce une erreur chez le philosophe. La première des erreurs commises étant, semble-t-il, de réduire le phénomène rythmique aux règles métriques, c'est la définition meschonnicienne du rythme qu'il nous faut d'abord rappeler.

Lorsqu'il définit son entreprise comme une « poétique » ou une « poétique du rythme », Meschonnic reprend le terme à Jakobson dans la perspective d'abolir le dualisme forme/sens ; il en étend néanmoins l'acception et, au lieu de limiter la poétique à une fonction du langage, il en fait l'étude de l'inscription du sujet de l'énonciation dans et par son discours. Autrement dit, la poétique devient chez lui une attention portée au discours en tant qu'il est ce par quoi se réalise l'individuation de ce sujet ou « subjectivité de l'énonciation[1] ». La poétique ne cherche donc pas, contrairement aux études structuralistes, à révéler des lois générales du texte littéraire, mais s'intéresse aux œuvres et à la manière toujours individuelle et historico-socialement située pour le sujet de s'y inscrire. Et si la poétique s'intéresse particulièrement aux productions artistiques, et notamment au poème, c'est parce que ces dernières proposent un degré maximal d'individuation, d'inscription du sujet dans son discours : « c'est le degré d'inscription du sujet qui caractérise l'œuvre par rapport à d'autres formes de discours, auxquelles elle ne s'oppose

1. L. Bourassa, *Henri Meschonnic, pour une poétique du rythme*, *op. cit.*, p. 18.

cependant pas[1] ». Or, chez Meschonnic, le discours se caractérise fondamentalement comme une organisation rythmique de tous les éléments qui composent l'énoncé. Ainsi la poétique ne peut-elle être qu'une étude du rythme.

Plus précisément, Meschonnic définit le rythme comme l'organisation des éléments syntaxiques, accentuels et prosodiques, par laquelle le « sujet » se signifie. Cette signification rythmique qui « débord[e] des signes[2] », et que Meschonnic nomme « signifiance », est à entendre comme une « activité du sujet », c'est-à-dire un « passage du sujet [...] dans chaque élément du discours, jusqu'à chaque consonne, chaque voyelle[3] ». En un mot, donc, Meschonnic entend le rythme comme la configuration et la manifestation du « sujet » dans chacun de ses énoncés :

> Je définis le rythme dans le langage comme l'organisation des marques par lesquelles les signifiants [...] produisent une sémantique spécifique, distincte du sens lexical, et que j'appelle la signifiance : c'est-à-dire les valeurs propres à un discours et à un seul. Ces marques peuvent se situer à tous les « niveaux » du langage : accentuelles, prosodiques, lexicales, syntaxiques. [...] Organisant ensemble la signifiance et la signification du discours, le rythme est l'organisation même du sens dans le discours. Et le sens étant l'activité du sujet de l'énonciation, le rythme est l'organisation du sujet comme discours dans et par son discours[4].

Si Lucie Bourassa montre que la nature profonde d'un tel « sujet », constitué, manifesté et signifié par le rythme, nous glisse finalement toujours entre les doigts[5], il n'y a toutefois pas lieu, ici, de nous attarder davantage sur cette notion et sur ses potentielles limites. Une remarque, en revanche, doit être faite quant à celle de « rythme », qui semble largement s'appuyer sur l'analyse étymologique que fournit Benveniste dans un article d'abord paru en 1951, puis repris dans le premier tome des *Problèmes de linguistique générale*. Le linguiste y montre que la définition de « ῥυθμός » (*rhuthmos*) donnée par les dictionnaires usuels, celle d'un mouvement régulier à l'image de celui des flots marins[6], est doublement inexacte. D'abord,

1. *Ibid.*, p. 29.
2. H. Meschonnic, *CR*, p. 73.
3. *Ibid.*, p. 225.
4. *Ibid.*, p. 217-218.
5. L. Bourassa écrit : « En fait, cette notion [le sujet] ne peut entièrement être *saisie*, elle présente un aspect instable, fuyant : Meschonnic admet que "cette poétique du sujet est inévitablement une poétique négative" », p. 54. S'ensuit une liste de ce que le sujet meschonnicien *n'est pas*. Elle poursuit : « Encore une fois, dans une théorie qui donne à l'art la fonction d'inventer et de reconnaître l'individu, les notions conservent une part d'inachèvement. On peut buter sur ce "imprédictible" du sujet, ou y voir, au contraire une ouverture [...] », p. 61. On peut avoir des doutes quant à la nature du sujet, parfois proche d'un inconscient psychanalytique : « Le rythme, comme le désir, n'est pas connu du sujet de l'écriture. Ce sujet n'en est pas le maître » (*CR*, p. 225).
6. Emile Boisacq, *Dictionnaire étymologique de la langue grecque étudiée dans ses rapports avec les autres langues indo-européennes*, 1916 [1907], p. 845 : « mouvement réglé et mesuré ; mesure, cadence, rythme : [...] le sens du mot ayant été emprunté au mouvement régulier des flots de la mer ». E. Boisacq reprend ici ce que le philologue allemand Ernst Robert Curtius écrivait dans son dictionnaire de 1879, *Grundzüge der griechischen Etymologie*, p. 352-353 : « *ῥέ-ω*, fliesse [...] *ῥυ-θ-μό-ς*, Tact. [...] Dass aber der *ῥυ-θ-μό-ς* von den Griechen dem Meere abgelauscht ward, steht mir fest », c'est-à-dire « *ῥέ-ω, coule (r) ;*

ne relevant aucune occurrence dans la littérature et la philosophie grecques de « ῥυθμός » appliqué au mouvement des flots marins, Benveniste en conclut que cette partie de la définition admise de « ῥυθμός » est « pure invention[1] ». Ensuite, il révèle que la convocation, à travers la notion de « ῥυθμός », d'un mouvement mesuré, régulier, n'est attestée qu'à partir des textes de Platon. Chez les présocratiques, et en particulier chez les atomistes, « ῥυθμός » semblerait ainsi caractériser non pas un mouvement ordonné mais, dans une tout autre perspective, une « forme », une configuration toujours particulière des objets sensibles, qui depuis Héraclite ne doivent leur nature ou leur être qu'à un « écoulement » et un arrangement « miraculeux[2] » des atomes qui les constituent :

> [La] signification que Démocrite assigne à *ρυθμός* [...] est toujours « forme », en entendant par là la forme distinctive, l'arrangement caractéristique des parties dans un tout. [...] *Ρυθμός* désigne la forme dans l'instant qu'elle est assumée par ce qui est mouvant, mobile, fluide, la forme de ce qui n'a pas consistance organique [,] la forme improvisée, momentanée, modifiable. [...] Le choix d'un dérivé de *ρεῖν* pour exprimer cette modalité spécifique de la « forme » des choses est caractéristique de la philosophie qui l'inspire ; c'est une représentation de l'univers où les configurations particulières du mouvant se définissent comme des « fluements[3] ».

A partir de la diffusion de l'ontologie platonicienne qui rompt radicalement avec le monisme atomiste, la définition de « ῥυθμός » comme « forme » ou « configuration du mouvant » n'a toutefois bientôt plus lieu d'être. Le terme « ῥυθμός » reçoit alors une définition nouvelle. Benveniste note que l'abandon de la définition de « ῥυθμός » comme « configuration particulière du mouvant » se fait chez Platon au profit d'une définition incluant les notions de « τάξις » (*taxis*, l'ordre) et de « μέτρον » (*métron*, la mesure) : « ῥυθμός » désigne dès lors un mouvement *cadencé*, c'est-à-dire un « rythme » tel que l'on peut l'entendre aujourd'hui, et désigne *a fortiori* le mouvement cadencé du corps humain :

> [D]ans les *Lois*, [Platon] enseigne que les jeunes gens sont bouillants et turbulents, mais qu'un certain ordre (τάξις), privilège exclusivement humain, apparaît dans leurs mouvements [...]. Platon emploie encore ρυθμός au sens de « forme distinctive, disposition, proportion ». Il innove en l'appliquant à la forme du mouvement que le corps humain accomplit dans la danse, et à la disposition des figures en lesquelles ce mouvement se résout. [...] La circonstance décisive est là, dans la notion d'un ρυθμός corporel associé au μέτρον et soumis à la loi des

ῥυ-θ-μό- ς, mesure, cadence. Il me semble clair que *ῥυ- θ- μό- ς* se rapportait pour les Grecs à la mer » (notre traduction).

1. E. Benveniste, « La notion de "rythme" dans son expression linguistique », *Problèmes de linguistique générale*, t. 1, Paris, Gallimard, 1966, p. 328.

2. Pour reprendre l'expression d'Alain Séguy-Duclot dans *Introduction à la philosophie de l'art*, Ellipse, Paris, 2023, p. 21.

3. E. Benveniste, « La notion de "rythme" dans son expression linguistique », art. cité, p. 330-333.

> nombres : cette « forme » est désormais déterminée par une « mesure » et assujettie à un ordre[1].

Ainsi voyons-nous se dessiner clairement la frontière entre le camp présocratique du côté duquel se range Meschonnic, et celui, platonicien, du côté duquel Alain se tient – Meschonnic comprenant le rythme comme « configuration subjective du sens[2] » de la même manière que les présocratiques l'entendaient comme « configurations particulières du mouvant » :

> Si c'est un « flux », [le rythme] est aussi la structuration en système de ce qui n'est pas encore système, ne se connaît pas soi-même comme système, étant ouvert, l'inachevé en cours[3].

Voilà donc depuis quelle assise étymologique Meschonnic adresse ses deux premiers reproches à la position alinienne : celui de confondre rythme et mètre, et celui de réduire le rythme à un phénomène physiologique. Or, si Meschonnic jette le discrédit sur la conception alinienne de la poésie en brandissant les analyses philologiques de Benveniste, peut-être ne relève-t-il pas tous les enjeux philosophiques d'un tel primat du mètre. C'est que, contrairement à l'idée atomiste d'un *rhuthmos*-forme ontologique, sur laquelle Meschonnic s'appuie mais qui, avant son renouveau épicurien, ne paraît pas receler de visée morale, le *rhuthmos*-mètre qu'Alain semble reprendre contribue quant à lui à une philosophie dont la finalité est bel et bien éthique et politique. À jeter trop rapidement Alain avec l'eau du bain platonicien, c'est cette dimension que Meschonnic omet de mentionner ; et s'il tente, treize ans après sa *CR*, d'atteindre lui aussi une « politique du rythme » (*Politique du rythme, politique du sujet*), il reste qu'en 1982 il semble encore aveugle, avant que d'être virulent, à l'horizon politique de la conception poétique d'Alain. Y prêter attention nous permettra, nous l'espérons, de remettre en perspective ce qui, du point de vue de Meschonnic, constitue une faute ou une fausse route.

La réduction du rythme au mètre, ou la première erreur supposée d'Alain

A partir de la définition du rythme comme configuration mouvante et irrégulière des éléments du discours, Meschonnic revendique l'irréductibilité du rythme du poème au mètre et dénonce par ailleurs la réduction du rythme au seul poème. Pour lui, « le groupe rythmique n'est pas une mesure, c'est-à-dire un étalon de

1. *Ibid.*, p. 334.
2. L. Bourassa, *Henri Meschonnic, pour une poétique du rythme*, *op. cit.*, p. 18.
3. H. Meschonnic, *CR*, p. 225.

durée divisé en temps égaux et nombrables,[mais] une unité de sens[1] » et, par conséquent,

> les analyses strictement métriques de la poésie opèrent une *désémantisation* du discours, car elles travaillent avec des unités non signifiantes : pieds, nombre de syllabes. En se limitant à ce qui se compte, elles isolent un rythme purement formel du fonctionnement signifiant des textes[2].

Lorsqu'il écrit que, « chez Alain, rythme, mètre, nombre sont synonymes, au profit du mètre[3] », Meschonnic fait donc plus que le constater, il le dénonce.

La réponse que nous souhaitons apporter à un tel reproche ne cherche en aucun cas à disqualifier la démarche et la position meschonniciennes ; elle ambitionne simplement de rendre visibles les tenants et les aboutissants philosophiques de la position d'Alain. Ainsi faut-il d'abord reconnaître avec Meschonnic que, chez Alain, rythme et mètre fusionnent – et ce en raison, comme dans les *Lois*, de leur rapport particulier aux mouvements du corps humain. Simplement, il s'agit encore de comprendre à quel point Alain s'inscrit dans la tradition platonicienne pour remarquer que, tout comme chez le philosophe athénien, l'éthique et la politique sont les pierres de touche de toute construction conceptuelle. Ainsi, pour prendre la mesure politique de l'entreprise alinienne au travers de sa conception de la poésie, et en particulier de sa confusion rythme-mètre, il faut précisément voir que son platonisme déborde l'acception de *ρυθμός* dans les *Lois*, s'étend et intègre d'autres éléments de la doctrine platonicienne.

De l'acception du *ρυθμός* des *Lois*, Alain conserve l'idée du mètre comme règle du mouvement, et précisément du mouvement du corps humain, mais il dépasse le cadre de la danse que donne le texte de Platon. Selon Alain, la parole aussi dépend du corps et est soumise, autant que le sont les gestes s'ils sont méconduits et indomptés, aux impulsions, aux emballements, aux mouvements intempestifs de ce dernier. Ainsi, si la parole est la matière de toute poésie, encore faut-il voir qu'elle est pour Alain une « matière en tempête[4] ». C'est donc parce que la parole, toute corporelle, est naturellement vectrice d'irritation qu'elle a besoin d'être réglée et que, corollairement, la poésie *doit* disposer d'une règle permettant la discipline et la conduite des mouvements du corps qui voudraient s'exprimer chaotiquement. C'est le sens de la formule que l'on trouve dans l'*Histoire de mes pensées* : « je ne puis prendre la poésie pour un accident du langage humain. C'en est au contraire la règle[5] ».

Alain reprend et développe encore davantage l'image de la « tempête » du langage dans la préface de *La Jeune Parque* où il évoque « les ondes, marées, cyclones

1. L. Bourassa, *Henri Meschonnic, pour une poétique du rythme*, *op. cit.*, p. 91.
2. *Ibid.*, p. 89.
3. H. Meschonnic, *CR*, p. 568.
4. Alain, dans P. Valéry et Alain, *Charmes – commentés par Alain*, Gallimard, Paris, 1952, p. 154.
5. *Id.*, *Histoire de mes pensées*, *op. cit.*, p. 156.

de cette mer intérieure que chaque vivant porte dans sa peau comme dans une outre[1] ». Derrière elle, c'est en réalité l'idée de « gouvernement » (« κυβέρνησις », conduite, pilotage) qu'Alain convoque, faisant du poème le lieu par excellence du gouvernement de la parole. Par là, c'est aussi la philosophie de Platon qui se trouve, à nouveau, convoquée – moins celle des *Lois* que de la *République*, mais toujours celle dont le point de fuite est expressément moral, éthique et politique. De fait, la mention de la « peau » et de l'« outre » fait directement allusion à la « forme » ou « enveloppe » humaine du livre IX de *La République*[2], qu'Alain nomme tantôt « forme humaine » tantôt « sac de peau », et qui correspond à l'image de l'âme humaine tripartite que donne Socrate à Glaucon dans son analyse de l'âme tyrannique. Sur le modèle de *La République*, où « cette sorte de fable [...] fait le parallèle fameux de l'homme et de l'Etat[3] », c'est-à-dire où s'établit une correspondance entre la conduite de l'individu et la conduite de la cité, Alain propose de voir en la poésie une manière de gouverner la partie inférieure et tyrannique de l'âme, afin d'éviter une transposition de cette tyrannie au niveau politique. De là, et en deçà des dimensions morale, éthique et politique sur lesquelles nous aurons l'occasion de revenir, nous pouvons comprendre deux choses : premièrement, que l'isotopie hydrique voire marine de l'« outre », cette peau de bouc transformée en poche liquide, sorte d'estomac contenant la « mer intérieure » de l'homme et qu'il s'agit de « gouverner », semble hériter davantage de l'hydre Scylla mentionnée par Socrate pour illustrer la force inférieure monstrueusement désirante de l'âme, que de la définition du « rythme-flot » issue des travaux philologiques et des dictionnaires de l'époque ; deuxièmement, que le rôle du mètre, et sa grande vertu quant au langage en tempête, est celui d'un gouvernail. Ce rôle, Alain le reformule dans un Propos de 1929 – que Meschonnic cite partiellement[4] :

> [Le poète] se donne un rythme, de marche, de respiration, de cœur [...]. Il compte, et jure de bien compter. Même il jure de compenser ses cris selon le nombre[5].

La première lecture révèle la dimension physiologique du mètre : le poète engage son corps par le mètre, il marche et respire non selon ses propres tempêtes (les « cris »), mais selon la règle numérique (le « nombre »), afin de retrouver l'équilibre de la « forme humaine », c'est-à-dire l'équilibre des trois forces en relation dans l'« outre ». Mais à y regarder de plus près, le mètre apparaît plus précisément comme une « compensation » – où l'isotopie marine resurgit peut-être. Un jeu sylleptique peut en effet se laisser entendre pour qui est familier de la navigation.

1. Alain, « Préface » à *La Jeune Parque, poème de Paul Valéry commenté par Alain*, Gallimard, Paris, 1953, p. 33.
2. La traduction d'Emile Chambry fait apparaître les deux termes : « [...] une forme unique, la forme humaine (ἑνὸς εἰκόνα, τὴν τοῦ ἀνθρώπου), [...] la seule enveloppe extérieure (μόνον ἔλυτρον). (Platon, *La République*, Paris, Les Belles Lettres, 1934, 588c).
3. Alain, *Idées*, Hartmann, Paris, 1939, p. 86.
4. H. Meschonnic, *CR*, p. 657.
5. Alain, Propos V, *Propos de littérature*, Paris, Paul Hartmann, 1934, p. 23.

Car, si « compenser » correspond certes à faire contrepoids, à corriger les cris, cela signifie aussi, dans le domaine de la marine, réajuster à l'aide d'aimants le dérèglement naturel de la boussole de navigation appelée « compas ». La compensation des cris selon le nombre pourrait ainsi s'entendre comme l'opposition, contre le dérèglement du corps dans le langage, d'une force magnétique permettant au poète de retrouver le nord, et de tenir le cap contre les courants de la « mer intérieure » qui font dériver l'homme tous azimuts. Meschonnic aurait ainsi sans doute pu remarquer, s'il avait envisagé l'extrait jusqu'au bout, que la vertu du mètre est proprement cardinale ; il aurait également sûrement aperçu que le langage naturellement tempétueux chez Alain, de vecteur d'irritation, glisse et devient bientôt vecteur de vice[1].

La vertu du mètre serait donc cardinale aux deux sens du terme, géographique et morale, et la nécessité de la règle métrique se trouverait alors doublement fondée. Dans ses *Vingt Leçons sur les Beaux-Arts,* Alain évoque à ce titre l'idée d'une « malveillance », c'est-à-dire d'un vice, comme conséquente au langage sans règles :

> Enfin tout langage se précipite, s'abrège, devient aigu, rocailleux, mordant ; blessant d'abord celui qui parle. Et telle est sans doute la raison qui tourne en malveillance tout bavardage[2].

Comment comprendre que d'une énumération de qualités sensibles du langage, qui concourt à faire de la parole un synonyme de la voix dans toute sa corporalité (hauteur, timbre, intonation, débit), Alain conclue à une qualité morale ? D'abord en comprenant que la parole s'apparente chez Alain à un véritable organe qui, en tant que tel, trouve sa raison d'être dans la fonction qu'il exerce – en l'occurrence : signifier. Ensuite en rappelant que les signes ne sont d'abord que des « cris », naturellement vecteurs d'irritation et bientôt, par l'entremise de l'imagination dont elles sont les filles, de passions. Ainsi, ce qu'Alain entend, c'est que la parole naturelle, infligeant des blessures psychologiques à celui qui parle par la non-discipline de son corps, est vouée, par glissement incontrôlé du physiologique au symbolique, à blesser ensuite celui à qui l'on s'adresse. Et c'est toute la syllepse de l'adjectif verbal « mordant » qui se révèle alors : le locuteur se mord physiologiquement, l'allocutaire est mordu symboliquement. D'où l'on comprend trois choses : que « la violence contre soi ne tarde jamais à se traduire par la violence contre les autres », que « le langage porte naturellement autour de lui une étrange fumée de discorde[3] », et que la parole sans règle métrique passe subrepticement de l'organe à l'arme.

Mais c'est une autre syllepse, ultimement, qu'il s'agit d'entendre. La « malveillance » semble en effet faire écho, en tant que « mauvaise veille », à la notion de

1. Nous pourrions ici ajouter « et de passions », mais Jean-François Pradeau ayant montré que les passions (« πάθη ») n'occupent pas chez Platon le régime d'exception qu'elles occuperont à partir des stoïciens, nous préférons en rester pour l'instant à l'évocation toute corporelle de l'irritation. Voir J.-F. Pradeau, « Platon, avant l'érection de la passion », *Les Passions antiques et médiévales*, PUF, Paris, 2003, p. 13-28.

2. Alain, *Vingt Leçons sur les Beaux-Arts, op. cit.*, p. 516.

3. *Id.*, « La Nymphe écho », *Préliminaires à l'esthétique*, Paris, Gallimard, 1939 (3e édition), p. 299.

« vigilance » chez Alain, qui correspond à l'effort requis pour éviter le « sommeil de l'esprit », soumission aux passions. Si le langage naturellement déréglé porte à la « malveillance », c'est donc qu'il dévoie celui qui ne le discipline pas et l'entraîne dans les malheurs passionnels. On comprendra alors que, lorsqu'Alain dit que la poésie, par sa règle métrique, est « une violence faite au langage », il l'entend comme un usage disciplinaire du langage qui fait violence à sa violence naturelle, à la fois physiologique et symbolique, individuelle et sociale.

En somme, le premier reproche de Meschonnic à l'égard d'Alain escamote le fait que le primat du mètre chez ce dernier est fondé éthiquement : en tant que discipline de l'homme contre les dérives et glissements qui s'opèrent dans le langage, il participe d'une éthique de la vigilance. A plus forte raison, le reproche de Meschonnic ne semble pas tenir compte des implications politiques d'un tel primat. Ces implications, Jeanne Alexandre les expose dans son *Histoire des Libres Propos*, où l'on découvre à quel point les *Libres Propos* furent pour Alain une entreprise politique contre l'esprit de guerre, qui est l'esprit de Victoire, l'esprit fasciste, et à quel point sa réflexion sur les Beaux-Arts y contribua :

> Les beaux-arts sont peut-être le meilleur modèle de la volonté réelle ; car tout dépend de l'inspiration ; seulement il faut que l'inspiration soit gouvernée. [...] Les œuvres d'art seraient donc de bon conseil pour le vrai politique[1].

François Foulatier, quant à lui, a montré que le *Système des Beaux-Arts* lui-même n'est en aucun cas le fruit d'un geste spéculatif, purement théorique, et qu'il doit son existence au remaniement d'un manuscrit initial intitulé *De quelques-unes des causes de la guerre entre nations civilisées*. Ce dernier, parce qu'Alain semble avoir jugé la doctrine politique difficile à assimiler de but en blanc, fut transformé en une sorte de propédeutique à deux volets : les *Quatre-vingt-un chapitres sur l'esprit et les passions* et le *Système des Beaux-Arts* ; deux ouvrages introduisant conjointement à l'œuvre majeure d'Alain sur la guerre, *Mars ou la guerre jugée*[2]. Ce que Meschonnic omet donc de mentionner, c'est que la réduction alinienne du rythme au mètre en matière de poésie, dans le climat conflictuel de la première moitié du XXe siècle, repose sur une philosophie politique où le gouvernement de soi est

1. Cité dans Jeanne-Michel Alexandre, *Esquisse d'une histoire des Libres Propos*, Le Vésinet, Institut Alain, 2023, p. 131-132.

2. François Foulatier, « La genèse de la composition dans les premières œuvres : étude comparée des deux versions de l'ouvrage initial de l'auteur des *Propos* d'Alain : *De quelques-unes des causes réelles de la guerre entre nations civilisées*, et *Mars ou la guerre jugée* », dans *Genèse de l'écriture et de la composition littéraire chez Alainî* Institut Alain, 1996, p. 29 : « Avant d'arriver à la rédaction définitive de son premier projet [*Mars*], Alain a jugé bon de mettre en place des « préliminaires » nécessaires non à l'écriture de *Mars*, mais pour que le lecteur puisse aborder *Mars*. Sans doute s'en est-il aperçu en rédigeant les chapitres sur les mécanismes physiologiques des émotions : il a rencontré le thème de l'imagination et s'est aperçu qu'il fallait débrouiller ce thème, cœur de l'analyse de la guerre. [...] Pour pouvoir décrire cet art [la guerre], il faut disposer d'un instrument : ce sera le *Système des Beaux-Arts*. »

le garant d'un esprit et d'un jugement libres, qui sont les véritables conditions de la paix :

> Et nous demandons d'où vient la guerre, d'où vient le tyran, d'où vient le crime ? De ce que nous sommes prosaïques et pressés. L'alexandrin est le vrai pas de l'homme[1].

D'un « physiologisme » dénoncé…

Si la restitution de l'épaisseur politique de la philosophie d'Alain permet de pondérer le reproche porté par Meschonnic au sujet de la réduction du rythme au mètre, que répondre au « physiologisme[2] » dont le théoricien taxe Alain ? Car à l'évidence, la résonance de la suffixation en « -isme » se veut péjorative. Elle laisse toutefois entendre que c'est moins une physiologie du rythme qu'une dérive ou un excès de cette dernière que Meschonnic dénonce. Il l'admet d'ailleurs : « Je ne cherche ni ne prétends à minimiser cette action physiologique du rythme[3]. » Et, même si Lucie Bourassa relève à ce propos que « Meschonnic théorise peu [l]e rapport » du langage au corps, que ce dernier est « un postulat peu exploré de sa poétique »[4], il semble possible de dégager un trait positif au nom duquel le théoricien disqualifie la conception alinienne. En effet, s'il est une chose « qui reste du corps […] dans l'organisation du discours[5] », dans la signifiance du sujet, ce ne peut être que la « voix » – phénomène non seulement biologique, mais surtout historique et social, c'est-à-dire porteur de sens. Selon Meschonnic, si les discours du XVIIIe siècle étaient rythmés différemment de ceux du XVIIe siècle, alors que l'on respirait de toute évidence de la même manière, c'est parce que la voix, et non la respiration, est marquée historiquement, culturellement et socialement[6]. L'erreur principale du physiologisme d'Alain serait donc de rapprocher le rythme poétique de rythmes purement biologiques (respiration, marche), oubliant par là que « le corps est un corps social » et que les « rythmes du langage sont culturels, historiques[7] ». Il n'est pourtant pas certain qu'Alain soit resté aveugle à la dimension sociale du rythme poétique.

La retranscription de la dimension sociale du corps par le rythme poétique s'effectue pour Alain sur deux plans. D'abord, le rythme poétique retranscrit

1. Alain, « Hommage à la poésie », art. cité, p. 141.
2. H. Meschonnic, *CR*, p. 442.
3. *Ibid.*, p. 657.
4. L. Bourassa, *Henri Meschonnic, pour une poétique du rythme*, *op. cit.*, p. 61.
5. H. Meschonnic, *CR*, p. 654.
6. *Ibid.*, p. 660.
7. *Id.*

le caractère social du corps en ceci qu'il est « la loi de toute action commune ». Ainsi la cadence du mètre raviverait-elle le sentiment de la condition sociale de l'homme, à tout moment présente en lui, en ceci qu'elle rejouerait, en deçà du contenu sémantique, le rythme de tout effort commun – effort qui suppose un accord pour agir efficacement ensemble dans et sur le monde :

> Le rythme est une loi du mouvement, ou plus précisément du travail [...]. Il y a un intervalle convenable entre des coups de hache, entre des coups de rame, ou dans le mouvement du fléau. Mais ce dernier exemple fait apparaître une autre cause du rythme, laquelle résulte de la société. Le rythme est la loi de toute action commune[1].

Le second niveau est quant à lui d'ordre musical. Pour Meschonnic, le rythme étant une configuration irrégulière et mouvante, le poème n'a rien à voir avec une quelconque musique ou musicalité, entendues comme mesures musicales. Quand il écrit que « le rapprochement avec la musique *désémantise* le discours[2] », il veut dire que la musique, n'étant pas discursive, ne saurait en aucun cas subjectiver le discours. Or, chez Alain, le rythme poétique est bel est bien, selon l'expression d'un Propos de 1929, « un grand signe musical[3] ». Pire encore : Alain considère même que dans le poème « le rythme [...] est réduit au nombre[4] », c'est-à-dire à une pure mesure. Pourtant, étonnamment, Alain rejoint Meschonnic pour dire que la musique, par sa loi numérique, sa mesure, sa cadence, désémantise effectivement le discours. Seulement, pour le philosophe, c'est là ce qui fait toute sa valeur. En effet, pour Alain les signes ont un double visage : d'une part, ils présentent une « notion », un contenu sémantique ; d'autre part, ils se signalent eux-mêmes purement comme signes, c'est-à-dire comme élan communicatif vers l'autre[5]. Les hommes échangent et reconnaissent des signes qui, avant de porter une signification particulière, se signalent eux-mêmes comme élan vers le semblable. Or, le mètre a précisément cette fonction de « brouiller[6] » la part notionnelle des signes pour ne laisser résonner que ce pur élan de communication, qu'Alain nomme la part « absolue » du langage :

> C'est que, par le rythme et la sonorité, au fond par une disposition du corps humain, le poème établit entre l'auteur et le lecteur un commerce absolu, par lui-même admiré et aimé. La musique n'a point d'autre sens que celui-là. C'est un langage qui n'exprime rien que lui-même[7].

1. Alain, *Vingt Leçons sur les Beaux-Arts*, *op. cit.*, p. 502.
2. H. Meschonnic, *CR*, p. 126.
3. Alain, Propos IV, *Propos de littérature*, *op. cit.*, p. 20.
4. *Id.*, *Vingt Leçons sur les Beaux-Arts*, *op. cit.*, p. 515.
5. Là où pour Meschonnic le rythme doit « quitt[er] une définition figée qui le maint[ient] dans le signe et dans le primat de la langue » pour le laisser « entrer dans le discours » (p. 70), Alain considère le rythme, le mètre, comme un signe, mais « absolu ».
6. Alain, Propos IV, *Propos de littérature*, *op. cit.*, p. 19.
7. Pour des raisons de longueur et parce que Meschonnic ne reproche pas directement à Alain sa conception de la rime (présente ici derrière la mention de la « sonorité »), nous avons préféré ne pas évoquer

Ainsi, le signe absolu, infranotionnel, « n'a pas d'autre sens que lui-même ; il va, il revient ; il est confirmé par l'échange[1] ». Et, puisque « faire société ce n'est pas principalement savoir ce qu'on exprime, [mais] d'abord savoir que l'on est compris », l'échange absolu apparaît alors comme ce qui constitue « le lien de société[2] ». La vertu de la désémantisation musicale du rythme poétique consiste donc, chez Alain, à ramener le poète et le lecteur aux conditions primordiales de la communication humaine, c'est-à-dire à la reconnaissance de ce qu'Alain nomme la « société absolue », qui « se signifie elle-même à elle-même, et qui s'adore par une reconnaissance et gratitude du plaisir qu'elle se donne[3] ».

Meschonnic n'est toutefois pas aveugle à une telle intégration de la dimension sociale du corps dans le rythme poétique, mais elle constitue selon lui l'aboutissement du physiologisme d'Alain qui, au lieu de permettre de situer et de caractériser historiquement et socialement le sujet du discours, ne constitue qu'une « sacralisation du social[4] ». Et Meschonnic voit juste. Simplement, là encore, il faut comprendre qu'Alain assume cette sacralisation – n'écrit-il pas que la société absolue « s'adore » ? – et qu'il la fonde conceptuellement et moralement. C'est que, pour Alain, « la société véritable » se définissant par « la paix et l'égalité[5] », « l'accord de la société » rejoué par le rythme poétique « est bon en lui-même[6] ». Ainsi y a-t-il effectivement chez Alain, du moins dans les textes les plus tardifs sur les Beaux-Arts, l'idée de la poésie comme participant d'une « religion de l'homme[7] ».

Meschonnic l'a donc bien constaté : il y a chez Alain une « métaphysique du langage[8] » aux fondements de sa conception de la poésie. Celle-ci repose sur une croyance en une nature humaine sacralisée, en une foi en l'homme. Cette foi n'est toutefois pas autre chose que ce qu'un Karl Jaspers baptise dans les mêmes années du nom de « foi philosophique » : croire à l'homme et en rien d'autre, c'est-à-dire croire en la lucidité de l'esprit et de la société des hommes éveillés, constitue pour Alain un devoir humain. Si la poésie est « religion de l'homme », c'est donc parce qu'elle croit en sa capacité à mettre le corps humain dans des dispositions favorables à la paix. Où l'on retrouve l'épaisseur éthique et politique de la philosophie d'Alain que nous mentionnions plus haut, et dont la « métaphysique du langage » apparaît maintenant comme le socle – tout comme elle sous-tend la notion « épique » par laquelle Meschonnic achève son ouvrage. L'ultime recours du théoricien à la

---

cette dimension, pourtant capitale pour Alain, puisque la rime participe avec le rythme-mètre au gouvernement de la parole.

1. Alain, *Vingt Leçons sur les Beaux-Arts*, *op. cit.*, p. 498.
2. *Id.*
3. *Ibid.*, p. 525.
4. H. Meschonnic, *CR*, *op. cit.*, p. 651.
5. Alain, « Hommage à la poésie », art. cité, p. 164.
6. *Id.*, *Vingt Leçons sur les Beaux-Arts*, *op. cit.*, p. 503.
7. *Id.*, « Hommage à Victor Hugo », art. cité.
8. H. Meschonnic, *CR*, *op. cit.*, p. 629.

notion alinienne d'« épique » a en l'occurrence ceci de surprenant que, malgré sa perspective critique et polémique à l'égard de la position alinienne, Meschonnic se réfère à une notion qui dépend entièrement d'une conception métrique du rythme et qui connaît les mêmes soubassements métaphysiques.

… à un « épique » dévoyé

En soulignant l'importance de la voix dans la configuration rythmique du sujet dans son discours, Meschonnic souligne en réalité l'importance de l'oralité dans toute production littéraire. C'est par cette idée qu'il ponctue sa *CR*, reconnaissant dans l'oralité le creuset des implications corporelles, historiques et subjectives du langage :

> Le rythme, organisation subjective-collective d'un discours, est son oralité. Plus que tel procédé formel. En quoi, pour une écriture, désoralisé, c'est décorporalisé, désocialisé, qui équivaut à désubjectivisé et déshistoricisé[1].

Pour nommer spécifiquement cette oralité, Meschonnic revient à l'étymologie grecque de la « parole » : ἔπος (*épos*). Le rythme apparaît ainsi *in fine* comme l'« épopée » du sujet, sa propre aventure ou « trajet[2] » dans et par son discours, vers l'inconnu de soi : « l'épique est un rapport d'intimité avec l'inconnu[3] ». Et c'est précisément là, au point extrême et culminant de sa *Critique*, que Meschonnic reconnaît à Alain la qualité d'avoir senti, malgré son enlisement dans la « vulgate » traditionnelle du rythme, ce sens de l'épique, de « ce qui ne cesse d'échapper à soi » tout en configurant le sujet : « Alain, pourtant si tributaire de la tradition, en avait le sens. Il voyait dans tout poème une épopée[4]. » A l'appui, Meschonnic cite Alain :

> Or le poème nous emmène, et tel est le sens de l'épopée[5].
>
> Ce qui est épique, c'est de ne pas savoir où l'on va[6].

Il serait toutefois étrange, au vu du rôle du mètre (que Meschonnic s'est échiné jusqu'ici à mettre à mal) et de l'aspect religieux de la poésie, qu'Alain donne tout à fait à l'« épique » l'orientation que Meschonnic lui prête. Car si « le poème nous

1. *Ibid.*, p. 705.
2. *Ibid.*, p. 712.
3. *Ibid.*, p. 713.
4. *Ibid.*, p. 712.
5. Alain, *Vingt Leçons sur les Beaux-Arts*, *op. cit.*, p. 517.
6. *Id.*

emmène », c'est fondamentalement en raison de sa règle métrique ; et si l'homme ne sait pas où il va, peut-être peut-il encore l'espérer.

L'« épique » est au cœur de la conception alinienne de la poésie depuis le *Système des Beaux-Arts*. Alain définit la notion comme une force motrice, un « élan[1] », « ce qui se jette en avant[2] » : par quoi l'on comprend que le mètre est l'outil épique par excellence, étant ce qui entraîne la parole du poète.

Si le gouvernement de l'« hydre » donnait l'occasion à Alain de développer métaphores et isotopies marines, l'« épique » évoque davantage des images terrestres : la « marche » (« Un poème est toujours une marche[3] »), la course (« le poème court[4] »), les « jambes » : « L'épique va. Mais il faut voir sur quelles jambes[5]. » Et quelles jambes, en effet ? Peut-être celles de Pégase :

> Pégase, si bien choisi, dépasse l'obstacle pendant que nous le mesurons ; pensée ailée, mais en même temps tenue au sol par ces quatre pieds[6].

La figure de Pégase, cheval ailé, n'est pas sans évoquer le cheval blanc ailé de l'attelage du *Phèdre*[7] de Platon – les tripartitions de la *République* et du *Phèdre* entrant ici en interférence. Ce qu'il faut voir, c'est que l'image du cheval empruntée au *Phèdre* correspond à un *thumos*[8] quelque peu différent de l'animal thoracique de *La République*, le lion. Alain dégage en effet deux aspects contraires du *thumos* : d'une part la colère, force dévastatrice ; d'autre part le courage, secours de l'esprit : « Le puissant thorax enferme colère et héroïsme ensemble[9]. » Dans cette distinction, le *thumos*-colère correspond à un état de déséquilibre entre les trois forces enfermées dans le « sac de peau » ; le *thumos*-héroïque bien plutôt à « un art de vouloir, tout à fait opposé à ce vouloir d'apparence [la colère], qui grince des dents[10] », et qui, contrairement à l'irascible, favorise l'équilibre des forces et la libération de l'esprit. Il faut alors comprendre que le mètre soutient l'« épique » en ceci qu'il encourage littéralement l'homme, œuvre au rééquilibre de la forme humaine et le permet même :

> Ce [que les anciens soldats] venaient chercher à la musique de Beethoven ou de Wagner, ils le trouvèrent. Une règle extérieure pour sentir une règle inflexible. La colère, l'amour, le pardon, l'action et le repos ; le nœud et la solution ; le tremblement, les larmes, le repos ; l'adieu, l'absence et le retour. Mais tout cela mesuré et

1. Alain, « Préface » à *La Jeune Parque*, *op. cit.*, p. 24.
2. *Ibid.*, p. 18.
3. *Id.*, « Hommage à la poésie », *op. cit.*, p. 161.
4. *Ibid.*, p. 160.
5. *Id.*, « Préface » à *La Jeune Parque*, *op. cit.*, p. 26.
6. *Ibid.*, p. 56.
7. Platon, *Phèdre*, 246-248c.
8. *Id.*, *Timée*, 70b-c.
9. Alain, « Faux Dieux », *Propos sur l'esthétique*, Paris, PUF, 1949, p. 38. Sur le *thumos*-colère, voir « Le sac de Platon » (*Esquisses de l'homme*) et « Ne pas prétendre » (*Préliminaires à l'esthétique*).
10. *Id.*, « Ne pas prétendre », *Préliminaires à l'esthétique*, *op. cit.*, p. 204.

> réglé par le génie, selon l'humanité en équilibre et réconciliée ; selon les forces et selon le courage et selon la faiblesse[1].

Voilà donc éclairée l'« épopée » du poème. Non pas celle d'un sujet toujours advenant, mais celle d'un poète emmené par le mètre vers un inconnu (« ne pas savoir où l'on va »), certes, mais un inconnu espéré : celui de l'humanité en lui. Tel est le serment que le poète se fait lorsqu'il « jure de compenser ses cris selon le nombre ».

Si déjà Meschonnic mésinterprétait la dimension d'« élan » que l'épique recouvre, il semble encore oublier que cet entraînement n'est que la première vertu de l'épique alinien. Car certes l'épique va, mais encore l'épique voit, et vainc. Chez Alain, l'épique opère en effet une transformation des passions en sentiments, qui sont un degré supérieur d'affection. Pour le comprendre, il faut d'abord voir que, en plus d'une force dynamique, l'épique déploie, sans paradoxe aucun, une force statique d'immobilisation. De fait, pour « dépasse[r] l'obstacle », il faut encore que ce dernier n'avance pas avec nous. Ainsi, la force dynamique de l'épique s'exerce sur le poète alors que la force statique s'exerce sur les émotions : le mètre leur assigne une place qui les fige, « comme une molécule de cristal s'encastre dans la place vide, dans la juste place[2] ». Toutefois, ce n'est pas l'émotion en tant que telle qui constitue l'« obstacle » que l'épique est voué à surmonter ; non pas l'émotion, mais la charge imaginaire qui la prolonge, la vivifie et la transforme en passion, vaine tourmente raisonneuse. Ainsi, par cette double force qui consiste à « fixer l'imaginaire[3] » d'une part, et à emporter le poète d'autre part, l'épique permet à ce dernier de s'éloigner et de voir, d'un regard lucide en arrière, les chimères qui déformaient son émotion première. Voilà donc ce que signifie « ne voir l'obstacle que franchi[4] ». Dans cette rétrospection sur les chimères de son imagination, le poète devient un « Orphée[5] » dont la passion qu'il reconnaît en se retournant s'évanouit aussitôt reconnue. Elle cesse d'agir sur lui ; il cesse de la subir. L'expérience qu'il fait de cette passion inopérante et de l'émotion ainsi « sauvée[6] », Alain l'appelle « sentiment ». On voit alors comment le sentiment est une victoire sur la passion.

La passion vaincue, parce que connue, devient alors pensable – ce sera là la tâche de la prose. « Pensable » ne signifie toutefois pas « punissable », ni « haïssable ». Le sentiment ne semble pas témoigner de mépris pour la passion vaincue. En dépassant et en surplombant sa passion, l'homme semble plutôt la pardonner. Ainsi, l'épique a ultimement ceci d'intéressant chez Alain qu'il semble assurer le salut de l'homme, mais un salut immanent, dépendant non d'une puissance transcendante mais de ses propres forces : pardon de l'esprit envers les tendances animales du corps avec lesquelles il faut toujours composer. C'est du moins ce que

1. Alain, « La musique comme pensée », *Préliminaires à l'esthétique, op. cit.*, p. 56. Si le Propos concerne la musique, il reste valable dans le cas de la poésie dans la mesure où elle en conserve la loi numérique (voir *supra*).
2. Alain dans P. Valéry et Alain, *Charmes – commentés par Alain, op. cit.*, p. 122.
3. *Id.*, *Vingt Leçons sur les Beaux-Arts, op. cit.*, p. 485.
4. *Id.*, « Préface » à *La Jeune Parque, op. cit.*, p. 24.
5. *Id.*, *Système des Beaux-Arts, op. cit.*, p. 281.
6. *Id.*, *Vingt Leçons sur les Beaux-Arts, op. cit.*, p. 490.

laissent comprendre les *Commentaires* de *Charmes* où l'on lit que les mouvements intérieurs sont dans le poème « comme un scandale qui ne cesse point d'être pardonné[1] ». Or, un scandale, c'est littéralement une pierre d'achoppement qui fait trébucher l'homme et le projette au sol, et bientôt dans le vice. Voilà qui éclaire peut-être l'idée cruciale d'Alain selon laquelle « l'Epique est un jugement dernier[2] » – que Meschonnic omet pourtant d'évoquer lorsqu'il convoque l'« épique » alinien.

L'épique alinien, entièrement dépendant d'une conception métrique du rythme, révèle finalement lui aussi des implications morales et éthiques. L'épique propose une conduite au poète qui doit lui permettre de se sauver lui-même à tout instant de ses propres passions par la seule force de sa volonté, le rapprochant ainsi de son humanité. A ce propos, la figure épique de Pégase surmontant les passions et frayant une voie au poète vers sa nature humaine doit nous permettre de comprendre que l'obstacle que ces dernières constituent est un obstacle à la pensée. Or Meschonnic, n'ayant pas mené son investigation de l'épique jusqu'au bout, semble avoir manqué cette dimension, comme le dernier reproche qu'il adresse à Alain tend à le montrer : la poésie serait chez lui « séparée radicalement de la pensée[3] ».

La séparation supposée de la poésie et de la pensée chez Alain

Pour étayer son objection contre la séparation supposée de la poésie et de la pensée chez Alain, Meschonnic cite un Propos de 1929 dans lequel Alain écrit :

> Toute pensée est bonne pour la prose ; il ne faut ici que patience à débrouiller. Mais la poésie veut une autre patience, qui écarte les pensées[4].

L'exemple que Meschonnic prend ici pour soutenir son idée n'est peut-être pas le plus apte à servir son propos. En effet, un tel Propos, loin de laisser comprendre que la poésie serait « séparée radicalement » de la pensée, semble bien plutôt montrer qu'elle y est radicalement liée. Racine même de la pensée, la poésie serait donc chronologiquement antérieure à la prose, à qui elle transmettrait le témoin : « la pensée va de poésie à prose[5] ».

Dans le texte que cite Meschonnic, Alain se décrit allongé sous le soleil, pris dans la fixité des choses, confondu avec elles, tentant de saisir sur le moment cette

1. *Id.*, dans P. Valéry et Alain, *Charmes – commentés par Alain*, *op. cit.*, p. 154.
2. Alain, « Hommage à Victor Hugo », art. cité, p. 120.
3. H. Meschonnic, *CR*, p. 440.
4. Alain, Propos IX, *Propos de littérature*, *op. cit.*, p. 37.
5. *Id.*, Propos XIV, *Propos de littérature*, *op. cit.*, p. 55.

expérience totale et n'y parvenant que par le recours à – ou secours de – la récitation d'un vers de Valéry. A partir de ce vers, l'expérience d'Alain trouve son sens : son esprit et le monde sont exprimés ensemble, comme une même matière[1]. Dès lors, Alain peut venir « débrouiller les parties » de ce qui s'est d'abord donné à lui comme un tout. Or ce travail de « débrouillage », qui est de prose, c'est le propos lui-même qui l'assure :

> « Eté, roche d'air pur ! » Tout était dit, et mes pensées firent grand cristal aussi, jusqu'au fond de ce ciel immuable. A partir de cette soudaine et réelle communication, je pouvais me promettre la suite des pensées que je viens d'écrire, et bien d'autres, qui sont prose[2].

Il y aurait donc une mécompréhension chez Meschonnic : les « pensées » qu'il appartient au poète d'écarter sont les premières pensées, ces « opinions d'estomac[3] » qui n'expriment rien des rapports vrais que l'homme et le monde entretiennent. Le métier de poète consiste ainsi chez Alain en un « patient refus[4] » de dire ce que l'on voudrait d'abord dire, ce que l'on croit penser. Le poète doit donc attendre[5], sur le modèle du génie kantien, que la nature parle à travers lui ; alors il exprime une « idée vraie[6] », c'est-à-dire une idée du monde exprimée selon l'équilibre de la forme humaine, qui pourra par la suite être l'objet d'une véritable pensée, que la prose seule saura explorer[7] :

> Le poète n'a pas d'abord une pensée ; il vit, il sent, selon un certain régime, salutaire, convenable à la forme humaine. De ce rythme vital il part, et, ne le laissant jamais fléchir, il appelle les mots, il les ordonne d'après l'accent, le nombre, le son ; c'est ainsi qu'il découvre sa pensée[8].

Voilà ce qui distingue Pégase, symbole du vers régulier, de « ceux qui méprisent mètre et rime » et qui, par là même, « vont comme des chenilles[9] ». Ces chenilles, pour Alain, ce sont les vers libres qui, bien que prenant eux aussi appui sur le sol du corps, mais manquant de règles pour se projeter, s'y enlisent jusqu'à la passion. Car finalement, de quoi ces larves se trouvent-elles constituées, si ce

1. Pour une analyse approfondie du rapport de l'« existence » et de l'esprit, voir G. Favier, « Alain et Valéry », *Bulletin de l'Association des amis du musée Alain*, n° 24, octobre 2002, p. 23-47.
2. Alain, Propos IX, *Propos de littérature*, *op. cit.*, p. 36.
3. *Id.*, « Des passions », *Propos sur le bonheur*, Paris, Gallimard, « Folio essais », 1985 [1925], p. 24.
4. *Id.*, « La devise du poète », *Préliminaires à l'esthétique*, *op. cit.*, p. 259.
5. Meschonnic cite : « Le poème attend ; le poème est insatiable. Tel est le mouvement épique, qui ressemble à l'action épique. Aussi y a-t-il quelque chose d'épique dans tout poème, ou bien ce n'est rien », mais il ne s'attarde pas sur le côté étonnant de cette « attente ».
6. Alain, « Préface » à *La Jeune Parque*, *op. cit.*, p. 37.
7. Le « refus patient » dont parle Alain et l'émergence d'« idées vraies » par la poésie devront faire l'objet d'une étude à part entière, où les implications kantiennes seront davantage explicitées. De telles idées poétiques semblent en effet reprendre en partie les « idées esthétiques » propres au génie chez Kant.
8. Alain, Propos III, *Propos de littérature*, *op. cit.*, p. 17.
9. *Id.*, « Préface » à *La Jeune Parque*, *op. cit.*, p. 56.

n'est d'un seul et long ventre ? Voilà pourquoi, contrairement à Pégase qui a de ces « pensées ailées », les chenilles ne seraient capables que de ces pseudo-pensées d'estomac. Lorsqu'il ajoute que les vers libres « manquent de foi[1] », Alain entend finalement que l'épique est la foi même : avant même de parvenir aux conditions de la pensée grâce à la poésie, il faut espérer pouvoir s'élever au-dessus de ce qui empêche de penser, c'est-à-dire le déséquilibre causé par l'hégémonie de l'hydre stomacale et du lion irascible. En un mot, il faut croire dans la capacité du mètre à nous en délivrer ; il faut croire en l'épique. Et l'on comprend par là même que l'espérance épique est à tout instant renouvelée, parce que le corps n'est jamais évacué du poème ; il est le support, la matière même du vers : Pégase s'envole en même temps qu'il est tenu au sol.

Le reproche de Meschonnic à l'égard de la conception poétique d'Alain ne doit finalement pas masquer la dimension fondamentalement propédeutique et méthodologique que le philosophe assigne à la poésie ; méthode pour la direction de l'esprit, propédeutique à la pensée philosophique : « le poète nous apprend à penser[2] ».

En somme, si Meschonnic recourt au registre polémique afin d'asseoir ses idées et établir sa *Critique*, il semble par là même faire fi de l'orientation morale, éthique et politique de la conception alinienne de la poésie, où cette dernière, rendant à l'homme l'équilibre de sa forme, vise à libérer l'esprit des pièges de l'imagination raisonneuse et justificatrice de la guerre. L'objectif de cette contribution fut ainsi de restituer la teneur d'une pensée bel et bien tournée vers l'action, et de montrer qu'il est alors peut-être un comble de lire, sous la plume de Meschonnic, que c'est de la bouche d'Alain que sortent, comme dans le conte de Perrault, « des vipères et des crapauds ».

Sorbonne Université, STIH

1. *Ibid.*
2. Alain, « Les Djinns », *Préliminaires à l'esthétique*, *op. cit.*, p. 274.

Poétique LV, 2024

Index

RÉALISATION : NORD COMPO À VILLENEUVE-D'ASCQ
IMPRESSION : IMPRIMERIE PRESENCE GRAPHIQUE
DÉPÔT LÉGAL : NOVEMBRE 2024. N° 156337 (102479847)
IMPRIMÉ EN FRANCE